名师工程
创新语文教学系列

新课程·新理念·新教学
丛书编委会主任：马立　宋乃庆

小学语文

名师魅力教学

设计艺术

刘海涛　王林发◎主编

西南师范大学出版社

图书在版编目（CIP）数据

小学语文：名师魅力教学设计艺术/刘海涛，王林发主编.
重庆：西南师范大学出版社，2009.10
（名师工程系列丛书）
ISBN 978-7-5621-4751-0

Ⅰ．小… Ⅱ.①刘…②王… Ⅲ．语文课－教学研究－小学 Ⅳ.
G623

中国版本图书馆 CIP 数据核字（2009）第 180992 号

名师工程系列丛书

编委会主任： 马　立　宋乃庆
总策划： 周安平
策　划： 李远毅　卢　旭　郑持军　郭德军

小学语文：名师魅力教学设计艺术
**主编　** 刘海涛　王林发

责任编辑： 张浩宇
封面设计： 吕　龙
出版发行： 西南师范大学出版社
　　　　　　地址：重庆市北碚区天生路 1 号
　　　　　　邮编：400715　市场营销部电话：023-68868624
　　　　　　http://www.xscbs.com
经　　销： 新华书店
印　　刷： 九洲财鑫印刷有限公司
开　　本： 787mm×1092mm　1/16
印　　张： 20
字　　数： 270 千字
版　　次： 2009 年 10 月　第 1 版
印　　次： 2009 年 10 月　第 1 次印刷
书　　号： ISBN 978-7-5621-4751-0

定　　价： 30.00 元

《名师工程》
系列丛书

《名师工程》系列丛书

征稿启事

《名师工程》系列丛书是西南师范大学出版社策划、组织出版的大型系列教育丛书。丛书以新课程下的新教学为背景，以促进施教者的教育能力为落脚点，以提高教育质量、提升教师水平为宗旨。

丛书首批推出的"名师讲述""教学提升""教学新突破""高中新课程""教师成长""大师讲坛""教育细节""创新语文教学"等系列，共60余个品种，其余系列也将陆续出版。为了让广大教师有一个交流、借鉴的机会，同时也为了给广大教师提供更多、更好的图书，《名师工程》系列丛书编辑出版委员会特向全国教育工作者征集稿件。

稿件要求：

1.主题鲜明、新颖，有独创性。

2.主题以提升教育能力为主，也可适当外延。

3.主题要有一定规模、有典型案例支撑。

4.案例要贴近教育实际，操作性强。

5.文章、书稿结构清晰，语言精彩。

书稿作者在选题确定之后，请及时与我们做好沟通，具体事宜确定好之后再进行创作；也欢迎用已经完稿的稿件投稿。一线教师如希望参与图书案例的创作，可联系我社策划机构，由策划机构备案，在适合的图书中参与创作。

真诚欢迎各位教师踊跃投稿。

联系方式：

西南师范大学出版社高教分社

电话：023-68254356　　　　E-mail：zcj@swu.cn

西南师范大学出版社高教分社北京策划部

电话：010-68403096

E-mail：guodejun1973@163.com

编者的话

当前，以人为本的教育理念正在逐步深化，素质教育以及基础教育课程改革不断推进。在这场深刻又艰苦的教育改革中，涌现了无数甘为人梯、乐于奉献的优秀教师。他们积极探索、更新观念、敢于创新、善于改革，在实践中创造性地发展、总结了很多先进的教育思想、教育理念；创造性地开发了很多新的教学模式、教学内容和教学方法。这些新思想、新模式、新方法在实践中极大地提高了教学质量，是教育改革实践中的新内涵和宝贵财富。这些优秀教师就是我们的名师，这些新内涵就是名师的核心教育力。整理、总结、发展、推广这些教育新内涵，是深化教育改革、完善教育体制、提高教育质量、提升教师水平的一件大事。

教育，是民族振兴的基石；教师，是教育发展的根基。

胡锦涛总书记在全国优秀教师代表座谈会上指出："教师是人类文明的传承者。推动教育事业又好又快发展，培养高素质人才，教师是关键。没有高水平的教师队伍，就没有高质量的教育。"十七大报告又进一步强调了必须加强教师队伍建设，不断提高教师的素质。当今世界，社会进步一日千里，科技发展日新月异，知识更新的周期越来越短。教师作为"文明的传承者"更要与时俱进、刻苦钻研、奋发进取，尽快提升自身素质和能力，为推动教育事业的健康发展贡献自己的力量。

基于以上，西南师范大学出版社策划、组织出版了大型系列教育丛书——《名师工程》。希望通过总结名师的创新经验、先进理念，宣传名师的核心教育力，为广大教师职业生涯提供精神源泉和实践动力，在教育实践层面切实推动从教者职业素养的提升。通过《名师工程》，实现"打造名师的工程"。

丛书在策划、创作过程中力求实现以下特色：

一、理念创新，体现教育的人本精神

教师角色在以人为本的教育理念下发生了重大的变化，教师的素质和能力也面临更高的要求。如何弘扬、培植学生的主体性、增强学生的主体意识、发展学生的主体能力、塑造学生的主体人格等问题成为教师在目前教育中亟待解决的难题。丛书以教育管理者和教师为主要读者对象，通过教师综合素质的提高而将人本教育的思想落实到教育实践中，真正实现教育培养人、塑造人、发展人的本质要求。

二、全面构建，系统提升教师的教育能力

丛书选题的最大特点就是系统、全面地针对教师教育能力的提升而展开。施教者的能力决定教育的效果，教育改革的落实、教育效果的提高无不体现在教师身上。丛书针对不同教育能力、不同教学要求、不同教育对象，有针对性地设置选题。棘手学生、课堂切入、引导艺术、班主任的教导力、互动艺术、课堂效率、心灵教育等等，这些鲜明的主题从教育的细节出发，从教育实际情况出发，有针对性地解决问题，让教师在阅读中学有所指、读有所获。

三、科学权威，体现教育的时代前沿性

丛书邀请全国各地著名的教育工作者执笔，汇集在教育改革与实践中涌现的先进理念、成果和方法，经过专家认真遴选、评点总结而成，代表了目前教育实践中先进的教育生产力，具有时代前沿性，是广大一线教师学习、借鉴的好素材。

四、注重实践，突出施教的实用价值

丛书采用了通俗的创作方法，把死板的道理鲜活化，把教条的写法改变为以案例为主，分析、评点为辅，把最先进的教育理念和方法融入有趣的情境中。经典的案例，情境式的叙述，流畅的语言，充满感情的评述，发人深省的剖析，娓娓道来、深入浅出，让教师更充分地领会先进、有效的教育方法。

在诸多教育、出版界同仁的支持与努力下，《名师工程》陆续推出了《名师讲述系列》《教学提升系列》《教学新突破系列》《高中新课程系列》《教师成长系列》《大师讲坛系列》《教育细节系列》《创新语文教学系列》等系列，共60余个品种，后续图书也将陆续出版。

丛书在出版创作过程中得到各地、各级教育部门与教育工作者的大力支持与帮助，在此一并表示感谢！

教育事业是全社会共同的事业，本丛书的出版一方面希望能对广大教育工作者有所帮助，共飨先进成果；另一方面也是抛砖引玉，希望更多的教育工作者参与到出版创作中来，百家争鸣、百花齐放，为促进教育事业的发展共同努力！

目录 *MuLu*

李卫东：如何进行"读、品、悟"的感悟式教学

　　李卫东善于打造"读、感、悟"三位一体的感悟式课堂，他主张创设适合学生语言发展的情境以培养学生的阅读能力。他善于把感悟语言和理解内容联系起来，在学生读懂、读通、读活的基础上，提出贯穿全文而又富有挑战性的问题，让学生实现体味语言、理解内容和体悟情感的三者结合。

杨　屹：如何进行富有意味的情趣教学

　　杨屹教学的生命力在于洋溢着丰富的情趣。在课堂中，杨屹善用亲切、稚趣的语言，配以可爱、生动的图画，给学生以直观形象的感受，通过与学生对话、讨论、协作等方式沟通感情，营造出轻松愉快、生动活泼的学习氛围，一步步把学生的学习情绪推向高潮。

雷　婷：如何进行富有成效的体验式教学

雷婷的课堂充满美的画面、诗的意境和爱的怀抱。教学角度灵活新颖，教学结构张弛有度，教学风格活泼扎实。在这样的课堂上，学生怀着一种澄明敞快的心境，展开想象的翅膀自由飞翔。

游彩云：如何进行充满韵味的情境教学

游彩云善于在教学活动中创设民主、和谐、愉快的教学氛围来陶冶学生，引导学生有感情地朗读课文，积极地进行思考，帮助学生创造情境，培养想象力；从而唤起学生积极的情感，使他们体会文本的思想感情，走进文本情境，感悟人物精神，增强真实体验。

姚克军：如何进行"智慧语文"的生成教学

姚克军在课堂上智慧地处理教材，智慧地对待学生。他充分利用学生已有的知识、技能与智能，根据每个学生的特点运用各种不同的教学方法实施全面、有差别的教育。在施教的过程中，不断探索语文教学的丰富性与多元性，让学生在活动中成长，在成长中活动。

刘云生：如何进行儿童个性化的心灵体验教学

刘云生注重语文教学对儿童心灵的启发。他通过富有活力的教学设计与组织，通过多种渠道对学生进行语感和文感教育，让学生体验理解文本、作者情感以及文中人物的思想感情，并引导学生将学习体验拓展到生活中。

聂永春：如何进行体现主体的自主探究式教学

聂永春在教学中非常珍视自己和学生的独特见解和感受。她善于利用教材的每一处小细节，课堂上的每一个小插曲，引导学生在学习实践活动中根据已有知识经验和认知水平去感悟和发现问题，进而明确自主探究的方向，提升自主探究的能力。

窦桂梅：如何进行充满人文精神的"发展性教学"

窦桂梅常常把轻松、亲切、活跃的气氛带入课堂中来，充分激起学生在情感、情绪、思想层面的交流，鼓励和珍视每一位学生独特的理解，有针对性地实施教学，有区别地进行评价和指导，让每一个学生感受到独特的成长。

何建芬：如何进行"求真求知"的生本教学

何建芬的课堂没有所谓的权威，没有绝对的正确或错误，有的只是学生的积极思考和思维碰撞。教师高度尊重学生，创造让学生畅所欲言的机会，锻炼学生的表达能力，增强他们的自信心，使课堂成为学生的舞台。

闫学：如何进行"情感语文"的拓展教学

闫学在教学中着力创设一种自由民主的交流氛围，层层深入地引导学生思考，点燃学生智慧的火花。她能随时发现学生的优点或缺点，并给与恰当、婉转的评价，给予学生鼓励和尊重，让学生尝到成功的喜悦。

李卫东
如何进行"读、品、悟"的感悟式教学

名师档案
——全国优秀教师

　　李卫东，著名特级教师、国家级骨干教师、天津市中小学骨干教师学科带头人、天津市小语会理事，现任教于天津市南开实验学校，曾获"全国优秀教师""天津市劳动模范"等荣誉称号。

　　李卫东潜心钻研小学语文教学，创立了"小学语文感悟式教学理论"，是小学语文感悟式教学的倡导者与实践者。他用"以学生为本、以生活为源、以内化为宗、以实践和感悟为途径，全面提高学生的语文素养"的教育理念重新审视语文教学，逐步实现了从"师本"到"生本"的教育观念的转变，从以封闭僵化的训练为主的教学到以生动活泼的主体性学习为主的教学转变。教学风格"扎实生动、朴实精巧"，具有浓厚的语文味儿。

　　李卫东教研成果颇丰，出版了《小学语文感悟式教学》《李卫东经典课堂与创新设计》《靳家彦经典语文课研究》《中国名师：李卫东小学语文感悟式教学法专辑》等著作，编写了《名师同步教学设计》等丛书，其中《中国名师：李卫东小学语文感悟式教学法专辑》获天津基础教育教学成果一等奖、全国小语会一等奖。

一、名课实录

——智慧点拨，引导感悟

《小红松救活了》课堂教学实录（津教版教材三年级上册）

（一）图片引入，背景简介，奠定课堂学习基调

师：同学们好！

生：（齐）老师好！

师：初次见面，请多多关照！

（生默然）

师：你们应该说什么？

（生热烈鼓掌）

师：鼓掌表示高兴，还可以说些什么？

生：请老师多多关照。

师：对，我们一起学习就要互相关照，互相帮助，共同进步。请坐。

（生坐）

师：（出示马永顺图片）请看，这里有一张照片，上面是一位老爷爷。谁知道他的情况？

生：他是马永顺爷爷，1914 年出生，2000 年去世。我是从图上的文字知道的。

师：真好！马永顺爷爷是新中国第一代伐木工人，为了新中国的建设，他用大半辈子的时间伐木，共砍伐了 36500 多棵树，创造了伐木速度的全国最高纪录，被评为"全国劳动模范"。后来，敬爱的周总理接见了他，对他说了 8 个字："青山常在，永续利用。""永"是"永远"的"永"，"续"是"继续"的"续"。谁知道"青山常在，永续利用"是什么意思？

生：就是让他在伐树的时候还要多种树，别让山都秃了，要让山永远都是绿的。

师：理解得真好。马永顺把周总理的这 8 个字记在了心里。退休后，他连续种树 17 年，同家人一起植树 5 万多棵。1998 年联合国授予他"全球环保五百佳"奖，所以马永顺爷爷原来是一位"伐木的英雄"，后来又成为一位"种树的模范"。（出示马永顺种树的图片，逐一讲解）今天我们学习的这篇课文就

是马永顺爷爷的故事。读一下课文的题目。

（二）进入课题，初读感知，理顺课文思路

生：《小红松救活了》。

师：见过红松吗？

生：红松长得特别高大，叶子是红的。

师：红松是长得很高大，但叶子并不是红的。（出示红松的图片）红松是松树的一种，长得又高又直，木质很好，可以做建筑材料和家具。不过课文里说的不是这么高大的红松，而是一棵小红松。（师板书：小红松）这棵小红松有多高，你用手比划一下。

（生用手比划小红松的高度，大约 50 厘米高）

师：这篇课文就是马永顺爷爷和小红松之间的故事。现在我们来读课文，是集体读还是个人读？

生：集体读。

生：个人读。

师：好，那我们有的段落集体读，有的段落个人读。第一自然段，个人读。

（师引导学生齐读、个别读，逐段朗读全文）

（生读第一自然段）

师：读课文时发音吐字要清晰、准确，不要吃字。听老师读。（师范读第一自然段）请你再读。

（生再读第一自然段）

师：读得好，全班读第一自然段。

（三）多形式朗读，入情入境，引导学生品词析句

师：大家已经把课文读得很流畅了，我们在"马永顺爷爷"和"小红松"之间加一个词，就是这篇课文的主要内容。应加上什么词？

生：帮助。

生：救治。

生：扶起。

生：抢救。

生：保护。

师：加上哪个词能更加准确地概括课文的内容？

生：抢救。

师：（板书：抢救）一个青年拖拉机手一不小心把小红松撞倒了，马永顺爷爷立即去抢救。他先干什么？读课文第二自然段。

（生读课文第二自然段）

师：现在我们先来看根据第二自然段改写的一段话。（出示一段话：马永顺爷爷见了，跑过去，俯下身子，把小红松立起来，他在根部培了土，用脚踩了踩）谁来读一读？

（指名读，然后齐读这段话）

师：这里写马永顺爷爷抢救小红松的过程，写了几个动作？

生：写了五个动作，第一个是"跑过去"，第二个是"俯下身子"，第三个是"把小红松立起来"，第四个是"培了土"，第五个是"踩"。

师：总结得好。（板书：跑、俯、立、培土、踩）什么是"俯下身子"？

生："俯下身子"就是弯下身子。（生做弯腰的动作）

师：这里的"把小红松立起来"的"立"是不是"站立"的意思？

生：不是。

师："立"是什么意思，不好理解，你把"立"这个字换成别的字，可以换成什么字？

生：把小红松"扶"起来。

生：把小红松"竖"起来。

师：所以"立"是什么意思？

生："立"就是"扶"和"竖"的意思。

师：读完这个段落，你就能看见马永顺爷爷抢救小红松的过程，我们请一位同学来读这段话，其他同学闭上眼睛想象马永顺爷爷抢救小红松的过程。

（指名读这段话，其他的同学闭上眼睛想象）

师：看到了吧？

生：看到了。

师：这些动作写得很准确、很清楚，不过课文第二自然段也写马永顺爷爷抢救小红松的过程，写得更好。你们看看课文是怎样写的，你们除了能看到马永顺爷爷的动作之外，还能知道些什么？

（指名读课文第二自然段）

生：我觉得还写出了马永顺爷爷的心情。

师：对。有人说，阅读是心与心的交流、心与心的碰撞。所以，我们读书的时候不要满足于知道马永顺爷爷是怎样做的，更重要的是要了解他的心情，要读到他的心里去，知道他是怎样想的。这就要进行品读，像喝茶一样，慢慢地品它的滋味。现在老师读，你们来品，品一品马永顺爷爷抢救小红松时是什么心情，他都在想什么。（师范读第二自然段）

师：说说你体会到马永顺爷爷当时是什么心情？

生：非常着急，非常心疼。

生：心疼。

师：体会得很好。"心疼"是不是心真的很疼？

生：不是，"心疼"就是说他的心里很难受。

师：我们再读读课文，看看这些动作是怎样写的，品一品马永顺爷爷当时是怎么想的，先说"跑"是怎么写的？

生：写的是"急忙跑"，因为他要赶忙跑过去，要不然小红松就会有生命危险了。

师：他是这样想的，这就是"心疼"。再看"俯下身子"是怎么写的？

生："俯下整个身子"，就是他整个身子都蹲下去。这表示他特别心疼小红松。

师：对，他怕动作太大伤着小红松，所以他要俯下整个身子，这就是什么？

生：（齐）心疼。

师：再看他是怎么立起小红松的？

生："像扶起他的孩子似地把小红松立起来。"他的心里是把小红松当成了自己的孩子，因为小红松特别珍贵。

师：他在根部培了土，用脚踩了踩，知道小红松稳稳地站直了才停下，这是为什么？

生：他怕踩不实，小红松立得不牢固，说明他不放心。

师：你们看，马永顺爷爷就是这样心疼小红松的，你心疼吗？

生：（齐）心疼。

师：请你们再读这个自然段。体会马永顺爷爷抢救小红松时心疼的感受。

（指名读第二自然段。读得非常好。全班同学为这位同学鼓掌）

（四）赞赏教学，激发想象，引导学生发散思维

师：读得这么好，应该得到奖励，奖励他什么？

（生鼓掌）

师：我们奖励他再读一次。请你到前面来为大家再读一次。（生再读一次。全班鼓掌）

师：谁能读得更好？

（指名读，然后全班自由读）

师：马永顺爷爷的那句话怎么说？

（指名读，范读，全班同学自由读马永顺爷爷的语言）

师：现在请你们把课本扣在桌上，背诵这一段。

（全班背诵第二自然段）

师：在马永顺爷爷心里，这棵小红松绝不只是一棵小树，而是什么？

生：是马永顺爷爷的朋友。

生：是建设祖国的栋梁之材。

生：是马永顺爷爷自己的孩子。

生：是马永顺爷爷的知己。

生：是马永顺爷爷的一个宝贝。

生：是他的心肝宝贝。

生：是他的儿子。

生：在他心里是一块瑰丽的宝石。

生：是他身体的一部分。

生：是他的掌上明珠。

生：是他的伙伴。

生：在马永顺爷爷的心里，小红松是他的心。

生：在马永顺爷爷的心里，小红松是他的家人。

生：在马永顺爷爷的心里，小红松是一个生命。

（生板书：朋友、栋梁、自己的孩子、知己、一个宝贝、心肝宝贝、儿子、宝石、身体的一部分、掌上明珠、他的伙伴、心、家人、生命）

（五）投入真情，体会语言，感悟人物情感

师：刚才你们读马永顺爷爷的语言，读得这么好，是因为什么？

生：是因为我们体会到了马永顺爷爷的心情。

师：对，是因为你们真正体会到了马永顺爷爷的心情。

我们再来看刚才出示的两段话，第一段话只是写出了马永顺爷爷的动作，这样写比较简洁，而课文的第二段就写出了马永顺爷爷的内心感受。同学们也学会了在读课文时透过人物的动作和语言去体会人物的心情。这就读到了人物的心里去了。下面我们继续学习课文，体会人物的内心，练习读好马永顺爷爷的语言。好，下面有三处写了马永顺爷爷的语言，第一处在哪儿？

生：在第四自然段。（读第四自然段）

师：他为什么这样？

生：因为那个青年拖拉机手嘻嘻哈哈地笑着，满不在乎地说："您不要费劲扶它了，林子里有的是大树。"

师：就是说，这一棵小红松对于整个大森林来说太不起眼了，它这么小，有它没它无所谓，死了就死了呗。请你们读第四自然段。

（生齐读第四自然段）

师：马永顺爷爷此时是什么心情？

生：十分生气。

生：他特别伤心。

师：对，很生气，很伤心。这个小伙子怎么就不拿小红松当回事啊！谁来读？

（指导学生有感情地读第四自然段，指名读，范读，自由读。其中两名学生将"一棵小树，一根栋梁"读成"一棵小树，一棵栋梁"）

师：同学们读得很有感情。（板书：一棵小树，一根栋梁）为什么"小树"前面用的是"棵"，而"栋梁"这个词前面用"根"呢？

生：因为"小树"很小，所以用"棵"。

师：对吗？那"一棵大树"怎么用"棵"呢？

（生茫然）

师：老师来说，"一棵"后面的词语一般指植物，像树、草等，与大小无关；而"根"后面的词语一般指长条形的东西，如"一根绳子""一根栋梁"。

同学们读错了，是因为不知道什么是"栋梁"。在北京，同学们见到过许多古老建筑。人们在建造这些建筑的时候，先要打好地基，在地基上放上石础，再在石础上立上柱子。在前后的两根柱子之间加上房梁，在房梁上放上房檩，这些房檩中最上面的一根叫脊檩，这根脊檩在古书上叫做"栋"。（师边讲边在黑板上画）你们看，柱子、梁、檩、栋都是过去造房子用的大木料，后来人们就把"栋"和"梁"合起来，成为"栋梁"一词，指建筑房屋时要用的大木料，就是最重要的建筑材料。这时，它们已经不是树了，而是被加工成大木料。那么，"栋梁"一词前面就不是用"一棵"而是用"一根"。请你们读这句话。

生：（齐）一棵小树，一根栋梁。

师：好，"栋梁"这个词后来也指对国家建设、对社会非常有用，能担负重要任务的人。这样的人才，叫栋梁之才。你们现在还是小苗苗，等你们长大了就是国家的栋梁之才，都要为国家贡献力量。好吗？

生：（齐）好！

师：课文里还有两处写马永顺爷爷的语言，一处在第六自然段，另一处在第八自然段。这次老师不讲了，你们自己体会，自己练习朗读。看哪位同学能读懂马永顺爷爷的心情。请同位的同学练习读第五、六、七、八自然段。

（生自由读、体会、练习朗读）

师：请同学们到前面读一读。

（两位同学到台前练习朗读第五至八自然段，读得很有感情）

师：读得好，读第六自然段时读出了马永顺爷爷很真诚、很认真地说话的感受，读第八自然段时读出了高兴，但是课文里可不是"高兴地说"，而是什么？

生：是"高兴地喊"。

师：对，你读的是"喊"吗？

（指导学生练习读这段话）

师：谁来读马永顺爷爷高兴地喊的话？

生："快来看啊，受伤的小红松活了！"

师：还有劲儿吗？

生：还有。

师：高兴地喊，让礼堂里最后面一位老师也能听到你发自内心的声音。

生：（大声）"快来看啊，受伤的小红松活了！"

师：你们也发自内心地喊出这句话。

生：（齐）"快来看啊，受伤的小红松活了！"

（六）口语训练，练习写话，全面提升学生语言素养

师：在马永顺爷爷的心里，这棵小红松不是一棵小树，而是他的朋友。

师：请换上你们写的这些词语，（用手指黑板上学生写下的板书）高兴地对大家喊，喊之前想一想，把"小红松"这个词语换成你写的词语时，这句话应该怎么说。谁想好了，谁来喊。如果改得好，我们全班给他鼓掌。

生："快来看啊，我的伙伴又回来了！"

生："快来看啊，我家里的成员又回来了！"

生："快来看啊，我又可以和我的朋友在一起了！"

生："快来看啊，它又可以做祖国的栋梁了！"

生："快来看啊，我的孩子回来了！"

生："快来看啊，我又可以和我要好的朋友天天在一起了！"

生："快来看啊，我的掌上明珠失而复得了！"

生："快来看啊，我又可以和我的家人在一起了！"

生："快来看啊，我又找回我的宝贝了！"

生："快来看啊，我的一部分又回来了！"

师：你等等，这句话通顺吗？什么叫"我的一部分又回来了"？

生：就是说我把小红松说成我身体的一部分，是我的一块肉、我的筋骨。

师：那你应该说："我身体的一部分又恢复生机了！"

生："快来看啊，我身体的一部分又恢复生机了！"

生："快来看啊，我的宝石又可以放出迷人的光芒了！"

生："快来看啊，我又可以和我的知己聊天了！"

生："快来看啊，我的心肝宝贝又回来了！"

生："快来看啊，我的孩子长得多健壮啊！"

师：说得真好！马永顺爷爷把林厂里所有的人都喊到这里来了，你猜其中有谁？

生：拖拉机手。

师：那个青年拖拉机手也来了，看到小红松充满活力，看到马永顺爷爷这么高兴，回想起这件事情的经过，他明白了一个道理。他把这个道理告诉大

家，在场的人都感动了。你猜猜他说的是什么？这句话不长，但是很感人。请你写下来，写完了读一读，把它改得更好些。

（生练习写话）

师：谁来读自己写的句子？

生：我明白了，我以后不会再伤害小树了，它是一个生命啊！

生：我明白了，它现在是小树，将来就是一根栋梁啊！

师：对，要学会用长远的眼光去看问题，就会避免犯许多错误。

生：我错了，我不应该把它看得那么渺小！

生：不管大小，每一个生命都应得到保护！

生：不论是人还是树，我们要爱护每一个生命。

生：小红松也是一个生命。

生：人类的朋友不仅是人类，树木也是人类的朋友。

（七）布置作业，课后拓展，留给学生自主选择权

师：同学们的理解很深刻，我们也为青年拖拉机手的进步而高兴。这篇课文先学到这里。老师要留作业，先说必做作业：在作业本上抄写课文第二自然段，字要一笔一画地写，工工整整，行款整齐，一个标点符号也不要马虎。再看选做作业，（出示选做作业要求）请一位同学读一下。

生：①《小红松救活了》课后作业，选择课文中的一个自然段创作一幅书法作品。

生：②将课文内容编成童话故事，讲给爸爸妈妈听。

师：讲成童话故事，课文里的小红松就能说话，就能有动作和表情，你可以体会它的感受，然后把它表达出来讲给爸爸妈妈听，也可以写下来。

生：③将课文内容编成一个小品，几名同学一起排练演出。

生：④创作一个宣传爱护树木的公益广告。

生：⑤将课文内容画成一套连环画，配上文字说明。

师：谁喜欢画连环画？（生立刻小手林立）这么多同学喜欢画连环画，你们把课文的内容画成四幅、五幅、六幅都可以，然后连起来给同学们讲故事。

生：以上作业任选一项完成。

师：选择哪一项，根据自己的特长来选择。好，这节课我们就上到这里。下课。

二、名课解读

——"读、品、悟"三位一体打造感悟式课堂

李卫东教学《小红松救活了》一课，以其朴实、扎实、高效的课堂得到了与会专家的高度评价。这是一堂成功的课，成功的秘诀在于纯熟运用"读、感、悟"三位一体打造感悟式课堂。

1. 把握主旨，合理定位学习目标

《小红松救活了》是天津版小学语文教材三年级上册中的一篇课文。课文叙述了种树模范马永顺抢救一棵被撞倒受伤的小红松的故事，表现了人对非人的生命的一种态度，一种人文情怀。李卫东的教学目标定位合理，并达到了预期目标：认识本课生字，理解本课词语，如"立、心疼、一棵、一根"等（知识目标）；学生能正确、流利、有感情地朗读课文，初步了解作者是运用动作描写、语言描写表现人物品质的，从而体会人物的心情（能力目标）；学生学习到马永顺自觉爱护树木，保护国家财产的优秀品质（情感目标）。

2. 以读促悟，引导学生深入文本

李卫东在课堂上能够创设适合学生语言发展的语境，培养学生阅读能力，让学生读通、读懂、读活课文。重视学法指导，让学生读出感受，以读促悟。三年级正是学生语言发展的关键时期。李卫东创造性地使用教材，把文章分成了几个小部分，更适合对学生语言能力的培养。"红松是小兴安岭的珍贵树种，生长得慢，这棵小红松起码五岁了。"马永顺爷爷对小红松的感情，绝不是普通人对树的感情，而是把树看成一个宝贵的生命。这种情感是讲不出来的。如何让学生深入体会？读。教师为学生范读，教师指导学生朗读。通过读，学生的心灵深受震撼，学生淳朴天真的感情与课文的感情相互碰撞，相互交融，产生共鸣。

多形式读课文，让学生读通、读懂、读活课文。在初读阶段，李卫东不仅要求学生做到"一个字都不放过"，即不丢、不添、不改；还要求学生做到符合语境的正确朗读，长句的准确断句，舍得花时间，直到学生"过关"，达到读通、读懂、读活。品读第二自然段时，李卫东先让学生展开想象，马永顺爷爷怎么跪、怎么俯下、怎么立、怎么培土、怎么踩，分句指导学生有感情地朗

读，如当学生读"用脚踩了又踩……"不到位时，李卫东顺势接过学生的读："踩了两下就好了吗?"孩子们心领神会，立刻就动情地朗读起来。不仅如此，李卫东在学生有感情朗读段落的基础上，还让他们用一个词概括马永顺爷爷内心的感受。学生畅所欲言，同时体会了马永顺爷爷心情的"着急""难受""心疼"。李卫东趁热打铁，要求学生用朗读来表达自己的理解。此时，学生已走进文本，走进主人公的内心世界，读起来自然声情并茂，妙不可言。

3. 品味妙语，加强学生语感培养

注重感悟，让"读、品、悟"贯穿全课，引导学生进行个性化阅读、用心体会人物心情、理解文本主旨、感受人文情怀，从中获得独特体验，内化所学内容。如前文提到的"一棵小树"和"一根栋梁"的教学，当教师抛出问题之后，学生满脸的困惑，迫切需要教师能给他们讲解。这时，李卫东先让学生观察其中两个量词，思考作者为什么这样表达；接着运用简笔画让学生理解"栋梁"的意思，最后总结出"棵"一般形容花草树木，"根"一般形容长条形的东西。学生在教师详细的讲解中体会到作者遣词造句的精妙，语感获得了强化训练。

4. 扎扎实实，加强语言知识积累

重视学生的语文基本功，需要进行必要的语言训练，以加强学生的语言知识积累。说话训练是语文教学的重要部分，是学生语文素养的外在表现。李卫东充分利用教材中蕴涵的训练内容，对学生进行扎实训练，取得了很好的教学效果。在课文临近结束时，李卫东要求学生用板书中填过的词替代"受伤的小红松"，融语言训练和思维训练于一体，这对于三年级学生来说具有一定难度。开始时，不少学生表达得不流畅、不生动，但李卫东都认真倾听，并给予中肯评价和及时的修改。最后，每一个上台的学生都获得了表达机会，得到老师细心的指导，从不流畅、不生动到流畅、生动，满意而"归"，体会到成功的快乐。

三、以生为本，开展阅读探究活动
——感悟的前提条件

以生为本，是感悟式教学的前提条件。在感悟式教学过程中，学生是感悟的主体。教师只有以学生的发展为本，让学生直接参与感悟，才能在教学中实现陶冶学生情操、培养学生悟性的学习目标，才能真正满足学生发展的需要。感悟式教学理念认同罗杰斯的"人本主义学习理论"，认为学习者具有求知向上的潜在能力，应把他们看成"人"，以"学生中心"的教学观为宗，因而教师应该尊重学习者，把他们视为学习活动的主体，强调他们参与学习过程，在"做"中学，而教师只是学生学习的促进者。李卫东在教学实践中注重以学生为中心，基于学生发展需求确定教学目标，根据学生身心发展特点和兴趣爱好选择学习内容，根据学生已有知识水平进行教学，关注学生的情感需求。

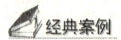 经典案例

师："五光十色"是不是说五种光、十种颜色？

生：不是，"五"和"十"表示很多。

师：都有什么颜色呢？

生：有深蓝的、淡青的、绿的、淡绿的、杏黄的。

（师随生回答板画这些颜色）

师：我们可以想象，还有许多种颜色，你们看这是不是"五光十色"？

生：不是，因为这些颜色太少了。

师：那我再多画一些就是"五光十色"吗？（师在"五光十色"一词中的"光"和"色"字下加上点）

生：还不是，因为这里只有颜色，没有光。

师：对，这只是许多种颜色，这叫什么，用一个词来说？

生：这叫"五颜六色"。

师：那"五光十色"肯定更好看，你们想不想看？

生：想看。

师：好，先把眼睛闭上。想象一下，现在我们坐着飞机来到西沙群岛的上空，下面是辽阔的大海，由于海底高低不平，海水有深有浅，海面就呈现出各种色彩：深蓝的、淡青的、绿的、淡绿的，还有杏黄的，等等。这些颜色有大块的，也有小块的，互相交织在一起，组成美丽的图案。这时，太阳出来了，灿烂的阳光往海面上一照，海面上就出现了各种光彩，真是"五光十色"啊！你们看到了吗？谁看到了，谁就笑一笑。

（学生们的脸上纷纷露出笑容）

师：我们是用什么办法看到的？

生：我们是用想象的办法看到的。

师：对，我们是用语言文字在脑子里画了一幅画。我们学习语言要有这样的本领才行。西沙群岛周围的海水非常美，没有能超过它的，书上用了一个词语来表达，是什么？

生："瑰丽无比"。

（《富饶的西沙群岛》）

案例分析

李卫东引导学生探究"五光十色"一词的意思，以教材内容为载体，点拨、引导学生独立思考，去发现问题、分析问题，创造性地解决问题，从而逐渐提升阅读能力，获得探求知识的方法。首先，李卫东设置问题情境："五光十色"是不是说五种光、十种颜色？激发学生的好奇心和探究欲，让学生在问题的启示下积极思考，探求新知。其次，李卫东画了很多种颜色，问学生：你们看这是不是"五光十色"？还运用比较的方法，对"五颜六色"和"五光十色"进行分析，以加深学生对内容的理解。

《语文课程标准》积极倡导学习方式的变革，即要把"单一、被动、接受"的学习方式转变为"自主、合作、探究"的学习方式，大力提倡"探究性阅读"，以实现创造性阅读。在感悟式教学中实施探究性阅读，关键在于教师要"以生为本"，把课堂教学的时间和空间还给学生，引导他们去搭建自主探究和自我发现的平台。李卫东改变逐段串讲串问、碎问碎答的教学方式，在指导学生初读课文、读通课文、整体感知的基础上，创设出可供学生探究的一两个能够贯穿全文而又富有挑战性的问题情境，放手让学生去自读自悟、合作交流。以一两个"探究专题"来取代多达数十个的"烦琐提问"，目的在于突出重点，以学为主，把探究、发现的阅读主动权、时间支配权和空间占有权真正还给学生，让学生在探究中获得独特的体验和深刻的理解。

 **实施方法**

1. 明确探究目的

处理好探究问题与教材知识的关系，抓住重点，紧扣探究的主线，明白探究的目的是针对教学的重点和难点，要求学生掌握什么知识，达到什么目标，做到胸有成竹。

2. 指导学生预习

教学前让学生独立阅读和收集资料，使学生对学习重点和难点做到"心中有数"，以提高学习效率。

3. 明确学习主体

教师要调整好自身角色，明确学生是探究主体，教师只是组织者和指导者；教师应随时关注学生在探究活动中是否偏离主体，但不予限制。倡导比较阅读，深入探究；鼓励质疑，积极探究；展开想象，引发探究。

4. 充分信任学生

在教学实践中，教师要充分相信学生，营造自主探究的学习氛围，搭建自主探究的平台，让学生通过探究，促进学习能力的生成与发展。

四、以读为本，关注学生阅读体验
——感悟的突破口

"以读为本，关注学生阅读体验"是实现感悟的突破口。"阅读体验"是指学生在语文阅读中调动直接经验，在阅读过程中自行发现、自行构建，用自己的心灵去感悟的个性化阅读。小学阅读教学是母语教育起步阶段的一项重要内容。这一学段的阅读教学将为学生今后语文能力的发展和各种潜力的发挥起到举足轻重的作用。在语文教学中，我们必须充分发挥低年级阅读教学的奠基作用，为学生持续发展夯实基础。学生学习语言的过程是使范文语言不断内化的过程，是语感经验不断积淀的过程，而这一过程最重要、最根本的手段就是朗读。重视语感，教师就应该把朗读放在突出的位置。要让学生感悟课文的丰富内涵，培养学生的敏锐语感，教师就应该加强指导朗读，以使学生获得独特的体验和感受。

经典案例

师：我们在读课文的时候，除了用口念，还要用脑想，更重要的是要用心去感受。这样，你读课文的时候，就可以看到草塘的景色。咱们先来北大荒的草塘里，谁来读写草塘景色的段落？

生：（读课文）"这么大这么美的草塘，我还是第一次看到，走了进去就像置身于大海中一样。浪花翠绿翠绿的，绿得发光，绿得鲜亮，欢笑着，翻滚着，一层赶着一层涌向远方。仔细瞧那浪花，近处的呈鲜绿色，远一点儿的呈翠绿色，再远的呈墨绿色，一层又一层，最后连成一片，茫茫的跟蓝天相接。"

（师出示写有课文第五自然段的文字投影片，指导学生熟练地朗读）

师：要想看到草塘的景色，这么读行吗？

生：（齐）不行。

师：现在听老师读。老师读的时候你在脑子里浮现课文的画面，你就想象你不是坐在教室里，而是来到北大荒的草塘里。

（生自动闭上眼睛想象，师有感情地读）

师："这么大这么美的草塘，我还是第一次看到，走了进去就像置身于大海中一样。"你想象你的前、后、左、右，全是芦苇和蒲草，茫茫无际，就像大海一样。"浪花翠绿翠绿的，绿得发光，绿得鲜亮，欢笑着，翻滚着，一层赶着一层涌向远方。"看见"浪花"了吗？

生：看见了。

师：这个"浪花"实际上是什么呀？

生：是芦苇，是蒲草。

师：好，老师接着读，"仔细瞧那浪花，近处的呈鲜绿色，远一点儿的呈翠绿色，再远的呈墨绿色，一层又一层，最后连成一片，茫茫的跟蓝天相接。"（停了一会儿）看到草塘的同学请你点点头。

（生都点了一下头）

师：刚才是谁把你带到草塘里去了？

生：是老师，老师通过有感情地朗读把我们带到草塘里去了。

生：是作者。

生：是小丽。

生：还有我们的想象。

师：对，还有你自己。你用心去想象，这样才能进入课文描写的情境中去，你说对吗？

生：（有所领悟）对。

师：刚才是师生合作，现在你自己一边读一边想象，到草塘里去看一看。

（生自己读文想象）

师：这个草塘的特点，用文中的两个字来说是——

生：（齐）"大"和"美"。

师：现在你最想做的一件事情就是什么？

生：读课文！

师：请你在这三句话中，选择你感受最深的一句话来读。

生："浪花翠绿翠绿的，绿得发光，绿得鲜亮，欢笑着，翻滚着，一层赶着一层涌向远方。"我感受到草塘里的草翠绿翠绿的，绿得发光，绿得鲜亮，它的颜色非常美。

生："欢笑着，翻滚着，一层赶着一层涌向远方。"我觉得那儿的草又多又绿，像浪花一样，风一吹，一层赶着一层涌向远方，很美。

师：如果让你来找这句话里用得最好的一个词语，你找哪一个？

生：我找"欢笑着"。因为我从这个词语里能看出，这些草在风的吹拂下一上一下的，非常的活泼欢快。

生：我选"一层赶着一层"，这里的草很多，"一层赶着一层"就写出一层又一层的野草，是追着跑着涌向远方。

生：我选"这么大这么美的草塘，我还是第一次看到，走了进去就像置身于大海中一样。"我的感受是这草塘非常大，这里的草非常非常多。

师：谁能把草塘很大的那种感觉读出来。

（四名学生有感情地朗读这一句，最后一名学生读得非常好）

师：能不能把你的方法告诉大家，为什么你一读就让人感觉草塘很大？

生：我读的时候是入情入境用心去读的，就像真的到了草塘里一样。而且我把"大海中"读得非常慢，"大——海——中——"，就让人觉得草塘非常非常的大。

（众笑）

师：咱们按照他这种方法试一试。

（生练习读）

师：哪个词语用得好？

生：是"置身于大海中"，作者不是站在大海边，而是像来到大海中间，说明草塘很大。

师：谁再来读别的句子？

生："仔细瞧那浪花，近处的呈鲜绿色，远一点的呈翠绿色，再远的呈墨绿色，一层又一层，最后连成一片，茫茫的跟蓝天相接。"我觉得就像看到了绿色的大海一样，近处的和远处的颜色不一样，有变化，变得很美。

师：你体会得好。请看，（出示绘有草塘的投影片，并随着学生的朗读为画面覆盖上不同的颜色）变得多美。你头脑中想象的颜色变化肯定更美。谁能通过读把颜色的变化表现出来？

（一生读句子，读得非常好）

师：变化得非常美，我注意到她跟老师刚才读的方法不一样。我读"近处的……，远处的……，再远的……"这三个分句时是声音由强转向弱，表现草塘里颜色变化的美；她则由弱转向强，然后再弱，多有层次！多有美感！这就是创造。我今天学到了一种朗读这句话的新方法，我应该谢谢这位同学。请问你贵姓？

生：我姓曹。

师：谢谢曹老师！

生：我应该称您为老师。

师：不，谁创造了新的知识，谁就是老师！

师：咱们请三名同学来读，再来体会体会。

（由学生自己指名，三名男同学读课文，非常精彩）

师：真是最佳组合了。还有没有更好的组合？我们请三名女同学来读。

（有三名女同学自由组合，刚要读）

师：这次读，不许你们看书。

生：（惊讶）啊？

师：不过，允许你们看投影片（出示写有三句话开头分句的投影片。众笑）看着它来背，行吗？

生：行！（三名学生看着提示顺利地背下来，全场鼓掌）

师：还有谁行？

（生均举手，全班同学高声齐背，未看提示）

师：我没有给你们时间背，为什么你们能背下来？

生：因为我们已经把这段课文读熟了，而且我们用心去感受，深刻地理解了课文，感受到了草塘的美，自然而然地就背下来了。

师：说得好。用心去感受课文，你就能够终身不忘。感受到的东西，不是说忘掉就能忘掉的。我们再回到课文。无论谁看到这么美的景色，都会发自内心地去赞美。

（《可爱的草塘》）

案例分析

诵读教学的魅力和奥秘，不仅在于声音的感官"感动"，更在于教师通过声音和其他手段向学生展示了自己对文本"悟"的过程和结果。李卫东教学《可爱的草塘》自始至终贯穿一个"读"字。他没有刻意拔高初读课文时的朗读要求，只是根据学生的学习情况提出恰如其分的要求：自由朗读，读得正确，读得流利，注意在自己不太理解的地方多读几次，时间是5分钟。李卫东改变传统课堂逐字逐句的讲解分析，不像一般教师那样让学生机械朗读，死记硬背，而是让学生充分朗读，读出感情、读出形象、读出味道。学生用心朗读，读得尽兴、读得有滋有味；教师用心指导，导得得法、导得恰如其分。在朗读中，李卫东常常鼓励学生对课文内容发表自己的看法，并尊重他们独特的阅读体验。一般情况下，李卫东对讨论的结果不做最后的判断，但对学生的读书态度、思考能力却常常给予表扬和鼓励。

靳家彦说："因为小学生的抽象思维能力差，不能奢望一讲就能让他们记住所学知识，而应该尽可能地通过多读课文让他们自己去理解所学知识。因为在读的过程中，他们自己就会发现很多有用的知识，尤其是在教师的指导下读，更有利于他们发现更多新奇的知识。"李卫东认为以读为本需要精心设计一个个关于"读"的"组合"，让读有层次性，即从读课题到读词句再到读课文，让学生由读正确、读通顺到读出意思、读出内涵、读出感情；学会用自己的表情、声音来传达对课文的理解，学会把自己当成文中的人物来进行朗读。叶圣陶大力提倡"美读"，就是"在读的时候把作者的情感传达出来"。李卫东把朗读和默读结合起来，把感悟语言和理解内容联系起来，让学生亲历从陌生到熟悉、从不理解到理解的学习过程，实现体味语言、理解内容、体会感情的三者结合，从而感悟文章的内涵。

实施方法

1. 把握教材特点

激发学生的阅读兴趣，允许学生以自己喜欢的阅读方式进行阅读，让学生沉浸于阅读之中。依托文本内容，促进学生阅读，体味课文语言；加强阅读积累，引导学生背诵，落实以读为本理念，培养学生语感。

2. 尽兴"念读""吟读"

"念读"或"吟读"是让学生实现整体感知课文、体味意境的重要途径。读时要力求准确，读准字音，不加字丢字，不重复不颠倒。学生初读课文要整体感知，理解课文语言，可以有选择性地随文识字，或随笔标记疑难之处和阅读感想。

3. 引导学生精读

精心点拨学生品读课文精彩片段、词句，通过想象、联想，再现文章意境。引导学生分析课文，并且对疑难问题进行独特解释。

五、生活为本，引导学生自主实践
——感悟的主要途径

生活为本，躬行身践是学生感悟学习的主要途径。美国教育家华特说过："语文学习的外延与生活的外延相等。"李卫东提倡语文回归生活，将生活中的事情、事物与教材相结合，将生动的生活气息注入枯燥的知识，使学生在真实的生活中学习和成长。教师在教学中应该重视社会、家庭、学校及本地各种教学资源在课程中的运用，使教学更加贴近生活环境。"纸上得来终觉浅，绝知此事要躬行。"知识源于实践，实践才能出真知。李卫东注重引导学生将所学的知识运用到生活当中，通过参与、运用来进行感受、领悟，以加强教学效果。

 经典案例一

1. 第一课时教学活动：教师提出活动内容，介绍新闻的制作过程；确定"班级新闻联播"栏目主持人、编导；了解学生最想知道的新闻，确定每条新闻的采访者，为学生采访、制作新闻提供技术和程序方面的服务。

2. 第一课时后学生的活动：自己采访，撰写稿件；将稿件交给编导，由编导负责编辑、安排新闻播报的各项工作；主持人和记者做播出前的演练。

3. 第二课时的教学活动：学生播报"班级新闻联播"，组织学生边看新闻边议新闻；联系现场写一篇简短的通讯稿。

（《班级新闻联播》）

经典案例二

1. 第一课时教学活动：提出活动内容，请学生说自己的游戏项目；教师提出让学生与自己的爸爸妈妈交流的内容和要求。

2. 第一课时后学生的活动：学生与自己的爸爸妈妈就儿时游戏的话题进行交流，并学习其中一两项游戏，写下游戏说明，记录爸爸妈妈游戏时的感受。

3. 第二课时的教学活动：学生以组为单位介绍学习到的爸爸妈妈儿时的游戏，师生就他们的介绍作点评，并提出问题进行交流；教师表演游戏，学生当堂写下游戏的玩法并进行交流；教师小结。

（《爸爸妈妈儿时的游戏》）

案例分析

李卫东教学《班级新闻联播》《爸爸妈妈儿时的游戏》时有一共同点，即贴近生活，从学生身边的事物入手，围绕学习目标，让学生自主确定问题，自

主讨论问题、解决问题。在这个活动中，学生采用自己喜闻乐见的方式采集、编写新闻，组织播报，把课堂上学过的知识全用上了，兴趣盎然，积极投入，听说读写能力的训练也贯穿在了实践活动的过程中。让学生深入自己身边的生活，去发现、体验、反映生活，在合作学习中学会与人相处，在自主活动中提高主体意识，在探究问题中创造性地运用已有的语文知识解决问题。

李卫东对《班级新闻联播》《爸爸妈妈儿时的游戏》的设计，很好地体现了语文与生活的联系，很好地促进了学生语文素养的整体提高和协调发展。他用生活展现情境，延伸课堂时空，用发生在身边的事情，作为教学问题情境，从而提高教学质量。在课堂设计中，他鼓励学生动脑筋想办法，注重与学生相互交流。学生通过采访新闻，开展游戏等活动，让语文走进生活，充分体现语文学科性、综合实践性和学生自主性的特点。

实施方法

1. 精心设计语文实践活动

教师设计活动要紧扣主题，结合教学内容和重要知识点，结合学生生活、知识水平的实际及接受能力；学生要为语文实践做好充分准备，明确实践的目的、要求和操作过程，保证实践的效果。给予学生充分学习的时间与空间，保证个体体验过程的完成。

2. 有机整合语文课程资源

重视社会、家庭、学校及本地各种教学资源在课程中的利用，充分挖掘教学资源；适当开展课外延伸的实践活动，如家庭实践，社会生活实践等。

3. 适时激发学生学习兴趣

适当地把游戏引进教学语言实践，利用课堂讨论、辩论来活跃学生的思维，锻炼学生的语言表达能力。语文实践活动的设计和安排应该考虑学生的年龄、兴趣、实践能力，把学生的自主个性体验、感受与教学内容结合，保证学生有动脑、动口、动手的机会。

六、以智为本，促进生命间的交流
——感悟的升华

实践证明，"启迪心灵教育"能够给学生的人生、生活以启示。心智启迪，将会优化课堂教学，提高教学质量，让语文教学成为基于生活的心灵活动、生命活动，引发情感体验，使学生的情感与精神得到补充。课堂学习的启迪内化，这一环节是非常关键的，是语文课堂教育的升华，决定了课堂教学的效果。新课程呼唤充满生命力的课堂，"生命"课堂的教学核心是"有生命的教学""活的教学"。整堂课就像一个活的生命体，紧扣文本感情基调，强调整堂课情感的一致性，虽然由整体到局部有学生个性、生命、情感的流露，但并不破坏整体。"生命"课堂的教学蕴涵着巨大的生命活力，只有师生的生命活力在课堂教学中得到有效发挥，学生才能获得多方面的满足和发展，教师的劳动才会闪现出创造的光辉和人性的魅力。在教学中，教师要用感情去浇灌、去融合，创设更多的有效互动方式，教给学生有生命的语文，让学生主动学习，实现教学效率的高效化。

经典案例

师：太棒了！同学们理解得很深刻。这样理解课文，你就不单理解文字表面的意思，你还理解文字背后的意思，理解罗丹内心的想法。口里念，心里想，这叫什么？这叫读，明白了吗？

生：明白了。

师：现在请你们再读这句话。这次读，你们就像罗丹那样完全地进入工作状态，特别投入，尽情地去读，谁来试一试。

（一生有感情地朗读课文第二自然段）

师：这样的工作态度叫什么？

生：全神贯注。

师：这叫"全神贯注"，这一段话里有一句话把罗丹的工作状态表达得最充分，是哪一句？

生：他好像喝醉了一样，整个世界对他来讲好像已经消失了。

师：他好像喝醉了一样，整个世界对他来讲好像已经消失了。这个"整个世界"是指什么？想一想，是整个世界都消失了吗？你说。

生：是除了雕塑以外，所有的事情都不在他的脑子里。

师：说明他专注的程度。接着读课文第三、四自然段。

（一生有感情地朗读课文第三、四自然段）

师：罗丹径直出门，不管他的朋友了，茨威格虽然被丢在一边，可是他感触特别深，他领悟到了什么道理？你读吧。

生：因为从那时起，我就知道一切工作如果值得去做，而且要做得很好，就应该全神贯注。

……

师：在一切工作中，如果值得去做，而且要做得好，你就必须怎样？

生：全神贯注。

师：茨威格刚刚看到这个作品的时候，觉得它非常完美。书里有一个词叫什么？

生：杰作。

师：就是超出一般水平的作品。茨威格是著名文学家，他的眼力不会错，作为罗丹的挚友，他也不会去吹捧罗丹，他说是杰作应该是没有问题的。可是对这样的杰作，罗丹还不满意，仔细端详后突然说什么？

生：不，还有毛病。

师：请问，对于这样的杰作，他还说有毛病，还要去修改，这个事情值不值得？谈谈你们的意见。

生：因为创作一件作品，一定要达到自己心目中的最高水平，不能随便应付，创作的作品必须做到最完美。

师：所以罗丹修改女像的原因是对自己的工作负责任，已经是精品了，还不行，还要去精益求精，永不满足。我们可以想象，再过两天，罗丹又看到这个作品，这一幕还会重演。正是因为罗丹这样去工作，一件件伟大的作品诞生了。我们再读这一段。

生：（齐）一切工作如果值得去做，而且要做得很好，就应该全神贯注。

（《全神贯注》）

案例分析

李卫东教学《全神贯注》时，是以学生为基点，深钻教材，精心设计教学环节，引导学生一步一步地研读课文，先是读正确，理清课文思路，整体感知课文，进而引导学生感受罗丹全神贯注的工作状态和精益求精的责任感。让学生通过倾听、阅读、想象，揣摩罗丹的心理，与人物交流对话，深刻感受罗丹对艺术创作精益求精、永不满足的精神。

李卫东能够赋予教学内容以生命。在教学《全神贯注》时，找准了教学切入点，抓住课文中最有训练价值的语段，引导学生反复朗读、思考、分析、揣摩、品味，感受罗丹严谨的态度和周密的思考，这就是心灵的内化感悟。这样的教学过程就比较深入，教学效果也比较明显。

实施方法

1. 创设情境，引导感悟

教师在教学中要善于创设情境，抓住重点内容，启发学生思维，引导他们感悟主旨。让学生有所感悟，有所思考，获得情感熏陶，享受审美情趣，在语言实践中提高语文能力。

2. 重视交流，师生互动

教师在教学中要善于激发情感，让"情"与"理"交融。而情感的抒发，可以使师生之间的内心感受得到交流，可以相互启发，相互感染。

七、深度阅读
——感悟式教学与语文教学

(一)"小学语文感悟式教学"概述

1. "感悟式教学"的提出

胡双全认为，"感悟式教学"是根据语文学习的特点，贯彻以学生为主体的教学原则，让学生通过对具体事物的感知和情境的感染来真正达到对认知、情感、态度、价值观的领悟和内化。简言之，就是通过"感"和"悟"这两个基本途径，培养学生感悟自然、感悟语言、感悟形象、感悟情感，进而感悟生活、感悟社会、感悟人生的能力。在感悟式教学过程中，教师的启发和引导，师生之间的情感互动，都会引起学生自主选择和感悟的心理活动产生。学生通过这一过程，会感悟到许多属于他自己的东西。

在教学实施过程中，语文感悟式教学侧重于学生在阅读活动中体现自主性、独立性，不能用教师的分析讲解代替学生的阅读实践。它要求确立以学生学习为中心，情感体验为中心，生活感悟为中心的新的教学观，重点培养学生在真情实感下自读、自学、自悟的能力，是一个不断获取语言信息，感悟人文蕴涵，体验人生情感的过程。

2. 李卫东的"小学语文感悟式教学"

李卫东在多年的教学实践和理论探索的基础上，结合新课程改革的理念和要求，提出"小学语文感悟式教学"。他认为，小学语文感悟式教学是以学生为本，以生活为源，以内化为宗，以教师引导学生自主实践和感悟为主要教学方式的一种小学语文教学理念和操作体系。

小学语文感悟式教学的核心内容——三个基本理念，包括"以学生为本""以生活为源"和"实践、感悟、内化"。李卫东"以学生为本"是一般教学的理念，尊重和信任学生，把学生看成是探求知识的主体，是充满活力的生命体；"以生活为源"是语文教学改革和发展的基本原则；"实践、感悟、内化"则包含了语文学习过程和语文教学方法的理念。从学习过程上看，语文学习是实践、感悟、内化三个过程相统一的立体活动过程；从方法论上讲，语文教学必须注重实践、注重感悟、注重内化。其中，"注重感悟"是感悟式教学的鲜明特色，它充分体现了《语文课程标准》强调的"语文教学要注重语言的积累、感悟和运用"，"应让学生在主动积极的思维和情感活动中，加深理解和体验，有所感悟和思考"的思想和理念。李卫东对"感悟"提出自己独特的见解："感"是感受，是"感之于外，受之于心"，又是"目击事物，便以心击之"；"悟"是领悟，是在感受基础上的进一步领会。他将"感悟"列为语文教学的重要理念之一，这是他多年来语文教学研究成果的结晶，符合语文教学的认知规律。感悟式教学实质是重新诠释语文教学中的三个要素——人，言，言语实践的内涵。

(二)"感悟式教学"的理论基础

"感悟式教学"是在罗杰斯的"人本主义学习理论"、布鲁纳的"发现学习理论"、皮亚杰的"建构主义学习理论"及奥苏贝尔的"认知结构迁移理论"的基础上提出的。

1. 感悟式教学与罗杰斯的人本主义学习理论

罗杰斯的人本主义学习理论主张"学生中心的教学观"和"有意义的学习"。"学生中心的教学观"强调以学习者为中心，认为学习者具有求知向上的潜在能力，应把他们看成是"人"，因而教师必须尊重学习者，把他们视为学习活动的主体，强调让学生参与学习过程，在"做"中学。教师要以学生为中心，给学生充分的自由，根据学生已有的知识水平、学习兴趣、爱好和特长进行教学，关心学生的情感需求。"感悟式"教学过程体现了人本主义的"学生中心的教学观"，从学生和教师的地位、作用来看，在"感悟式"教学过程中，学生是感悟的主体，直接参与感悟，在感悟中明白事理，陶冶情操，培养悟性。而教师则是学生学习的指导者、组织者、促进者。

罗杰斯还强调"有意义学习"和"经验学习"是最重要的学习。有意义学习是学生整个身心都参与的一种学习，而不是单纯只有认识的一种学习；而经验学习是以学生的经验生长为中心，以学生的自发性和主动性为学习动力，把学习与学生的愿望、兴趣和需要有机地结合起来，因而经验学习必然是有意义的学习，必能有效地促进个体的发展。"感悟式教学"就是一种有意义的学习方式，学生主动参与学习，顺从内在的愿望主动去探索、发现和了解事件的意义，其中认知和情感都投入学习活动之中。

2. 感悟式教学与皮亚杰的建构主义学习理论

皮亚杰的建构主义认为，知识不是通过教师传授而得到，而是学习者在一定的情境即社会文化背景下，借助其他人（包括教师和学习伙伴）的帮助，利用必要的学习资料，通过意义建构的方式而获得。由于学习是在一定的情境即社会文化背景下，借助他人的帮助即通过人际间的协作活动而实现的意义建构过程，因此建构主义学习理论认为"情境""协作""会话"和"意义建构"是学习环境中的四大要素。建构主义提倡在教师指导下的、以学习者为中心的学习，也就是说，既强调学习者的认知主体作用，又不忽视教师的指导作用，教师是意义建构的帮助者、促进者，而不是知识的传授者与灌输者。学生是信息加工的主体、是意义的主动建构者，而不是外部刺激的被动接受者和被灌输的对象。"意义建构"的过程实际上就是"探索、体验、感悟"的过程。

传统的阅读观认为，阅读是一个接受过程，就是反映文本的过程。感悟作为一种阅读观，与这种传统观点相反，它认为阅读的过程就是一个意义建构的过程。感悟其实可以分为"感"和"悟"两个环节。"感"强调的是文本，"悟"强调的是阅读者自身的认知和体验。"悟"比"感"具有更大的独立性和自主性。在"感悟式教学"过程中，教师注重创设有利于学生建构意义的情境，并把创设生活情境看作是教学设计的最重要内容之一，强调学生之间通过会话、商讨、合作语言实践等对教学内容进行深入学习，在学习过程中帮助他们把当前学习内容所反映的事物的性质、规律以及该事物与其他事物之间的内在联系相结合，以达到较深刻的理解。感悟式教学强调学生是知识吸收和领悟的主动者，要求学生在学习过程中发挥主体作用，要把思考学习的内容和自己生活学习中已经知道的事物相联系。教师激发学生的学习兴趣和学习动机；帮助学生感悟知识意义，启发引导学生通过感悟形成对知识的意义构建，达到良好的学习效果。感悟，它的心理目标物是意义，感悟就是获得意义。反映论的阅读观认为，这种意义的来源只有一个，那就是文本，阅读就是对文本意义的反映。感悟论的阅读观视野里，这种意义的来源有两个，一个是文本，另一个是主体已有的认知和经验。于是，我们获得了一种新的阅读模型："阅读理解就是在文本各部分之间、在文本与个人经验之间积极构造意义的过程。文本本身并不带有意义，它是创造产生意义的蓝图。它向读者提供了如何从已有知识和经验中，使用一定的策略来构造意义的方向。文本中的字词在读者头脑中激起了与之有关的概念、它们之间过去的相互联系以及它们潜在的相互联系。而文本的组织结构帮助读者在这些概念复合体中进行选择。"

3. 感悟式教学与布鲁纳的发现学习理论

在教学方法上，布鲁纳提倡"发现学习"，他认为，儿童应该在教师的启发引导下按自己观察事物的特殊方式去表现学科知识的结构，借助于教师或教师提供的其他材料去发现事物。布鲁纳强调说，发现是教育儿童的主要手段。"人类学习中似乎有个必不可少的成分，它像发现一样，是尽力探索情境的机会。"他还强调说："如果我们要展望对学校来说什么是特别重要的问题，我们就得问怎样训练几代儿童去发现问题，去寻找问题。"布鲁纳的"发现学习理论"是以学生自主发现为主的学习方式，主动地发现知识，而不是被动地接受知识，这是布鲁纳"发现学习"的中心思想之一。发现学习，是学生用自己的头脑独立获得知识的一种学习方式，也是学生从未知到已知的一种主动过程。在感悟式教学过程中，教师注重培养学生的学习主动性，就是要学生主动地去发现知识，主动地去探索事物、寻求答案。强调引导学生通过课堂的"诵读、探究、思考、感悟"而独立发现知识，参与和体验知识的生成过程。

4. 感悟式教学与奥苏贝尔的认知结构迁移理论

奥苏贝尔的有意义言语学习理论不仅用认知结构同化论的观点解释知识的获得、保持和遗忘，而且用认知结构的观点来解释知识学习的迁移。奥苏贝尔的有意义言语学习理论的核心思想是，有意义学习必须以学习者原有的认知结构为基础。也就是说，新知识的学习必须以学习者头脑中原有的知识为基础，没有一定知识基础的意义学习是不存在的。因此，在有意义学习中必然存在着原有知识对当前知识学习的影响，即知识学习中的迁移是必然存在的。奥苏贝尔提出了促进认知迁移的方法，设计适当的新型"组织者"来影响认知结构变量，是一种重要的教学策略。在有意义的学习中，教师在呈现正式的学习材料之前，要用学生能懂的语言介绍一些引导性材料。这些引导性材料的特点是比学习材料更一般，更开阔，而且与学习材料有关联，能充当新旧知识联系的"知识桥梁"，奥苏贝尔将之称为"组织者"，由于它的呈现一般先于正式的学习材料，故又称为"先行组织者"。总体上说，奥苏贝尔认为，个体先前通过某次具体学习所得的最新经验，并不是直接同当前学习刺激——反应成分发生相互作用，而是通过影响学习者原有认知结构的有关特征，从而间接影响新的学习或迁移。"感悟式教学"认同认知结构的迁移理论，整个教学过程是一个有意义的学习过程，提倡学生通过联系实际生活经验学习新知识，理解、感悟、内化后转化为自己的语言积累，形成新的知识结构，为后继学习产生正向迁移。

（三）对小学语文感悟式教学的几点建议

1. 注意个别的差异

感悟式教学需要学生具有一定的认知基础，而学生的认知水平又是参差不齐的。因此，在小学语文感悟式教学的实施过程中，教师要注意学生的个别差异，根据学生的不同感悟能力，设置不同的探究问题，使得教学能满足不同层次学生的需要，从而实现对不同水平的学生的教学目标。

2. 营造民主的氛围

感悟式教学是一种教师作为引导者，学生作为主体者的教学模式。在这种教学模式下，要使学生能很好地进行自主感悟，应该营造一种宽松、自由、和谐的民主氛围。学生只有在这样的氛围之中，才能就所要感悟的问题进行平等的交流、合作与探究。

3. 提供充足的时间

小学生由于受认知水平、思维敏捷性的限制，思考、探究问题所需的时间较长。因此，在实施感悟式教学时，教师应给学生提供充足的思考和探究时间。学生只有在这方面获得保证，才能独立思考，自我感悟。

4. 关注评价的方式

感悟式教学的评价，不仅要评价感悟的结果，更要评价学生感悟的过程。评价的方式也应该是多种多样的，如可采用自我评价、小组评价、集体评价、教师评价及其各种评价主体相互结合的评价方式。无论是哪一种评价，描述时都应多用鼓励性语言，以充分发挥评价的激励作用。

（分析论述：冯定玉）

杨　屹

如何进行富有意味的情趣教学

名师档案

——全国模范教师

杨屹，著名特级教师，中国教育学会青年教师教学研究中心常委，山东省青年语文教学研究会副理事长，山东省教材评审委员会委员，现任青岛市实验小学副校长，曾获"全国模范教师""青岛市教学能手""青岛市科教兴市先进个人""青岛市优秀专业技术人才""齐鲁名师""山东省优秀教师""青岛市学科带头人""青岛市十佳师德标兵""青岛市十大杰出青年"等荣誉称号。

杨屹从教20多年，始终走在教改的最前沿。在教育教学实践中，她潜心研究，积极探索，依据儿童心理发展特点及母语学习特点，创造出独具特色的"情趣教学法"，并逐步形成了激发学生学习兴趣，引导学生情感体验，促进其认知能力发展和人性健康成长的"情趣"教育理论。

杨屹教研成果颇丰，出版了《情趣教学艺术探索》《情趣教学风景线》等多部专著，影响广泛。

一、名课实录

——写画描绘课堂，情趣自由飞扬

《狼和小羊》课堂教学实录（人教版小学语文二年级下册）

（一）激发兴趣，乐学新知

师：同学们，在学习课文之前，老师先请大家看两张图片。（出示狼的图片）你们看，这是谁？

生：这是大灰狼。

师：噢，同学们仔细看，老师是怎样写这个生字的。（板书：狼，带拼音）请同学来读一下这个字。

生：狼。

师：全班一起读。

师：你觉得狼怎么样？

生：我觉得狼很坏，很狡猾。

生：我觉得狼一点都不好，它就知道吃小动物。

师：同学们说得好，那你们再来看，（出示小羊的图片）这是谁呀？

生：这是小羊。

师：（板书：小羊）你觉得小羊怎么样？

生：小羊非常可爱。

生：小羊很温和。

师：今天，我们学习的课文讲的就是它们俩的事。（板书将课题补充完整）

（二）自读课文，初步感知

师：讲它们俩的什么事呢？请同学们自由读课文，注意要读准字音，把句子读得通顺流利；再看看课文有几个自然段，标出序号来。

（生自由读）

师：（巡视）刚才同学们读书非常认真，老师来检查一下这些词语你们读得准吗？

（出示词语卡片：一只狼、站在、先生、争辩、不再、扑去、可怜、弄脏、龇牙、家伙）

（生依次认读）

师：下面我们请同学分段读课文，其余同学边听边想：这篇课文讲了狼和小羊的什么事？

（生读课文）

生：这篇课文讲了小羊在小溪边喝水，狼想吃小羊，找借口。

师：最后呢？

生：最后小羊还是被狼扑倒了。

（三）培养情趣，理解课文

1. 讲读第一自然段

师：狼是怎样找碴儿吃掉小羊的？下面我们来读课文第一自然段，其他同学边听边想，这段告诉我们什么？

生：这一段告诉我们狼来到小溪边，看见小羊在那儿喝水。

师：（随即在黑板上画简笔画）同学们看，这就是小羊喝水的那条小溪，溪水从上游欢快地往下流着，溪边长着绿油油的小草。一只小羊在那儿喝着清凉的溪水。（贴图）可正在这时，一只狼来到了溪边。（贴图）我请同学再来读一下第一段。

生：狼来到小溪边，看见小羊在那儿喝水。

2. 讲读第二、三自然段

师：它们会说些什么呢？我请同学来读第二、第三自然段，其余同学边听边画出狼和小羊说的话。

（生读课文第二、第三自然段）

生：我画的句子是"你把我喝的水弄脏了！你安的什么心？"

生：我画了"我怎么会把您喝的水弄脏呢？您站在上游，水是从您那儿流到我这儿来的，不是从我这儿流到您那儿去的。"

师：画得不错。我们先看看狼说的话，谁愿意读？其余的同学看看狼说了什么话，分别用了什么标点。

生：你把我喝的水弄脏了！你安的什么心？

生：第二自然段狼说的话有两句，分别用了一个感叹号、一个问号。

师：说得好，我请同学来读第一句话。

生：你把我喝的水弄脏了！

师：你觉得他读得怎么样？

生：他读的声音有点小。

师：还没有读出感叹的语气，听老师读。（示范读）谁学老师的样子读一读？

生：你把我喝的水弄脏了！

师：学得真像！我们看狼说的第二句话（出示这句话的幻灯片），老师用两种语气读，听听哪种对？

生：第二种对。

师：为什么？

生：因为第一种温和，第二种有气冲冲的感觉。

师：也就是说狼在说小羊怎么样？

生：狼在说小羊不好。

师：对！它在指责小羊，你不安好心。谁能学老师的样子读一读。

生：你安的什么心？

师：很好，谁能把狼的话完整地读一下，注意语气。

生：你把我喝的水弄脏了！你安的什么心？

师：读得好！听了狼的话，小羊是什么样子？看书上。

生：小羊是"吃了一惊"。

师：对！我们一起看看小羊吃惊的样子。（指着黑板上的图，并通过面部表情启发学生）

生：小羊眼睛瞪得大大的。

生：嘴也张得大大的。

师：那么小羊为什么这么吃惊呢？

生：因为小羊在那儿喝水，狼认为它把水弄脏了。

师：对，谁来读读小羊怎么说的？

生：我怎么会把您喝的水弄脏呢？您站在上游，水是从您那儿流到我这儿来的，不是从我这儿流到您那儿去的。

师：小羊说了几句话？

生：小羊说了两句话。

师：先请同学看看第一句话。（出示幻灯片）谁来读？

生：我怎么会把您喝的水弄脏呢？

师：这句话换个说法，怎么说？

生：我哪能把您喝的水弄脏呢？

生：我不会把您喝的水弄脏。

师：（出示幻灯片：我怎么会把您喝的水弄脏呢？我不会把您喝的水弄脏）自己小声读读这两个句子，你觉得哪种说法更能显出小羊很吃惊？

生：我觉得第一句话显得小羊很吃惊。

师：更能显出小羊很吃惊。谁能读读第一句话，显出小羊很吃惊的样子来？

生：我怎么会把您喝的水弄脏呢？

师：读得好，小羊为什么不会把狼喝的水弄脏呢？我请同学读第二句话。

生：您站在上游，水是从您那儿流到我这儿来的，不是从我这儿流到您那儿去的。

师：哪儿是上游？水是怎么流的呢？谁愿意上来指着说一说？

生：（指着黑板）这是上游，水是从狼那儿流到小羊那儿的，而不是从羊那儿流到狼那儿的。

师：哪位同学能用"因为……所以……"的句式来说一下？

生：因为您是在上游，水是从上游流到下游的，所以我不会把您喝的水弄脏。

师：说得好！小羊虽然很吃惊，但是它说这话时语气怎么样？

生：很温和。

师：对，温和是什么意思？

生：不像狼那种气冲冲的样子。

生：很温柔。

师：态度不能说很温柔，怎么说？

生：态度很好。

师：或者说很亲切、很和气，小羊还称狼为"您"，可以看出什么？

生：小羊非常尊重别人。

师：对，有礼貌。那谁能读出小羊那么有礼貌，那么亲切的样子？

生：我怎么会把您喝的水弄脏呢？您站在上游，水是从您那儿流到我这儿来的，不是从我这儿流到您那儿去的。

师：下面我请同学们分别来读狼和小羊的话，注意语气。

（生分角色读）

师：同学们想想狼为什么这样说小羊？

生：因为它想吃小羊。

生：因为它想吃小羊，所以它找借口。

师：书上的那个词是什么？

生：找碴儿。

师：（板书：找碴儿）"找碴儿"是什么意思？

生：找碴儿就是找借口。

生：找碴儿就是没事找事的意思。

师：说得很好。狼想吃小羊找了什么借口？为什么说它是故意找碴？

生：狼说羊弄脏了它喝的水。

生：小羊根本没有弄脏水，所以说它故意找碴儿。

师：对，没有弄脏却说弄脏了，这就是"故意找碴儿"。同学们想一想，小羊把狼驳倒了，狼会怎么想？

生：狼会很生气。

生：狼会报复小羊。会再一次找借口。

师：这么凶恶的狼它不找借口，扑过去不能把小羊吃掉吗？

生：（齐）能。

师：它要找个借口来吃了小羊，你觉得狼怎么样？

生：我觉得狼非常狡猾。

师：下面请同学分角色读第二、第三自然段，看谁能读出狼的凶恶、狡猾和小羊的可爱、非常有礼貌的样子。其余同学边听边想狼想吃小羊找了什么借口？为什么说它是故意找碴儿？

（生分角色朗读）

3. 指导学生读懂第四、第五自然段

师：想想，我们是怎样学习第二、第三段的？我们是先画出狼和小羊说的话，然后通过朗读知道了狼找了什么借口，为什么它要故意找碴儿。下面我们就用学习二、三段的方法来学习第四、第五段。先分别画出狼和小羊说的话；

再读一读它们的话，想一想狼又找了什么借口，为什么说它是故意找碴儿？

（生自由读）

师：我先请同学分别来读一下你刚才是怎样画的，其余同学看自己画得对不对。

生：就算这样吧，你总是个坏家伙！我听说，去年你在背地里说我的坏话！

生：啊，亲爱的狼先生，那是不可能的，去年我还没有生下来哪！

师：刚才老师还提了第二个问题呢，狼找了什么借口？为什么说它是故意找碴儿？

生：因为去年小羊还没有生下来，不能说它的坏话，所以狼是故意找碴儿。

师：第四、第五段怎么读呢？我请两位同学来读，其余同学要仔细听，看他们读得怎么样，一会儿老师请你来说一说。

生：就算这样吧，你总是个坏家伙！我听说，去年你在背地里说我的坏话！

生：啊，亲爱的狼先生，那是不可能的，去年我还没有生下来哪！

师：你觉得读狼的这位同学怎么样？

生：凶恶劲儿还没有上来呢！

师：我们看看狼是什么样子？我们看图（活动图片）现在都这个样子了。为什么它现在气冲冲的呢？

生：因为小羊把它的阴谋识破了。

师：已经把第一个借口驳倒了，你说这只狼自己的话没道理，它反倒生起气来，你觉得这只狼怎么样？

生：我觉得它非常狡猾。

生：它脾气很坏。

生：不讲理。

师：对，谁能读出狼蛮不讲理的样子？

（生读狼说的话）

师：（活动图片）我们来看一看小羊，原来它很吃惊，眼睛瞪得大大的，可现在什么样子？

生：心里很害怕，很伤心。

生：它心里着急。

师：联系前面课文，想想为什么小羊很可怜？

生：狼来吃小羊。

师：并一次一次地找借口，它心里委屈呀。哪位同学能读出小羊十分着急喊的样子？

生：啊，亲爱的狼先生，那是不可能的，去年我还没有生下来哪！

师：下面我请同学分角色来读，再来读一下第四、第五段。

（生分角色读）

师：好，同学们，小羊又一次驳倒了狼的借口，狼是不是不再吃它了呢？我们下节课再继续学习。

4. 讲读最后一个自然段

师：狼找了两次借口，都被小羊驳倒了。那么狼是不是就不再吃它了呢？我们来看最后一段。

（生读最后一段）

师：（出示幻灯片并画出词语"争辩"）同学们，我们来看这个词。谁能说说争辩是什么意思？

生：争辩就是狼说羊，羊反说狼，扯起来了。

师：对，就是争吵和辩论的意思。狼为什么不想再争辩下去了呢？

生：因为那两次话都被小羊打破了，这次再说，又要被打破了。

师：说准确一点就是两次借口都被驳倒了。我们一起来看看狼现在是什么样子。（师指着幻灯片）

生：（齐）龇着牙，逼近小羊，大声嚷道。

师：同学们想想怎样叫"龇着牙"？

生：就是龇牙咧嘴的意思。

生：龇着牙就是把尖利的牙齿露出来了。

师：你用了"尖利"这个词，真好，那怎么叫"逼近"？

生：逼近就是离小羊很近了。

师：那同学们再想想，老师这样离你近了，叫不叫逼近？逼近还有一种意思，是怎样地走近？

生：逼近就是生了气，想吃了的那个意思。

师：对，是非常凶恶地靠近了它。（活动图片）你觉得现在狼怎样了？

生：狼现在很生气。

师：我们一起把它凶恶的样子读出来，好不好？

（生齐读）

师：好，同学们想想狼又找什么借口了？

生：小羊刚才说它去年还没有生下来，狼就把这个责任推到它爸爸身上。

师："反正都一样"是什么意思？

生：反正要吃掉你。

师：对呀，谁来说说狼第三次找什么借口了？

生：不管谁说的坏话，狼都要把小羊吃掉。

生：不管怎样，都要把小羊吃掉。

师：对，看来狼更不讲理了。下面我们来分角色读这一段，读的时候愿意加上动作也可以。

（生分角色读）

师：狼还让小羊说话吗？

生：不让。

师：对，它不想再争辩了。最后怎么做的？

生：狼说完就往小羊身上扑去。

师：（随即板书：扑）它等不及了。（摆图）扑向了小羊，可怜的小羊被吃掉了。

（四）引导拓展，启思明理

师：学了这一课，你知道了什么？

生：跟像狼一样的人，不能讲道理，只有想办法对付它。

生：不应该向它讲理，而应该想办法，让狼掉到水里。

师：对，像狼这样的坏家伙总是要找借口来做坏事的，跟它们是没有道理好讲的。

师：（播放动画片）告诉老师，你刚才看到了什么？

生：我看到了一只小白鸭和一群小黄鸭，还有一只狡猾的狐狸。

生：狐狸想吃掉小白鸭。小鸟来帮助小白鸭，狐狸还想吃小白鸭，把它逼到湖边。

师：小鸭子都逃了，可狐狸还是不放过它，追到了湖边。同学们，快帮小鸭子想个办法吧！

生：让小鸭子到一个黑的地方，粘一身黑，让狐狸吓一跳。

生：让它跳到湖水里，游走。

生：让小白鸭住在有窟窿的地方。

生：鸭子往水花里钻，狐狸看不见，鸭子游远了，上了岸，就回家了。

师：同学们刚才想的办法都不错，我们看小鸭子想了什么办法？（播动画片）

师：同学们看，小羊跟狼讲道理，最后被狼吃掉了。所以，我们遇到像狼和狐狸这样的坏家伙，只有像小鸭子这样想办法，动脑筋，跟它们作斗争，一定能够战胜它们的，是不是？

二、名课解读
——画意盎然，情趣激扬

一节好课应该从整体上体现新课程的理念与要求。杨屹执教的《狼和小羊》，给人的第一感觉就是课堂有"画"趣的活泼绚丽，有浓浓的情趣在飞扬。

1. 巧设道具，拨动情趣

上课伊始，导入是关键。怎样在最短的时间内吸引学生的注意力，抓住学生的心，并能激发学生学习的兴趣？杨屹自有妙招。她制作了咧开大嘴，龇着大牙，瞪着大眼的"狼"和睁着惊恐的眼的"小羊"的形象。鲜明的对比呈现在学生面前，给他们创设了一个"认识场"。在这个认识场中，学生根据自己已有的认识经验，很快就能区分狼和小羊各自的本性特点。紧接着，杨屹创设一个"说话场"，让学生畅谈自己对狼和小羊的感觉。通过这些谈论，引导学生把对道具画的感觉迁移到对文本内容的理解，使狼和小羊的形象更加深刻地印在学生的心中。这为学生对课文内容的学习奠定了丰富的感情基础。

本文的课题以两个动物的名称命名，两者之间是一个"和"字。显然这篇课文是讲述两者之间发生的事情。杨屹创设两个场，恰好形成一个空白：狼和小羊既然有如此截然不同的性格，那它们到底怎么了呢？这激发了学生的好奇心理，新课的开讲自然水到渠成。

2. 画意课堂，情趣飞扬

苏霍姆林斯基认为："只有那些始终不忘记自己也曾经是一个孩子的人才能成为真正的老师。"不忘记自己曾经是孩子，才会理解孩子。做到理解孩子，童趣才会具体而丰富，才会使师生之间，学生之间充满温馨，课堂充满情趣。杨屹的课堂时刻抓住学生的学习特点，借助画意贯穿课堂。如当讲到"狼来到小溪，看见小羊在溪边喝水"时，杨屹随即在黑板上画出相应的内容情境；当讲到"小羊听到狼的话时，吃了一惊"时，杨屹即指着黑板上的图，并通过面部表情来启发学生。对于狼的故意找碴儿，狼和小羊之间的对话，杨屹就通过表演的形式展开。整节课处处飘满画意情趣，营造了愉悦的学习氛围，学生在课堂上感受到了语文的美与趣、老师的童趣与才华。

画与文的完美结合也成了杨屹的教学品牌，因此她获得了"会画画的语文老师"的美誉。在她的语文课上，呈现给学生的是一幅幅与课文内容相吻合的连环画，学生在欣赏画韵的同时品尝着课文的韵味。画成了她调动学生情趣的有效工具，她用画进行情景创设和渲染，把书面文字活化为形象的、动态的、可感的事物。随着多媒体的普及，她把绘画与多媒体配合得天衣无缝。听她的课，学生犹如进入了童话王国，充满想象和梦幻。

3. 诵中品悟，体验情趣

如何引导学生体验课文的情趣呢？很多教师在教学中可能会用大段的独白语言激发学生的情感。然而这种方式只会让学生觉得抽象难懂，基本上只是教师自己在体验，学生几乎置身事外。杨屹别出心裁，在《狼和小羊》的教学中以"言语的表达语气"为特定的指导对象，让学生在诵读中品悟句子，体会情感，真切地体验情趣。比如，品悟"（狼说）你把我喝的水弄脏了！你安的什么心"一句时，杨屹提示学生注意这两句话的标点符号，通过不同诵读语气的对比，让学生从中体会到狼的"气冲冲"；在品悟"（小羊说）我怎么会把您喝的水弄脏呢"一句时，杨屹要求学生用多种方式表达同一个意思，让学生构建自己的理解层面。

杨屹以朗读贯穿教学始终，她指导学生进行有感情地朗读课文时，不是机械地训练学生哪个词读重、哪个词读快，单纯从技巧上去抽象指导，而是注意发挥教材内容的情感因素，运用巧妙合理的教学手段让学生结合自己的思想感情去朗读，体现了"尊重学生阅读时的独特体验"思想。学生经历了"自读—学读—练读—美读"的提高过程，更是经历了理解课文内容的过程。在多次品读中，学生对狼和小羊的认识更为形象，体验的情趣也更为真切。

4. 情趣交融，寓教于情

《狼和小羊》是一篇寓言，这为寓教于情提供了一个良好的基础。语文教学不仅是为了趣，还是为了教，使学生的感性认识上升到理性认识。在这里，杨屹除了强调趣外，还突出教育孩子辨别是非的能力。最后，她设计了一个拓展环节，播放的是鸭子和狐狸的故事，然而这个小故事的结局与课文本身的结局截然相反。杨屹要求学生结合自身生活经验，充分表达自己的理解和感受，从而教育学生善于分辨善恶，提高自身的保护能力。

在深化课程改革中，我们发现由于当前的语文教学深受传统教育思想的约束，造成了很多流弊和困境，诸如语文教学方法程式化，课文分析概念化，学生作文公式化，等等，导致了原本生动、活泼、有趣的语文课变得乏味、枯燥，难以唤起学生的学习热情，更不用说培养学生的创新精神了。而杨屹的课堂以"画"营造温馨和谐的学习情境，以"画"激发学生的情感渴望，焕发出他们的生命活力。

三、趣味"画"意，激发情趣
——以画激趣，激发自主参与课堂

心理学家布鲁纳在他的"结构主义"课程与教学观中指出："要根据儿童自己观察、解释世界的独特方式进行教学，要尽力诉诸直观，注意浅显明了，按照儿童的理解能力提供教材，使教材传授适应儿童的心理、智力发展过程。"而今，随着课改的不断深入和细化，小学语文的目的之一在于回归属于儿童的语文。语文教材改变以往"繁、难、偏、旧"和注重书本知识的状况，加强了与学生生活和经验的联系，明显趋向有利于小学生的自主学习，有助于师生与教材的互动。"结构主义"课程与教学观强调："教学中要注意形成学生学习的内在动机，主张'尽可能建立在唤起学生对所学习的东西的兴趣的基础上'刺激儿童的学习行为。"布鲁纳认为人类有三种成功理解知识的手段：动作再现表象，图像再现表象，符号再现表象。动作再现表象是指借助动作进行思维的工具，图像再现表象是指以表象作为思维的工具，符号再现表象是指以符号

（通常是语言符号）作为思维的中介物。情趣教学，正充分体现了这一点。教师借用各种手段，在课堂上形象丰富地、饱含激情地唤起学生的学习兴趣，使学生能成功地理解和掌握知识。

"趣味'画'意"，就是将"画"与课堂结合，让"画"走进语文课堂，这是课程资源整合的形式之一，也是杨屹情趣教学的一大特色。课堂因为有"画"而形式多样，因为有"画"而备受学生喜爱。杨屹常常感叹："兴趣是学生最好的老师，它能让孩子产生自主学习的内动力。"她也牢牢抓住了这一点，从学生的兴趣出发，通过她的"神笔"将有趣的"画"带进课堂，使课堂教学精彩纷呈，学生惊喜不断。

 经典案例

　　师：同学们，在学习课文之前，老师先请大家看两张图片。（出示狼的图片）你看，这是谁？

　　生：这是大灰狼。

　　师：噢，同学们仔细看，老师是怎样写这个生字的。（板书：狼，带拼音）请同学来读一下这个字。

　　生：狼。

　　师：全班一起读。

　　师：你觉着狼怎么样？

　　生：我觉得狼很坏，很狡猾。

　　生：我觉得狼一点都不好，它就知道吃小动物。

　　师：同学说得好，那你们再来看（出示小羊的图片）这是谁呀？

　　生：这是小羊。

　　师：（板书：小羊）你觉着小羊怎么样？

　　生：小羊非常可爱。

　　生：小羊很温和。

　　师：今天，我们学习的课文讲的就是它们俩的事。（板书将课题补充完整）

（《狼和小羊》）

案例分析

杨屹擅长简笔画，能将教材的情趣因素与自己的简笔画巧妙结合，使课堂总能充满着浓浓的"画"意，以画激趣。以画激趣，就是在教学过程中，教师根据教学的需要运用"画"来激发学生的学习兴趣，当然这个"画"可以包括简笔画、课文的插图和挂图、多媒体画面、会活动的手工画，等等。"以画激趣"目的是要叩击到学生的心扉上，让学生的思维在碰撞中产生智慧的火花，把学生的注意力迅速集中起来，使他们饶有兴趣地投入新的学习情境中去，激发他们的求知欲，提高学习效率。在《狼和小羊》的导入中，杨屹一上课就向学生呈现狼、小羊的图画，那可爱生动的图画立即吸引了学生的眼球，使学生形象直观地认识到狼、小羊的具体形象，并根据自己以往的知识经验区分它们的性格特征。这么富于情趣的导入，既能激发学生的学习情趣，又为下文的学习做好充分的感情铺垫，学生的学习自然就变被动为主动了。

导入是教学的重要环节之一，它的主要目的就是引起学生的注意，为新课展开做铺垫。对于小学生而言，其形象性思维比较活跃，在他们已有的生活经验看来，游戏和可爱的动物是最吸引人的，也是最容易激发他们兴趣的。语文教学只有融入儿童的精神世界才是有意义的。杨屹根据自己的特长，运用简笔画设计精彩、生动、有趣的导入，并贯穿于课堂始终，点燃了学生的学习情趣，吸引学生自主参与课堂学习也就顺理成章了。

实施方法

1. 善于利用教材图，展现形象的"画"

新课程下的小学语文教材根据儿童的年龄特征和心理特征，配以大量的图画来辅助理解。显然，课文插图及配备挂图是不可忽略的教学资源，它是表达课文内容的显性语言。在教学中，如果能做到"画文结合"，那么课堂教学自然更加形象、生动、直观，而且有助于激发学生的求知欲，发展学生的想象能力和思维能力。

2. 相机利用简笔画，设计有趣的"画"

在教学准备中，教师要善于发掘教材中的趣味因素。根据教材内容，有针对性地设计一些有趣的简笔画来进行教学。教材的插图或者挂图是静态的。与之相比，简笔画便显得自由灵活多了。它可以随着教学内容边讲边画，学生在听课过程中，就能达到视与听结合，头与脑齐动，教材内容的情趣便活跃于学生的思维之中了。

3. 充分利用多媒体，设计精妙的"画"

随着教育信息技术的发展，多媒体辅助教学已经成为现代化教学的主要手段，也是优化课堂教学，提高教学质量的有效途径。通过多媒体，学生的视觉、听觉等得到综合"冲击"，教学效果显著。

四、情趣交融，兴满课堂
——以趣引学，创设愉快的学习氛围

建构主义认为理想的学习环境应包括"情境""协作""会话"和"意义建构"四大要素，其中强调学习环境中的情境必须有利于学习者对所学内容的意义建构。苏联教育家赞科夫认为，教师在课堂上应十分重视儿童的"情绪生活"，因为好的情绪使学生精神振奋，不好的情绪则抑制学生的智力活动。《语文课程标准》指出："语文教育是审美的，诗意的，充满情趣的。"语文教学应该尊重学生的情感世界，语文教学要重视情感的熏陶，但熏陶不是强行灌输，而是唤醒、是激励、是鼓舞，使他们神采飞扬地学语文，情趣盎然地学语文，充满自信地学语文。

情趣教学有三种形式：一是"情趣交融，兴满课堂"。教师要激发学生的"情绪区"，让教师的真情与学生的热情交融，教材的感情与学生的体验之情相通；让教师的情趣语言激发学生的求知欲望，课堂教学的情趣设计引发学生的情趣体验。二是"以说激情，以读悟情"。教师的教学语言能形象生动地传达自己的思想、情感，能使学生理解、感受，并产生共鸣。情与趣相交融，促进学生的情趣，推动课堂教学的进程，使情趣、兴致荡漾在课堂内外。三是"以画激趣，以演动情"。力求再现生活图画，激发师生的生命活力，极力维持学生的学习情趣，使课堂真正地"活"起来。杨屹教学的生命力在于洋溢着丰富

的情趣。师生之间、生生之间、师生与文本之间的情趣在课堂教学中得到美丽的绽放，达到相互交融，学生获得了多方面的满足和发展。在课堂中，杨屹善用亲切、稚趣的语言，配以可爱生动的图画，给学生以直观形象的感受，通过与学生对话、讨论、协作等方式沟通感情，以童心换童心，营造出轻松愉快、生动活泼的学习氛围，再巧妙地设计各种学习活动，一步步地把学生的学习情绪推向高潮。

经典案例一

师：在明朗的夜晚，你看过月亮吗？你看到的月亮是什么样？

生：圆的。

生：半圆的。

生：弯弯的。

师：如果现在是夜晚，你抬眼望去，看到了什么？（师边说边在黑板上画了一个弯形的月亮）

生：弯弯的月亮。

师：像什么呢？

生：像镰刀。

生：像香蕉。

生：像小船。

师：噢，月亮像小船，多有创意的想象啊！看着可爱的月亮船，你想做些什么？

生：上去划船！

生：坐着它遨游太空。

师：好，说去就去。（一个小男孩的形象被画在了月亮上）

女孩子们看后直嚷嚷：还有我们呢，我们也要上去！（女孩子的形象也出现在上面）

师：有位爷爷专门为你们写了一首诗呢，想读读吗？

（生迫不及待地翻开书，兴趣盎然地读起来）

（《小小的船》）

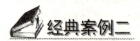

经典案例二

师：看到大家读书这么认真！瞧，生字们忍不住也要和大家交朋友了（多媒体课件展现出这样的画面：从翻开的书页中，一张张生字卡片飞了出来），我们一起和它们打个招呼。

（生边和字朋友招手，边叫它们的"名字"）

师：既然大家都跟生字朋友们来了个见面会，那我们就跟这些可爱的朋友玩游戏好吗？

生：好，我最喜欢了。

生：我们会成为好朋友的！

师：请同学们仔细观察大屏幕，看看哪个生字朋友藏起来了？

（生找生字，并及时大叫出它的"名字"）

师：找到了生字朋友，那我们怎么来记住它们呢？

生：组词法，例如"脏东西"的"脏"，"睡觉"的"觉"。

生：造句法，"我今天穿了一件花衣服"的"穿"。

（生自由地说出自己记忆的方法）

师：同学们真聪明，那我们就用自己的方法去记，看谁记得又多又准确！

（《玛莎长大了》）

案例分析

教师寓教于乐，学生寓学于乐。课堂和谐有趣，愉快却不失深邃。在案例一中，为了活跃课堂气氛，引起学生的学习情趣，杨屹首先提出一个很简单的问题："在明朗的夜晚，你看过月亮吗？你看到的月亮是什么样的？"这么简单的问题谁不会答啊？杨屹就是知道几乎每个学生都会回答并且有很强的表现欲，这样的问题一抛出，学生自然都会争先发言，情趣自然也就被激发了。激发了学生的情趣后，杨屹牢牢抓住时机，在黑板上画出一眉弯月，接着层层追问，引导学生展开自由想象，带着趣味去学习。

生字学习是低年级学生的学习重点。在案例二中，杨屹将生字的学习放置在学生熟悉的"找朋友"游戏中，"说名字""找朋友""说说自己记忆的方法"，一连串的活动唤醒了学生的生活经验，调动了学生的情感积淀，在趣味的学习情境中让学生学得积极，认得主动、记得轻松。

**实施方法**

1. 悬念提问，趣味引学

悬念能激发好奇心和求知欲，而思维的碰撞也是由问题开始的。提问在每一节课都必不可少，它是推进课堂进行的主要手段之一。但是，并不是随便一个提问都能激发学生的学习兴趣。提问需要技巧，提问需要质量，提问需要带有悬念性，所提的问题要对学生有启发作用，这样的提问才能有效地引导学生学习。

2. 开展活动，趣中有学

我们每一个人都是从儿童过来的，都有着一定的童趣。在课堂上开展有趣的活动，是营造愉悦课堂的一种有效手段，也能满足儿童的竞赛心理，还能调动他们的积极性。

3. 联系生活，趣意促学

在教学过程中，教师应善于发现，善于联系生活实际，尽可能地把教材内容或知识点与学生的日常生活联系起来，创设情境，将学生带到情境当中，让趣味情境贯穿课堂始终，使教学效果事半功倍。

五、趣中品悟，深化体验
——巧用"读""说""画""演"，增强学生的情趣体验

苏霍姆林斯基认为，培养和发展学生积极的情感素养，使学生的理智感、道德感、神秘感有机结合，这是丰富学生的精神世界，促进学生全面和谐发展的主要途径。布卢姆的情感教育理论认为，高峰学习体验是学生"对学科产生新的兴趣的源泉"，"应当让大多数学生在每一门学科中都有少量的高峰体验"，让学生经常享受学习成功的快乐，可以使他们变得对学习更有兴趣。

由于"情感"是教育过程的一部分，因此，"趣中品悟"就是课堂教学的

重要环节，它关注教育过程中学生的态度、情绪、情感以及信念，以促进学生的个体健康发展。教师通过在教育过程中尊重和培养学生的社会性情感品质，发展他们的自我情感调控能力，促使他们对学习、生活和周围的一切产生积极的情感体验，从而形成健全的人格特征。课堂的趣味旨在搭建学生获得感悟的平台。体验是文本与学生之间的情感对话，所谓一千个读者眼中就有一千个哈姆莱特，学生以自己的认识水平为支撑点，从自己的角度出发，融入文本，解读文本，获得体验。

杨屹认为，从生命活动的视角来看，教学过程不仅是知识传授与学习的过程，还是教师与学生共同进行生命活动的过程，是生命与生命之间相互对话、交流、理解、沟通的过程。情趣教学，就是要把教学活动的内在生命力解放出来，把教师的生命世界与学生的生命世界相结合，把知识的精神背景与学习的生命体验相融会，让理性的领悟与情感的感悟产生强烈的共鸣。好的语文课就应该是放飞个性的"儿童乐园"，既充满乐趣，符合学生的口味，又能让他们从课文中有所感悟，有所得，寓学于乐，还能让学生经历感性认识到理性认识的过程，经历思维的升华，情感的升华。老师带着学生展开有趣的知识探索，使学生眼界变得开阔，情感得到陶冶，素质得到提高，最终能够达到自己建构起对知识的理解。

 经典案例

师：小白兔往前一看，又看见了什么？要用书上的话说。

生：它看到小鱼都游到水面上来了。

师：（边画边说）这是池子，池子里有鱼。你发现小鱼与平时有什么不一样吗？

生：平时在水里，今天都游到水面上来了。

师：小白兔跑过去，是怎样问的？

生："小鱼，小鱼，今天怎么有空出来啊？"

师：小鱼把什么消息告诉了小白兔？

生：小鱼把要下雨的消息告诉了小白兔。

师：还告诉小白兔什么？

生：还告诉小白兔快回家吧，小心淋着雨。

师：很好。还有呢？同学看小鱼的话分几句说的？

生：分三句说的。

师：第二句告诉它什么？

生：水里闷得很，我们游到水面上来透透气。

师：对，原来下雨前，不光空气很闷，水里也很闷。小鱼在水里闷得很，会是什么样子呢？下面我们来当小鱼，用手做水面。大家都到水里来，在水里闷得很，憋住气，快游到水面透透气。（生随师演示）

师：同学们做得很好，在水里闷得很，很难受，而游到水面上来透透气，就舒服多了。谁能这样说，"下雨前小鱼游到水面上来，是因为……"？

生：下雨前小鱼游到水面上来，是因为它觉得水里很闷，它想透透气。

（《下雨了》）

案例分析

杨屹根据低年级小学生的特点，运用朗读、说话、绘画、演示等多种方法，增强学生的情感感受。她通过自己范读、让学生朗读、同桌练读、师生对读、分角色读等方法，使学生在朗读过程中加深对课文的理解；她让学生积极发言，给绝大多数学生说话的机会；她以熟练的技巧边说边画简笔画，使图画与板书很好地结合起来；她多次让学生通过演示理解词语，如演示燕子飞过让学生读："燕子，燕子，你为什么飞得这样低呀！"理解"透透气""挎"等词语时，也是通过演示让学生自己解决的。杨屹交叉运用各种方法，使几种手段很好地结合起来，把学生的情趣体验充分调动起来，使课堂气氛更加活跃。学生在轻松愉快的气氛中获取知识并形成能力，对课文的体验也随之加深，并形成了自己对课文的独特理解。

实施方法

1. 细心引导学生纵情朗读

朗读是阅读教学中必不可少的手段之一。它是感知课文、体味课文内容的重要途径。"小学生的抽象思维能力比较差，所以，我们不能奢望一讲解就能让他们记住所学的知识，而应该尽可能地通过多读课文让他们自己理解所学知识。因为在读的过程中，他们自己就会发现很多有用的知识，尤其是在老师的指导下，更有利于他们发现更多新奇的知识。"（靳家彦）

2. 精心发掘教材情趣因素

促进学生的全面发展，分析文本的内在结构，使文本意义的呈现与学生的主体经验的建构成为互动的过程，让学生在学习过程中全身心投入，使学生学得有深度、广度。

3. 运用多种方式培养情趣

一是以说激趣、以画引趣、以读悟情、以演动情，使课文文本情趣、教学情境情趣、学习主体情趣产生共振；二是以情激趣、以趣诱知，情知和谐，使学生在学习过程中理解与体验、感悟与思考，从中获得思想启迪，享受审美乐趣。

六、知识迁移，授之以渔
——巧妙拓展，丰富情趣内涵

维果斯基认为，儿童有两种发展水平：一是儿童现有的水平，即由一定的已经完成的发展系统所形成的儿童心理机能的发展水平，如儿童已经完全掌握了某些概念和规则；二是即将达到的发展水平。这两种水平之间的差异，就是最近发展区。也就是说，最近发展区是指儿童在有指导的情况下，借助成人的帮助所能达到的解决问题的水平与独自解决问题所达到的水平之间的差异。因此，教育不仅是改善儿童已有的心理发展水平，也应该指向"最近发展区"。他还强调教学不能只适应发展的现有水平，走在发展的后面，而应适应最近发展区，并跨越最近发展区而达到新的发展水平。

"知识迁移，授之以渔"正是利用这"最近发展区"的教育理论。情趣教学既注重在教学中有情有趣，也注重在学习中有情有趣。一节完美的课堂不但要达到让学生回味无穷，还要做到"授之以渔"。教师在课堂上设计"知识拓展"这一环节，直接指向学生的"最近发展区"，这样课堂自然就不只是满足学生的兴趣，更是拓展了学生学习知识的能力，也能照顾到不同层次学生的需要。杨屹心思细腻独到，她要学生学有兴趣，学以致用。

 经典案例

……

师：好，下面我们就一起来听听小青蛙的回声。（放录音）你觉得小青蛙现在心情怎样？

生：很高兴。

生：很快乐。

师：对呀，从哪个词看出它很高兴，很快乐？

生：欢快。

师："欢快"是什么意思？

生：非常兴奋。

生：特别高兴。

师：对，它为什么特别高兴？

生：因为它明白了回声是怎么回事。

师：明白了道理，学到了知识感到由衷的高兴。我们就用欢快的语气齐读最后一段。

（生齐读）

……

师：学了这篇课文以后，你知道了什么？

生：我知道了回声是什么。

生：我知道了声音碰到非常硬的物体会返回来。

师：好，大家平时听到过回声吗？在什么地方？

生：在山谷里能听到。

生：在新家里没放东西的时候，一叫能听见回声。

师：还从哪儿能听到回声呢？回家以后从课外书中、从家长那里了解一下，并读一读自读课本的第33课《山会说话吗?》。

（《回音》）

案例分析

课堂本来就是用于学知识、用知识的。课堂有趣，固然是吸引学生的一个重要因素，但倘若课堂仅仅局限于让学生接受教师传授的知识，那似乎就显得有点"教师中心论"的味道了。而杨屹的教学总能让人意犹未尽。《回音》是一篇自然科学的童话式课文，杨屹在讲授回音原理时多次强调让学生从青蛙的角度去体会学会知识的欢快感和满足感。此外，学生往往在学习课文后，尤其是这种童话式的课文后，思维总局限于童话中的情景，难以与实际相联系，杨屹就巧妙地利用了"拓展"这一环节，既加深了学生对知识的理解，也利于学生把知识从文本中迁移到现实生活中来，从一般的学习上升到自主学习、探索学习。这样，知识的趣味就不仅仅在课内，还会延伸到课外，学生的情趣也自然而然地丰富起来了。

实施方法

1. 丰富自身知识，深入分析教材

都说教师既要"专"，也要像"万金油"。因为教师只有自身知识含量丰富了，才能做到信手拈来。知识是关联的，教师在引导学生理解教材的过程中，教学不仅要有新异性，信息含量更要丰富。

2. 教授学习策略，提高迁移意识

教师要充分发挥"通道"作用，首先要善于把各种学习方法教给学生。同时，教师要指导学生把教师的指导与自己的总结结合起来，促进对所学内容的掌握，使学生学会学习，提高迁移的意识，达成知识的迁移。

3. 精选学习内容，进行有效迁移

发散学生的思维，精选教学内容，让学生迁移的跨度应适度，要最大限度地激发学生的好奇心和胜任感，从而达到有效迁移。此外，教师要注意把握学生的反馈信息，灵活调整、控制迁移水平，实现"最近发展区"效应。

七、深度阅读
——激发情趣与语文教学

1. "情趣教学"的演进

"情趣教学"作为一种重要的教学方法，由来已久。早在春秋战国时期的教育家就已经开始探索情趣教学的方法，譬如有"乐以去忧法"，主要代表有大教育家孔子，他提出"乐教、乐学"，强调"知之者不如好之者，好之者不如乐之者"（《论语·雍也》），重视用"乐"的方法来进行教学。这一时期的情趣教学主要是以提高效率为目的。发展到魏晋隋唐时期，古人开始推介情趣教学的范式，主要有"顺其自然式""营造情境式""诙笑啸歌式""会讲诘辩式"。这些范式都强调教学要活跃学生的思维，培养学生的学习兴趣。到宋元时期，人们初步创立情趣教学的理论体系，产生了多种关于情趣教学的学说，譬如"贴近说"，从"生本"的角度去体察"乐学"的妙处；"内因说"，从学生的内因着眼，说明"乐学"的效果明显；"动力说"，就是强调了学生的学习动机，认为"乐学"的动力才是持久有效的；"效率说"，认为情趣教学就是要让学生在享受快乐之中提高效率；"境界说"，认为"乐学"之妙诀不仅仅在于获得好的现实效果，更是一种高境界的精神享受；"互动说"，认为教师的情趣和学生的情趣是互动的，简单地说就是"以情激情"。发展到明清时期，这一时期的情趣教学理论在融汇了前人理论的基础上，吸纳了哲学、心学、美学、教育学等社会学科的理论，其层次得到了新的提升，与现代的教学理论有许多共通之处，如尊重学生的心理特征，尊重学生个体的差异性，强调"知、情、理"的统一，等等。2001 年颁布的《语文课程标准》，体现了语文教学情趣观发展的新高峰，在侧重"知识和能力"维度的基础上增加了"情感态度与价值观"这一新维度，重视提高学生的审美情趣。情趣化教学的精神贯穿于《语文课程标准》。

2. "情趣教学"概述

蔡元培认为："教育事业，从积极方面说，全在唤起趣味。"趣味包括文本的趣味、学生的学习趣味。一方面，它应当是存在主体基于现实的层面对未知世界好奇心和探求欲的表达和诉求。没有趣味，对事物的观察也就不会存在。

另一方面，它是对人自然天性中的个性意识、自由意识、存在意识和生成意识的保护和尊重。情趣教学指的是在教学过程中，教师借助各种手段，营造课堂的情调趣味，激发学生的学习志趣，调动学生学习的主动性、积极性，培养学生的内部学习动机和欲望。概括地说，情趣教学就是一方面从"情"出发，建立融洽的师生关系，激发学生产生强有力的学习动力；另一方面从"趣"出发，引导学生产生想学的自觉动机，并培养稳定持久的学习兴趣。

杨屹认为，情趣教学是以情感为依托，以体验为途径，让学习过程进入认知和谐统一的轨道。在教学中运用多种教学手段，充分调动与激发学生的求知欲，挖掘其智慧潜能，使存在个体差异的学生都能产生浓厚的学习兴趣和积极的情感体验，并在教师富有情趣的教学艺术引导下，积极主动地学习，在趣味中获知、在求知中得趣，从而促进学生全面和谐地发展。

"以情感为依托，以体验为途径"是情趣教学的主观条件。学生是学习的主体，是具有独立人格、独立情感的个人。世界上没有两片相同的树叶，更没有两个相同的学生。因此，他们所具有的情感基础和体验也不尽相同。教学中理应鼓励个性，尊重个体体验，教师在充分读懂教材的基础上，发掘教材中的情感因素，以这些情感为基础，让学生结合自身的个体特点，通过课堂活动，以体验获得情感，以情感促进体验，激发学生的学习兴趣。"在趣味中获知、在求知中得趣"是情趣教学的关键。学生的形象思维比较发达，他们主要是通过形象、色彩和声音来思考的。因此，情趣教学注重营造有情有趣的教学氛围，追求愉快、宽松的教学环境。当然，这并不是追求表面形式上的快乐，不是把课堂搞得热热闹闹的，而是着眼于对学生兴趣的引导，以及对认知过程内在逻辑趣味的呈现，使学生利用自身已有的知识水平，对学习材料本身产生直接兴趣，达到在趣味中获知、在求知中得趣的学习效果。

教学本质上是一种充满情趣的课堂实践活动。在教学活动中注重教学的情趣化可谓正本清源。首先，它摒弃了传统灌输式、填鸭式、强迫式等机械教学模式，呈现于课堂的是互动、交流、开放的生机勃勃的教学形态，构建了极富生动性、趣味性，富有亲和力的教学样式。其次，情趣化的教学为师生之间信息传达、情感交融、价值分享和经验整合提供了生存空间和对话平台，从而有利于教学质量及教学效率的提高。

教师童心未泯，一颦一蹙，一字一句都充满童趣，学生和教师之间的距离骤然拉近，情动辞发，自然和谐精彩在课堂。课如画，学生在画中学、画中

品，情趣在课堂上魅力四射。教学内容本身就是充满着情、趣、美、理。师生
又有着取之不尽、用之不竭的课程资源，使情趣教学拥有广阔的天地。教学完
全可以是有情、有趣、有美、有理的，课堂更是可以情趣飞扬的，这也充分实
现了《语文课程标准》中"情感态度与价值观"这一重要教学目标。

(分析论述：梁警之)

雷　婷

如何进行富有成效的体验式教学

名师档案

——南粤优秀教师

雷婷，女，著名特级教师，广州市小学语文教学研究会的理事、广州市语文学科的特约教研员、广州市小学高级教师资格评委会评委，现任广州市海珠区江南新村第二小学副校长，曾获"广东省南粤教坛新秀""广州市教育新秀""广州市优秀教师"等荣誉称号。

雷婷致力于语文教法和学法的研究与改革，以高雅的语文素养、典范的师德言行和精致的教学技艺熏陶着学生，引领学生走向充满智慧的语文体验课堂，形成了自己的教学特色：课堂充满美的画面、诗的意境和爱的怀抱；教学角度灵活新颖、教学结构张弛有度、教学风格活泼扎实。

雷婷教研成果颇丰，出版《同伴对话与教师成长——雷婷演讲集》等多部著作，在《中国教育学刊》《现代教育论丛》等杂志上发表论文多篇。

一、名课实录

——扎实教学，创生智慧

《桥》课堂教学实录（人教版小学语文五年级下册）

（一）课前谈笑，冲击定式思维

（师笑容可掬）

师：什么老鼠是两条腿的？

生：（全体）米老鼠。

师：哇，这么聪明啊！一下子就猜出来了。什么鸭子是两条腿呢？

生：唐老鸭。

生：所有鸭子。

（全场笑）

师：（问一女生）你是不是猜过这个谜语啊？

生：是。

师：你是在什么样的场合猜过这个谜语的？

生：是××同学给我猜的。

师：（转向另一女生）你是从哪里知道这个谜语的？

生：我是从书上知道这个谜语的。

师：其实，第一个问题是告诉我们思维要创新，要灵活。米老鼠很快就猜到了，很聪明。第二个问题呢，是启发我们不能有思维定式。因为所有鸭子都是两条腿的，不仅仅是唐老鸭。因为米老鼠和唐老鸭是好伙伴，所以你们一下子就说出是唐老鸭，是吧？很紧张吧？呵呵。

（二）聚精会神，捕捉有效信息

师：好，上课前，雷婷先和大家说一段话。这段话的内容有真有假，给你们分辨一下哪些是真的，哪些是假的。请认真地、仔细地、专心地听，因为我只说一次，看谁判断的信息最多最准。开始了：

我姓雷，叫雷婷，是江南新村第二小学的语文教师，今年39岁，第一次和同学们上课，请多多关照。我特别喜欢阅读和写作。《桥》这篇文章就是我写的，今天我们就学习这一课。

（生纷纷举手）

生：《桥》这篇文章根本就不是你写的。（全场笑）

师：何以见得？

生：因为我觉得你写不出这样的文章。

师：原来是这样子啊，还有其他根据吗？那我还得努力，争取成为你们心目中的能写出《桥》这样作品的作家。你说你还有什么依据？

生：你不是第一次教我们的。

师：哎，我是说关于《桥》的作者，你还能从哪里找到什么依据说不是雷婷写的，证明雷婷没那个水平，还有什么依据？

（生答不出来）

师：旁边的同学（同桌同学）。

生：还有一个依据就是语文书那里有写。这篇文章的作者是谈歌。

师：对了。××说的很有根据。等一下我们学习的时候也要注意从课文当中找依据。好，××（刚才答不出来的女生）现在请你继续发表你的意见。

生：雷婷不是第一次教我们的。

师：因为雷婷以前就是你们的语文教师嘛，还有吗？还有哪些信息判断出来了？

生：我觉得雷婷没有 39 岁那么老。

师：那你猜我多少岁？

生：26 岁。（全场笑）

师：我试教的时候啊，那个班的同学猜我 51 岁。怎么差别那么大，每个人的年龄在不同的同学眼中真的不同。可能是我们班的孩子喜欢我，所以觉得我年轻。还有没有？你说。

生：还有雷婷不是江南新村第二小学的语文老师，而是雷婷副校长。

师：校长也是老师，其实这个信息是正确的。我首先是一个好老师，其次才是一个好校长。好，还有没有想说的？还有哪些是真的？

生：还有老师说喜欢阅读是真的。

师：还有吗？

生：还有你刚才说你姓雷，叫雷婷是真的。

师：嗯。还有没有？

生：还有，你说你喜欢写作是真的。

师：嗯，还有没有？有一个很重要的信息，看看，有没有同学能把它留住。

生：还有你是江南新村第二小学的语文老师。

师：嗯。这个问题我们已经强调过了。雷婷最后一句话是什么呢？

生：今天我们要学《桥》这一课。

师：是的，这个信息是正确的。（板书：桥）请同学们齐读课题。

（全体读课题）

（三）检查预习，进行解答疑惑

师：大家都预习过了吧？读了几次？告诉我。

生：3次。

师：大声点。

生：我读了5次。

生：我读了3次。

师：有的同学读的次数可真不少。凡是会读书的同学，读完一篇文章后，总有话想说。现在谁来说说你的想法、你的感受，当然也可以提出问题。

生：这篇课文的题目为什么叫《桥》？

师：为什么以《桥》作为这篇课文的题目呢？这个问题很可贵，等一下我们学习的时候会关注到。

生：这篇课文为什么最后才交代老汉与那个小伙子的关系呢？

师：这是作者在末尾才揭开的故事悬念。其实呢，这样可以让这个故事更具可读性，更吸引读者。这是你在预习中发现的问题，是吧？不错，真会学习。还有没有想说的？

生：我感受到了村支书十分尽职，把村民的安全放在第一位，当自然灾难来临时，临危不惧，挺身而出。

（四）再读课文，了解文章大意

师：你预习得非常认真，体会得还挺深的。同学们都有属于自己的最真实的问题，最直接的感受，这是你们通过预习课文自己获得的，很棒。还愿意读课文吗？

生：（全体）愿意。

师：一个要求，读后请用一两句话概括课文的主要内容，自由读书，翻开课本，继续发现。

（生自由读，师巡走）

师：课文主要写的是什么？

生：课文主要写了一个暴风雨的夜晚，一个村的党支部书记为了帮人们逃生，于是，他掩护着人们从窄窄的木桥上走过去，最后，他和他的儿子牺牲了。

师：基本上把故事的内容概括出来了，但是，有一个信息她说错了，时间是什么时候？

生：黎明。

师：对了，是黎明时分。有没有同学可以更加简练，比××同学更简练些。

生：洪水来了，人们从老汉身边奔上木桥。

师：应该是老汉指挥村民有序地走过木桥。

生：最后一个浪头吞没了老汉和他儿子。

师：最后老汉和儿子被洪水吞没了。一个感人的故事需要我们静下心来好好地品读，这样才会有更多、更深刻的收获。

（五）咀嚼词句，体验文中深意

师：我们看看这些课文中的生字词。预习了吧？

生：（全体）预习了。

师：自己先读一读

（生齐读）

师：谁愿意领着大家读一读。

生：（一男生领读）咆哮、势不可当、你拥我挤、狞笑。

师：注意后鼻音，狞笑。

生：狞笑、拥戴、淌着、放肆、舔着、揪出、豹子、瞪了一眼、胸膛、吞没、搀扶、祭奠。

师：读准确了。"势不可当"（dāng）这个词语，我们现在经常说的是"势不可挡（dǎng）"。

全体附和："势不可挡（dǎng）"

师：对了，两个词语的意思一样。好，老师继续检查你们预习的质量。"你拥我挤"的"拥"和"拥戴"的"拥"意思一样吗？

生：（全体）不一样。

师：谁来说说。

生："你拥我挤"的"拥"和"拥戴"的"拥"意思是不一样的。"你拥我挤"的"挤"的意思是——

（师生共同纠正：是"你拥我挤"的"拥"）

生："拥"字就是表示很多人挤在一起，而"拥戴"的"拥"的意思就是表示很敬佩。

师：有没有更贴切的词语，关于"拥戴"的"拥"？

生：还有爱戴。

师："戴"是"爱戴"，"拥"呢？

生："拥戴"的"拥"是"拥护"。

师：这个词语更加贴切。"拥护""赞成"当然也带有尊敬的意思，但是"拥护"就更加贴切。好，"祭奠"是在干什么？

生：为死去的人举行仪式，表示追念。

师：哎，对了，就像这次汶川大地震，我们经常可以从电视、报纸上看到人们用各种方式来祭奠逝去的亲人，场面肃穆，这就是祭奠。那么，这些词语中，你认为哪个字是比较难写的？请你挑选一两个，写在课本上生字表的旁边，注意写字的姿势。

（生写字）

师：在这些词语中，哪些词语是写洪水的？

生：咆哮。

生：势不可当。

生：狞笑。

生：淌着。

师：淌着，这个词是写洪水的吗？

（其他学生，是写老汉的）

生：哦，是舔着。

师：我们看看，"淌着"是写谁的？我们看看这个句子把它读一读，出现"淌着"这个词的句子是哪一句？

生：（全体）老汉清瘦的脸上淌着雨水。

师：对了，是写老汉的。不要看着有三点水就以为是写洪水的。其实呢，从这个细节我们也可以看出有的同学预习特别认真。好，请继续吧！

生：舔着。

师：有人说，会读书的人能把语言读成画面，把话读成画。（板书：话→画）看着这些词语，你们脑海中浮现的是怎样的一幅画面？

生：我脑海中浮现的画面是在黎明时分，天黑沉沉的，下着暴雨，山洪像野马似的咆哮着冲向村庄，势不可当，死亡在洪水的狞笑声中逼近。洪水吞没了许多人，同时也冲倒了树木，淹没了稻田。

师：从这么一个个孤零零的词语，你们能看出这样一幅画面，真了不起！好，现在谁能一边想象一边把这一个个的词语读出形象，读成画面。老师提出一个建议，可以在这些词前面加上"洪水"两个字。谁来试试？

生：洪水咆哮，洪水势不可当，洪水狞笑。

师：什么叫"狞笑"？

生：就是凶恶、邪恶的笑容。

师：带着想象洪水凶恶、邪恶的样子再读这个词。

生：洪水狞笑，洪水放肆，洪水舔着，洪水吞没。

师：谁再来试试，一边想着画面，一边来读词语——洪水吞没。

生：洪水吞没。

师：洪水吞没。你脑海中浮现出洪水把一切生灵都淹没了。我们全班都来试一下，洪水咆哮。

生：（全体）洪水咆哮，洪水势不可当，洪水狞笑，洪水放肆，洪水舔着，洪水吞没。

师：文字是有温度的，很多时候，一个词语就是一个形象。把这些词语放到具体的句子中，放到具体的语境中更能表达出一种强烈的情感。现在，谁来读读这几句，把洪水的凶猛、肆虐、情况危急读出来。（出示幻灯片，配乐，一个学生读一句）

生：山洪咆哮着，像一群受惊的野马，从山谷里狂奔而来，势不可当。

师：好，继续。

生：近一米高的洪水已经在路面上跳舞了。

生：死亡在洪水的狞笑声中逼近。

师：我们一起来读这句。

生：（全体）死亡在洪水的狞笑声中逼近。

师：好，继续。把这两句都读了。

生：死亡在洪水的狞笑声中逼近。水渐渐窜上来，放肆地舔着人们的腰。水，爬上了老汉的胸膛。

师：他读得很深沉。我们一起把那种气势给读出来。穿越时空，走进那个可怕的黎明，和村民一起感受灾害突然降临时，那惊心动魄的一幕。读，一起读。

生：（全体）山洪咆哮着，像一群受惊的野马，从山谷里狂奔而来，势不可当。近一米高的洪水已经在路面上跳舞了。死亡在洪水的狞笑声中逼近。水渐渐窜上来，放肆地舔着人们的腰。水，爬上了老汉的胸膛。

师：读这些句子的时候，同样建议大家想着画面，想着情境来读。你还发现这些词语在描写上有什么特点吗？用我们语文的眼光来观察一下。

生：用了比喻。

师：是全部用了比喻，还是哪一句用了比喻，说清楚。

生：是"山洪咆哮着，像一群受惊的野马"这一句。

师：哪一句用了比喻？请你把这个句子读出来吧。

生：山洪咆哮着，像一群受惊的野马，从山谷里狂奔而来，势不可当。

师：用了比喻的修辞手法，把山洪比作——

生：（全体）受惊的野马。

师：用一群受惊的野马来比喻——

生：（全体）山洪。

师：什么叫"咆哮"？

生：就是形容水很凶猛。

师：很凶猛。还有补充吗？

生：形容水流轰鸣奔腾。

师：轰鸣奔腾。不仅有形态，还有声音。我们来看看洪水咆哮的样子。

（放视频）

师：好，齐读第一句，把我们看到的洪水读出来。预备起。

生：（全体）山洪咆哮着，像一群受惊的野马，从山谷里狂奔而来，势不可当。

师：后面4句又是什么句呢？

生：（全体）后面4句是拟人句。

师：对，是拟人句。把洪水当作人来写。可是读着读着，雷婷怎么也感觉不到这是人的动作和神情，倒像是——

生：魔鬼。

生：野兽。

生：死神。

生：恶魔。

师：说得真好。后面4句，请你挑选一句读给大家听。

生：死亡在洪水的狞笑声中逼近。

师：这是魔鬼凶恶狞狞的笑声。

生：近一米高的洪水已经在路面上跳舞了。

师：这是魔鬼在跳舞。读出那种感觉。

生：水渐渐窜上来，放肆地舔着人们的腰。

师：这是野兽毫无顾忌地伸长舌头。

生：水，爬上了老汉的胸膛。

师：这是野兽疯狂地爬上了老汉的胸膛。好。我们一起来读这4个拟人句。预备起。

（生齐读，配乐）

师：这样写，有什么好处？

生：我觉得这样写的好处是更加形象，突出水像野兽。

师：嗯。描写得非常地生动、形象。让我们如见其形，如闻其声啊！还有什么好处？联系下文想想。

生：这样写的好处就是能够更加生动地衬托出老汉的镇定。

师：对啊。作者费那么多笔墨写洪水来渲染环境，是为了更好地衬托出人物的形象。嗯。非常有思想。

师：很会思考问题，很会阅读文章。更进一步增强了文章的表现力、感染力。从这些句子中，我们仿佛看到洪水在上涨，灾情在加重，灾难就这样触不及防，突如其来，死亡的威胁与求生的本能交织着。时间不等人啊！此时此刻，我们看看村民是怎样逃生的。自由读读这些句子。

生：（齐读）村庄惊醒了。人们翻身下床，却一脚踩进水里。是谁惊慌地喊了一嗓子，一百多号人你拥我挤地往南跑。人们又疯了似的折回来。人们跌跌撞撞地向那木桥冲去。

师：如果让你用一个四字词语来形容人们此时的心情，你会用哪个词语？

生：危在旦夕。

生：惊慌失措。

生：大惊失色。

生：手忙脚乱。

生：六神无主。

生：争先恐后。

生：惶恐不安。

生：魂不守舍（shě）。

师：应该是魂不守舍（shè）。

生：落荒而逃。

生：你拥我挤。

师：这也是我们课文中的词语，同学们的词语很丰富，体会得很深。好。齐读这些句子，读出你们体会到的"惊慌失措""落荒而逃"，预备起。

生：（齐读）（配乐）村庄惊醒了。人们翻身下床，却一脚踩进水里。是谁惊慌地喊了一嗓子，一百多号人你拥我挤地往南跑。人们又疯了似的折回来。人们跌跌撞撞地向那木桥冲去。

师：被逼入危险绝境的人们疯了似的奔向唯一能逃生的窄窄的木桥，这个桥窄到怎样的程度？只能一个人过，是吧？一个人的宽度，一百多个人过桥必须怎么走？

生：（全体）排队走。

师：是啊，排成队，一个一个走。如果乱作一团，你拥我挤能顺利逃生吗？

生：（全体）不能。

师：混乱会导致大面积的伤亡。同学们，危难时刻总会有英雄挺身而出，谁是英雄？

生：（全体）老汉。

（板书：老汉）

师：现在我们就来见识英雄，这是一位老英雄，谁知道他的名字？

生：不知道。

师：不知道是吧？课文里没写，但是我们知道他的身份。

生：是党支部书记。

师：嗯。是全村人的党支部书记。我们在课前通过阅读资料知道党支部书记是村民的领导者、组织者，也是村民的服务者、榜样，是吧？他还有一个什么身份？

生：他是村民的父母官。

师：是党支部书记，是父母官，他还有一个身份，他是一个小伙子的——

生：（全体）父亲。

师：对，他是一位小伙子的父亲。这位党支部书记就这样站在滔滔的洪水中和惊惶失措的村民形成了鲜明的对比。正是他让人群安静下来了，他的威信何来？结合我们课前阅读过的资料，想象一下，这位受人拥戴的村支书平日里可能帮助乡亲们解决过哪些困难，做过哪些事儿呢？想象一下。

生：我想他建了个文化馆，让村民能提高文化意识。

师：提高文化修养。

生：他可能会去别的地方，很远的地方收集一些资料，然后回来带给村民。

师：哪方面的资料呢？

生：例如种植。

师：嗯。种植、耕种这方面的。增加自己村的粮食产量，提高生活水平。

生：他可能会……让村里的人们不用那么辛苦。

师：很关心村民。

生：他可能会帮助村里的孤寡老人，给他们送这送那。

师：让他们老有所养。还有吗？

生：他可能会在村子里建一所小学，让同学们读书。

师：这真是我们村民的父母官啊！"拥戴"写出了老汉在村民心目中的地位，作为全村的灵魂人物，村民的主心骨。只有他才能稳定村民情绪，指挥群众有序地转移，这真是威信如山啊！（板书：威信如山）

师：老汉长相如何？课文中只用了一个词语，大家有没有发现？

生：（全体）清瘦。

师：清瘦。好，大家自由读读这个句子。

生：（全体）老汉清瘦的脸上淌着雨水。他不说话，盯着乱哄哄的人们。他像一座山。

师：注意了，同学们，老师经常说自由朗读的时候，你们都是齐读的，听清楚老师的要求，就跟我们平常一样。

老汉并没有我们想象中的健壮、魁梧，可是这里却说"他像一座山"，一个清瘦的老汉，一座巍峨的山岭，会有哪些地方相像呢？在课文的7～23自然段中有哪些地方，老汉的哪些言行让你感觉到他像一座山？请大家默读课文，别忘了拿起你们的笔，边读边画边想，到文字中去找依据。

（师巡视）

师：有些同学还在句子旁边写上了批注，这也是很好的方法。

师：同桌之间交换一下意见，交流一下你们思考的结果。

师：好，你找到了哪句话，又有哪些词语跳入了你的眼帘？

生：我找到了"冷冷地说"，说明老汉很有威信。

师："冷冷地说"，那他跟山之间有什么关系？

生：因为他的威信很高，人们都信服他。

师：他冷静如山，此时此刻，请你把这个句子读一读。

生：老汉冷冷地说："可以退党，到我这儿报名。"

师：嗯。"冷冷地说"，还有吗？

生："老汉沙哑地喊话：'桥窄！排成一队，不要挤！党员排在后边！'"从这里我体会到了老汉把人民群众的生命放在第一位。

师：党员排在后边，谁排在前边？

生：（全体）村民。

师：这里老汉是以严格的先人后己的党性要求党员稳定局面，这样的党员才像一座山啊！好，谁来读读这个句子？

（生纷纷举手）

师：举手的同学都请站起来。

生：老汉沙哑地喊话："桥窄！排成一队，不要挤！党员排在后边！"

师：你们的朗读让我看出你们领悟了里面的内涵，为什么读得那么有力量？大家有没有发现这里出现了3个——

生：（全体）感叹号。

师：谁有话想说的，3个感叹号？

生：第一个感叹号说明桥很窄。第二个感叹号就是要求村民排成一队，不能拥挤，如果拥挤就不能顺利地逃生。最后一个就是党员要发挥先人后己的精神，要让村民先过。

师：他把每个感叹号的含义都说出来了，还有谁想说，3个感叹号？

生：因为逃生的时候就是一个很紧张的局面，所以老汉要用强烈的话语告诉村民要快点逃跑，3个感叹号就说明了当时情况很危急。

师：情况很危急。老汉的喊话虽然是沙哑的，但是3个感叹号传递出来的声音却像大山一样坚定、铿锵有力。谁来读读这个坚定的句子？

生：老汉沙哑地喊话："桥窄！排成一队，不要挤！党员排在后边！"

师：党员排在后边。（师充满感情、声音激昂）全班一起来铿锵有力地读这个句子。读。

生：（全体）老汉沙哑地喊话："桥窄！排成一队，不要挤！党员排在后边！"

师：请继续汇报。

生："他不说话，盯着乱哄哄的人们。他像一座山。"从这里我体会到他像一座山，屹立在那里，不管风雨再大他都纹丝不动。

师：这样的目光就像大山一样沉着、坚定。好，还有没有？请继续汇报。

生："老汉突然冲上前，从队伍中揪出一个小伙子，吼道：'你还算是个党员吗？排到后面去！'老汉凶得像只豹子。"我体会到了老汉为了村民逃生的时候，不顾亲人的安危，都要先让村民逃生。

师：哪一个字刺痛了你的眼，让你感觉到老汉像一座山？

生：揪。

师："揪"，这个字也揪痛了我们的心，"揪"是怎样的一个动作。观察一下课文的插图，"揪"是怎样一个动作。说吧！用语言表达出来。

生：抓。

生：拉住。

师：拉住，不轻易放开。老汉的这一"揪"很可能会把儿子从生命线上揪到死亡线上，老汉犹豫了吗？

生：（全体）没有。

师：你从哪里看出来？在句子中找出依据，说吧。

生：老汉突然冲上前，从队伍中揪出一个小伙子。

师：你从哪个词看出来？

生："突然"。

师：还有吗？

生："冲"。

师：老汉的这一"揪"，丝毫没有犹豫。老汉的这一"揪"像大山一样果断。谁来坚决果断地读读这段话？

生：老汉突然冲上前，从队伍中揪出一个小伙子，吼道："你还算是个党员吗？排到后面去！'老汉凶得像只豹子。"

师："凶得像只豹子"，好，全班再读这个句子。读。

（生齐读）

师：如果你是这个儿子，你会怎么问父亲？

生：你为什么要拉住我，不给我逃生的机会？

生：难道连儿子的情面也不给吗？

师：连儿子的生命，你也不顾吗？老汉不爱儿子吗？

生：（全体）不是。

师：请你们找依据，哪句话把它找出来。

生："他用力把小伙子推上木桥。"

师：好，读一读这句子。

生："老汉吼道：'少废话，快走。'他用力把小伙子推上木桥。"

师：吼道，推上木桥。拿出你的力气，拿出力量来读。谁再来读这个句子？

生：老汉吼（hǒng）道。

师：哎，停，把字音读准，hǒu，"后来"的"后"的第三声。"老汉吼道"，读。

生：老汉吼（hǒng）道。

师：再读，老汉吼（hǒu）道。

生：老汉吼道："少废话，快走。"他用力把小伙子推上木桥。

师：哪一个字让你感觉到老汉像一座山？一起说。

生：（全体）推。

师：对，推，用力推。这个动作和前面的动作"揪"刚好相反。这用力一推，推出了一个父亲对儿子深深的爱。有个词语就叫"父爱如山"啊！（板书：

父爱如山）

　　让我们再次回过头来看看父子俩在木桥前的那一幕，那生死关头催人泪下的感人瞬间。我们可以把文中的"老汉"换成"父亲"，把"小伙子"换成"儿子"。

　　（配乐，师感情激昂地朗读）

　　师：父亲突然冲上前……一片白茫茫的世界。

　　（全场师生不禁齐齐鼓掌）

　　师：老汉是村支书，他一心想挽救村民的生命，他突然冲上前，从队伍里揪出自己的儿子，吼道，大家一起读下去。

　　生：（齐）你还是个党员吗？……一片白茫茫的世界。（配乐）

　　师：父亲，儿子，父亲，儿子。当你们读着、听着这充满亲情、充满血缘的字眼时，你有什么感受呢？在儿子被洪水吞没的一刹那，父亲要喊什么，但是来不及了。此刻，假如父子俩在天堂相聚，他们之间会有一番怎样的对话？父亲会问儿子什么？他想对儿子说什么？又或者，儿子怨父亲吗？怨他，会怎么说？不怨，他又会怎么说？（配乐）

　　生：父亲会对儿子说："儿子，是我害了你，可是，我一定要为群众着想。"儿子会对父亲说："父亲，是我错了。"

　　生：我想父亲会对儿子说："儿子，我并不是想害你，从队伍里揪出你后，我就想跟你说'对不起'，可是，我毕竟是村支书，我必须为人民着想。"而儿子会对父亲说："父亲，我从来没有怪过你。"

　　师：父亲，我从来没有怪过你，你应该把村民的利益放在第一位。

　　生：父亲应该会对儿子说："我是村里的领导，应该为群众着想，把群众的安全放在第一位，我当时把你揪了出来，是因为你身为一个党员，也应该像我一样，但是，我仍然是爱你的。"

　　师：我仍然是爱你的。此刻，相信你们更能理解这位平凡而伟大的党支部书记、父亲。"揪"的时候有几分无奈，但毫不犹豫。此刻，他是一位高风亮节的党支部书记。"推"的时候，虽然力不从心，但依然竭尽全力，此刻，他是一位深爱儿子的父亲。这是老汉在生命的最后关头最简单，也是最壮美的一个动作。他多么希望这一"推"能把儿子推上木桥，推上这座生命之桥啊！

　　我们一起再读这个句子吧！"老汉吼道：'少废话，快走。'他用力把小伙子推上木桥。"

生：（全体）老汉吼道："少废话，快走。"他用力把小伙子推上木桥。

师：是竭尽全力地推啊，孩子，再读。

生：（全体）老汉吼道："少废话，快走。"他用力把小伙子推上木桥。

师：作为一名党支部书记。他忠于职守、先人后己、不存私念，他是无愧的。作为一名父亲，他和天下的父母一样，骨肉连心、舐犊情深啊！同样闪烁着人性中最神圣的、最淳朴的、最善良的光辉。同学们，灾难面前，老汉始终把村民的利益放在第一位。××，你为什么哭了？能告诉老师吗？

一女生：（哭）父爱是伟大的！（扑在桌上，泣不成声）

师：听到了吗？××说什么？

生：（全体）父爱是伟大的！

师：父爱是伟大的。灾难面前，老汉始终把村民的利益放在第一位，只有这样的党员，村民才会拥戴他，只有这样的党员，才像是一座山啊！

我们来看看，作者是如何把这座山一步步地立在我们眼前的。洪水没腿了，老汉站在木桥前，他——

生：（全体）像一座山。

师：洪水放肆地舔着老汉的腰，他仍然站在木桥前，他——

生：（全体）像一座山。

师：洪水爬上老汉的胸膛，他还是站在木桥前，他——

生：（全体）像一座山。

师：你认为这是一座怎样的山？你说——

生：他像一座硬如钢铁的山。

师：硬如钢铁的山。

生：他是一座山，他也是一座靠山。

师：也是村民获得生命的靠山，说得真好。

生：他像一座坚定不移的山。

生：他像一座面对困难毫不手忙脚乱的山。

师：一座沉着的山、镇定的山。

生：他是一座威严无比的山。

师：巍然屹立的山，是吧？伟岸无比的山。

生：他是永远耸立在村民们心中一座伟大的山。

师：伟大的山。

生：他是一座硬如钢铁的山。

师：硬如钢铁。

生：他是一座朴素的山，也是一座伟大的山。

师：朴素而伟大。

生：他是一座面对灾难毫不畏惧的山。

师：这座山让我们看到了一个男人峥峥的铁骨，挺直的脊梁。（板书：坚定如山）

师：刚才有同学说得很好。这也是一座让人们获得生的希望的靠山。（关音乐）

你们说得真好，透过这一座山，透过这段简短而有力的描写，读出了那么多的内容，知道吗？一篇好的作品是可以让读者从简单的文字里读出丰富的内容的。我们来看看这两个句子，自由读读。

（出示幻灯片）

（生自由读：他像一座山，他像一座屹立不倒、伟岸沉着、力量无穷的山）

师：第二句的描述不是更具体、更明晰吗？为什么作者不那样写？他缺词语吗？

生：（全体）不是。

师：为什么不那样写？请同学们在4人小组里充分发表你们的见解。

（4人小组讨论）

师：哪个小组发表一下见解？

生：老汉这座山是无法用词语来形容的。

生：我们小组的意见是，可以给同学们带来更多的遐想。

生：父爱是无法用词语来表现的。

师：有人说"言有尽而意无穷"，还有哪个小组想说？

生：我们小组认为他不写得那么具体，是因为之前的描述已经充分体现出这是一座怎样的山，已经没必要再这么具体地写出来了。

师：简短而又悠远的意味。

生：我们小组认为作者之所以不用那么具体的词语，是因为他觉得这些真实的情景更能够表达出真实的感情。我想，作者在写这篇文章的时候也一定在哭着写吧！

师：你说得很好，说明你体会得很深。把"真实"这个词改为"朴素"可能更恰当。因为朴素的语句更能体现出朴素的情感。

真好，这简洁的语言引起了我们如此深入的讨论。第一句的确没有华丽的辞藻，也没有如诗的语言。但是，正因为它的简练，给了我们无边想象的空间。有时候，澎湃的激情凝聚在简洁有力的句子中会极富韵味，震撼人心。类似这样简练的句和段，你还能从文中找出典型例子吗？

生：像泼，像倒。

师：你谈谈你对"像泼，像倒"的理解。

生：如果用一些四字词来形容就不会是这么简练的，那就表现不出那一场雨是暴风雨。

师：不仅描写出雨水之大，而且表现出雨水怎么样啊？你看，好像在天空里把一盆一盆的水往下倒，来势怎么样啊？

生：（全体）凶猛。

师：是啊，你看，几个字？

生：（全体）4个字。

师：构成了几句话？

生：（全体）两句话。

师：多震撼！多有特色！还有吗？还有哪些典型的例子？

生："村庄惊醒了"，从这里看出了雨大得连村庄都可以惊醒。

师：嗯。村庄都惊醒了。村庄里的一切一切都没有说出来，只是很简练地说"村庄惊醒了"，村庄包含了一切生灵，是吧！人啊，动物啊，等等。还有没有？请关注一下课文的结尾部分。

生："她来祭奠两个人"，不直接写是她的丈夫和儿子，而是在下面独立写出来的。

师：嗯。对，你再把这两个段落读出来，好吗？完整一点。

生：她来祭奠两个人——她丈夫和她儿子。

师：刚才有同学在课前质疑的时候提出过作者在这里才揭开了悬念，是吧？你看，非常简洁的语言，但是，每句话都单独成段。这里是两个段落，语言极为洗练，但却加强了故事的悲剧色彩，让人动容，肝肠寸断。同学们，请你们在心里无比崇敬地念念这两个段落。

（生念：她来……）

师：在心里无比崇敬地念，就在心里念。

（六）书写颁奖词，升华心中情感

师：作者惜墨如金，但是需要强调的词句可没有少写，值得我们好好地品味、鉴赏。现在，让我们带着刚才体验到的揪心、震撼的情感再好好地读读这篇感人肺腑的课文吧。拿起课本，注意你的读书姿势。《桥》，预备起。

（配乐，生齐读课文）

师："五天之后"那里，情绪就应该降下来了，不要太激昂。再把"五天之后"到最后重读一遍，带着深情。"五天之后"读。

（生重读）

师：此刻，山间溪流上，再也没有了那座窄窄的木桥。但是，我们却分明看到有一座桥稳稳地架在了村民心中。它熠熠生辉，坚不可摧。你们看到了吗？那是一座什么桥？那是一座什么样的桥架在了人们心中？

生：那是一座给予村民第二次生命的桥。

师：老汉给予村民第二次生命的桥，那是老汉以自己的血肉之躯为村民架起的一座生命之桥啊！现在，知道课文为什么要以《桥》作为题目了吧？

生：（全体）知道了。

师：是的，老汉的事迹带给我们感人至深的心灵冲击，足以让他当选"感动中国年度人物"，看过这个节目吗？

生：（全体）看过。

师：有些同学看过。假如你就是评委组的评委。此刻，让你为老汉写一段颁奖词，你愿意吗？

生：（全体）愿意。

师：我们来看两个例子。这是"感动中国年度人物"评委组对河南省登封市公安局原局长任长霞的颁奖词：（师动情地念）

她是中原大地上的又一个女英雄。扫恶打黑，除暴安良，她铁面无私；嘘寒问暖，扶危济困，她柔肠百转。十里长街，白花胜雪，挽幛如云，那是流动在百姓心中的丰碑！一个弱女子能赢得百姓的爱戴，是因为，在她的心里有对百姓最虔诚的尊重！

我们再看下一位。同学们可以跟着老师一起来念这些颁奖词。下面是对郑培民的颁奖词。我们轻轻地来念吧！

他身居高位而心系百姓，他以"做官先做人，万事民为先"为自己的行为标准，直到生命的最后时刻仍然不忘自己曾经许下的诺言。他树立了一个共产党员的品德风范，他在人民心里树立起一座公正廉洁为民服务的丰碑。

颁奖词的语言简洁，事迹突出，就像我们的课文一样。等一下同学们写的时候也可以用上短句式，用上四字词语，这样会显得震撼有力。现在就请同学们翻开自己的笔记本，慎重地、真挚地、简洁地为老汉写一段颁奖词吧！

（生埋头写，配乐）

师：谁愿意把你的感动说出来，我们一起分享。哦，还没有写好，还在奋笔疾书啊。有没有同学已经写好了？

生：你在人民的心中是一座最坚定的山，无论风吹雨打都不会倒塌，你舍己为人，以身殉国，你那伟大的形象就是我们的榜样。

师：你描写得有声有色，我们不仅为老汉感动，也为你精彩的文笔感动。你真棒，孩子。

生：暴风雨的夜晚，一个年老的党支部书记，用自己的血肉之躯为人们架起了一座生命之桥，他毫不犹豫地从人群中揪出他心爱的儿子和他一起救护死亡边上的人们。可是，苍天无情并夺走了他们宝贵的生命。

师：苍天无情，洪水无情。我们的心灵在感动的震撼中又一次得到了洗涤。

生：村支书虽然不是一个大官，但我们也能从行为和语言之中看到文中的村支书是一个爱民如子的领导。他虽然也有一个儿子，但是在灾难面前，以自己和儿子的生命来换取村民的性命。虽然他已经离开了，但他的形象早已深入人心。

师：你的颁奖词不是很完美，但是你的角度很有创意。你是个有思想的孩子，把语言组织得更流畅一些，好吗？

生：他以民为先，就算他儿子走上了桥，但他仍然把心爱的儿子揪出来，把人民的利益放在第一位。他无时无刻不为人民着想，他是一位合格的党支部书记，已经在人民心中树立了一个用血肉之躯造起的桥。

师：他用血肉之躯在人民心中树立了一座桥。

生：他虽然不在了，但他还活在人们的心里。那次洪水暴发，他把全村人民的生命从死神的手里救出来，自己和独生子却牺牲了。他的英勇事迹当之无愧是村里的党支部书记。

师：最后一句不够通顺，改一改就好了。他的英勇事迹让他永远能够当之无愧地成为村民心中的党支部书记。好，最后一个机会了，请把握好。

生：这是一位普通的村支书，是人民的父母官。在洪水来临之际，他舍己为人、大公无私，揪出自己最心爱的儿子。可是，死神却无情地把他和他的儿子带走了。他用自己的血肉之躯为村民筑起了一座生命之桥。这座生命之桥将永远伫立在村民心中，永不倒塌。（响起了掌声）

师：同学们把掌声送给你了。老师也送给你12个字，语言凝练，饱含真情，力求完美。同学们，人世间处处都涌动着美好的真情，诠释着生命的意义。汶川地震、湘鄂雪灾、南方洪涝，这使我们日常生活中的每一天都有可能发生动人的故事，感动着你我，感动着中国。把你的感动写下来，那就是献给英雄们的、献给那些平凡的或者不平凡的英雄的赞歌。今天晚上，我们可以回家继续选择我们心目中的一位英雄再创作一篇颂奖词，好吗？

生：（全体）好。

师：这是晚上的作业。那我们现在下课了，好吗？累不累啊？

生：（全体）不累。

师：对不起，老师今天没有按时下课，能原谅老师吗？

生：（全体）能。

师：好，下课，宝贝！

生：（全体起立）谢谢老师，老师再见！

二、名课解读

——以读激情，心灵共鸣

《桥》叙述一位普通村党支书面对突如其来的洪水，面对慌作一团的百姓，以自己"如山"的威信，镇定指挥群众逃生，将村民们送上逃避死亡的生命之桥，把生的希望让给了别人，把死的危险留给了自己和儿子。正是他的高风亮节，正是他的党员精神，使他用自己的血肉之躯为村民们筑起了一座永垂不朽的桥梁，这便是课文以"桥"来命名的深刻内涵。

雷婷上《桥》一课，感情激越高昂，语言抑扬顿挫，令人难以忘怀。

1. 言语体验，层层递进

识字与写字在五年级的教学中地位虽然降低了，但其重要性仍不可忽视。雷婷扎扎实实地进行汉字教学，读字，释词，写字，让学生踏踏实实地进行母语学习，感受方块字的形美、意美，学所需，学有成。

在解释词语"祭奠"时，雷婷联系生活热点，比如，震惊中外的汶川大地震，既拓宽了学生思维，又加深了学生对词语的体验。又如，在众多生字词中选取描写洪水的词语"咆哮、势不可当、狞笑"，并在这些词语前加上"洪水"二字，让学生体验洪水的无情。"文字是有温度的，很多时候，一个词语就是一个形象。把这些词语放到具体的句子中，放到具体的语境中更能表达出一种强烈的情感。现在，谁来读读这几句，把洪水的凶猛、肆虐、情况危急读出来。"单词、加词、成句的学习与体验，在读词读句中加以情景想象，让学生从词语体验、句子体验到情景体验，一步步唤醒和调动学生的情感。

2. 诵读体验，心灵冲击

"以读为本"贯穿整个课堂。教师让学生尽情朗读课文，方式上，有自由朗读，有集体朗读；形式上，有配乐朗读，有角色朗读，等等。以读促思，以读悟情，纵情的朗读激发了学生敏感细腻的情感，"老汉"的形象由抽象到具体，跃然纸上。"老汉"舍己为人的高尚风格和"父爱如山"的骨肉深情，深深触动了学生的心灵，使学生的情感获得了升华。有的学生哽咽着说出"父爱是伟大的"后便泣不成声扑在课桌上。

3. 交流体验，直抒胸臆

雷婷在课堂上努力创造一种平等尊重的交流氛围，让学生畅所欲言，自由交流。比较典型的是"父亲"与"儿子"的两次对话，颁奖词的朗读，这些完全出自学生的内心感受。在感动之时写下心中所想，最能打动人心。

三、创设情境
——加深体验

通过对一定事件的形象描述或情景模拟，如借助多媒体、图片展示、音乐等教学用具，灵活采用质疑答问、模仿表演、交流讨论等形式，把抽象的东西形象化、具体化，渲染出一种真实的氛围，让学生在客观情境中获得真切的心灵触动，产生如临其境的逼真感，从而激起或加深情感体验。

 经典案例

师：父亲，儿子，父亲，儿子。当你们读着、听着这充满亲情，充满血缘的字眼时，你有什么感受呢？在儿子被洪水吞没的一刹那，父亲要喊什么，但是来不及了。此刻，假如父子俩在天堂相聚，他们之间会有一番怎样的对话？父亲会问儿子什么？他想对儿子说什么？又或者，儿子怨父亲吗？怨他，会怎么说？不怨，他又会怎么说？（配乐）

生：父亲会对儿子说："儿子，是我害了你，可是，我一定要为群众着想。"儿子会对父亲说："父亲，是我错了。"

生：我想父亲会对儿子说："儿子，我并不是想害你，从队伍里揪出你，我就想跟你说'对不起'，可是，我毕竟是位村支书，我必须为人民着想。"而儿子会对父亲说："父亲，我从来没有怪过你。"

师：父亲，我从来没有怪过你，我必须把村民的利益放在第一位。

生：父亲应该会对儿子说："其实，我是村里的领导，应该为群众着想，把群众的安全放在第一位，而我当时把你揪了出来，是因为你身为一个党员，也应该像我一样，但是，我仍然是爱你的。"

师：我仍然是爱你的。此刻，相信你们更能理解这位平凡而伟大的党支部书记、父亲。"揪"的时候有几分无奈，但毫不犹豫，此刻，他是一位高风亮节的党支部书记。"推"的时候，虽然力不从心，但依然竭尽全力，此刻，他是一位深爱儿子的父亲。这是老汉在生命的最后关头最简单，也是最壮美的一个动作。他多么希望这一"推"能把儿子推上木桥，推上这座生命之桥啊！

（《桥》）

 案例分析

"父亲，儿子，父亲，儿子……"深情的话语，低沉却强有力地震撼着每一个人的内心。雷婷在课堂上充分运用了教育信息技术，结合视频、音频和图像等创设出感人的情境，让学生沉浸在精美的语言、形象的画面、和谐的气氛中，激发学生的学习热情、活跃学生的思维，进而把学生带进课文，带进情境，仿佛自己就在现场，仿佛自己就是主人公。在精心创设的情境中，师生共

同体验着课堂、教材、学习的美，丰富和超越着自己原有的体验。

实施方法

1. 巧用教具，创设情境

直观教具包括各种实物，如图片、模型、图表、实物等。另外，多媒体在教学中日益发挥着重要的作用，视频、音频、网络等，给学生的听觉、视觉带来全新的感觉，为创设一种更加直观的教学情境提供了便利条件，有利于学生的切身体验。

值得注意的是，切不能为了追求新颖，而过多地使用教具，否则，只会让学生"目不暇接"，分散学生对主题的注意力。

2. 形象语言，创设情境

生动形象、感情充沛的语言，能够触发学生的无限想象，调动他们的全身体验，给学生以感性认识。如果生动的语言跟直观的教具相配合，学生在教师的形象化语言引导下，通过视觉、听觉、嗅觉等多种感官去感知事物，就能在脑海中形成清晰画面和图像，从而加深体验，产生更理想的教学效果。

3. 提出问题，创设情境

成功的教学应不断创设问题情境，来激发学生的好奇心、求知欲，激发学生的内部学习动机。在创设问题情境中，针对不同的情况，创设不同的问题情境，如可以设置悬念，让学生进行猜测或讨论，或从实际生活问题出发，探讨解决的方法，或借助一些活动引起思考与讨论，从而调动起学生的求知欲和好奇心，引导学生寻求解决问题的方法。

四、画面想象
——超越体验

想象是人对头脑中的已有表象进行加工改造，创造出新形象的心理过程。人脑不仅可以对感知过的事物进行想象，还可以对未感知过的事物进行想象。通过把文字转换成脑海中的生动画面，让学生体会作者的用意所在，感受其中

的思想情感，领悟文中深意，触发他们的已有经验，进而产生新的独特体验。

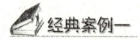 经典案例一

师：是的。大伙儿要回乡下去，都涌向火车站或汽车站，会出现怎样的情景？各种私家车和大客车涌向广州市各大出口，又会出现怎样的情况？再有，停水前大伙儿一起挤到商场、超市抢购所需物品，又会出现怎样的情形？商家又会如何应对这样的场面呢？排队过程中大家会对停水抱怨什么或发表什么言论？现在，同学们好好想象当中的情节，然后选择一个场景在小组内说一说。

（小组交流，气氛热烈）

师：哪个小组派代表来向全班绘声绘色地介绍你们想象到的情景。（生答略）

（《假如广州市停水三天》）

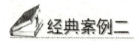 经典案例二

师：有人说，会读书的人能把语言读成画面，把话读成画。（板书：话→画），看着这些词语，你们脑海中浮现的是怎样的一幅画面？

生：我脑海中浮现的画面是在黎明时分，天黑沉沉的，下着暴风雨，山洪像野马似的咆哮着冲向村庄，势不可当，死亡在洪水的狞笑声中逼近。洪水吞没了许多人，洪水也同时冲倒了树木，淹没了稻田。

师：从这么一个个孤零零的词语，你们看出这样一幅画面，真了不起！好，现在谁能一边想象一边把这一个个的词语读出形象，读成画面。老师提出一个建议，可以在这些词前面加上"洪水"两个字。谁来试试？

生：洪水咆哮，洪水势不可当，洪水狞笑。

师：什么叫"狞笑"？

生：就是凶恶、邪恶的笑容。

师：带着想象洪水凶恶、邪恶的样子再读这个词。

生：洪水狞笑，洪水放肆，洪水舔着，洪水吞没。

师：谁再来试试，一边想着画面，一边来读词语——洪水吞没。

生：洪水吞没。

师：洪水吞没。你脑海中浮现出洪水把一切生灵都淹没了。我们全班都来试一下，洪水咆哮。

（《桥》）

 案例分析

在案例一中，雷婷不断地提出假设、质疑。车站拥挤、商场抢购等情景大家也许经历过了无数次，以这种大家共同的切身体验入题，不用说是学生，在场的老师们也会不由自主地想象那混乱的场面。教师的引导让学生往预定的方向去展开联想，集中精力进行某一体验，以达到预设的学习目标。

在案例二中，"有人说，会读书的人能把语言读成画面，把话读成画。"雷婷着力做好一名引航者的角色，指导学生如何去阅读，如何去体验。她引导学生进行画面想象，在词语的前面添加主语，增加词语的形象性，反复诵读，读出词语的力量，读出具体的形象，读出生动的画面。在想象的画面里，洪水是如此的凶猛，形势是如此的紧迫。

画面想象，最重要的是要调动学生先前的体验，展开出于实际而又超越自身经验的想象。画面想象也是为了创设情境，但它的形式和手段并不多，它主要依靠的还是教师的能力。教师用富有感染力的口头语言、得体的身体语言、悉心的引导、恰到好处的教具，结合实际生活材料，营造出一个平等自由、和谐交流的课堂，创设出虚实相生的教学氛围，使教学内容中含蓄的、抽象的形象在学生头脑中清晰、具体起来。学生怀着一种澄明敞快的心境，展开想象的翅膀自由飞翔，入情入境，加深了体验。

实施方法

有时，一个标志、一句广告语、一个精彩动作，或者是一个瞬间的镜头，都会深入人心，为人们常引用。画面想象，就是促使学生把枯燥单调的文字词语转换成一幅幅跳动的画面，从而印象深刻。

1. 从学生的实际水平出发

画面想象要求学生头脑中存有一定的知识、图像和经验储备，在想象过程

中，对头脑中已有的印象进行调遣、筛选、组合，从而产生新的画面。这就要求教师在引导学生进行画面想象时，应该从学生的已有水平出发，学生才能够入情入境，否则只能是白费工夫。

2. 从情境中获得感性表象

为了调动学生已有的信息储备，教师要做好前期工作，创设情境，或利用教具，或配以音乐，或配以教师富有感染力的形象话语，引导学生学会观察，把学生带进画面想象的情境，打开学生的记忆和情感仓库，使他们获得感性体验，从而更好地进行画面联想，丰富脑海中的表象存储，深化体验。

3. 创造自由想象的课堂氛围

让学生打开想象的大门，无拘无束地自由挥动想象的翅膀，翱翔于多彩的想象天空，就需要教师解放传统课堂的束缚，为学生创造一种和谐、民主、自由的课堂氛围。在这种环境中，学生的思维更容易激活，学生的想象更能够跃动，课堂上更能绽放出灿烂的心灵之花，闪耀出亮丽的思维之光，从而让学生加强了体验，也丰富了体验。

五、抒发感想
——展现个性

个体间的差异、个体体验的不同，导致学生有独具个性的感想，非同一般的情感。个性化写作，就是要让学生充分享受写作的乐趣，抒发自己的独特感受。教师要多鼓励学生自由写作，写"放胆文"，鼓励学生发表不同见解。

经典案例

生：假如广州市政府宣布停水三天，大家该怎么办呢？我想到了一系列的片段。

很多人都会绞尽脑汁，想方设法地获得水源。如果说在这三天内外出旅游，避开停水，有钱的人或许会选择这种方式，但是广州市有七百多万人口，富裕的家庭数不胜数，这些人都一起外出的话会怎样呢——旅行社里都是人，每条出行线路都爆满，人人都排着队着急地等候报名；客运站售票窗前排起长长的队伍，人人都希望能买到票，焦灼地谈论着停水问题；如果买不到票，或许有人宁愿乘飞机前往目的地，或许会自驾外出，那么交通将严重阻塞，汽车将在大街上排起长龙。

师：这里的破折号用得好，列举了几种现象，加5分，继续！

生：如果说在停水前提前蓄水，相信这个办法大多数都会采用，但是蓄水的容器呢？有人建议用浴缸存水，再加上一些盘和桶，也勉强过得去。那么没有浴缸的人呢？就算全广州市家家户户都有浴缸，那么如此多的人开着水龙头蓄水，那么会是一幅怎样的画面呢？

师：真是一幅停水百态图，你想得很周全。但要注意，用来装水的是"盆"而不是"盘"。另外，"那么"用得过多了，删去一些。请继续。

生：人们纷纷走出家门，奔赴商场购水，各个超市和小卖部前都会排起长龙，卖水的人会坐地起价。如果存不够水又买不到水，人还会有生命危险，会焦渴而死。有的老人会因为争先恐后购买水发生意外而被送到医院；有的年轻人甚至会去抢水，万一被外国人看见了，这下可丢脸了。

这段时间，天气闷热，人们会在这三天少做运动或不出去活动，在家里享受空调、看电视、吃冰凉的西瓜。但在医院里的病人怎么办呢？整个医院，不，或者所有医院的工作都要停止，手术要停止！病人要喝水，还有最重要的事——消毒。如果广州市停水三天，情况真的是不堪设想！但愿大家都来爱护水资源，但愿这样的事永远不会发生！

师："甚至"和"不堪设想"两个词用得好，表示情况越来越严重了。遣词准确，加5分。你对停水很忧虑，甚至考虑到我们国家的声誉。文章中心明确，是一篇非常好的作文——形散神不散。起评分120，再加15分，一共135分。（生笑）

（《假如广州市停水三天》）

案例分析

在课堂上当场写出令人不禁叫好的作文，可见学生的写作水平不同一般。如何应对停水问题，这是一个与学生生活密切联系的话题。对此，学生有材料可写，但大家体验差不多，想法差不多，写出来的作文也会有不少雷同。如何写出有创意的作文呢？教师要把学生的日常生活体验、想象体验、情感体验等调动起来，通过精彩的课堂预设，调动起学生的积极性，让学生有所想、有所悟、有所说、有所写。而教师恰到好处的点评同样精彩，当场给分数，加分鼓励，大大增强了学生的自信心和写作兴趣，更好地调动起了学生的写作体验，使他们能够抒发自己独特的感想，大胆张扬个性。

《假如广州市停水三天》看似简单，却是教师的精心准备。假如广州市停水三天，我们会面临什么情况呢？教师创设情境让学生从自己和他人的角度深入生活进行体验，体察生活百态，创造机会让学生展开合理想象。同时，肯定学生的个性化想法，创造平等交流互动的讨论氛围，让学生心无旁骛地自由抒发感想，鼓励学生大胆创新，张扬独特个性。

实施方法

抒发感想，张扬个性，主要是针对习作课而言的。如何在习作课上让学生大胆想象，大胆说话，大胆写文？这值得语文教师去探究。

1. 从生活中筛选话题

生活永远是学习的活水源头。从生活中取材，与生活紧密联系，更可以触发学生的切身生活体验，让学生有的感，有的悟，有的说，有的写。

2. 当场进行反馈

在作文课上，老师让学生在体验之后即刻写下自己的感想，留下学生瞬间闪亮的思维火花。而教师当场个别评改给分，一方面，使学生的佳作得到表扬，调动学生的写作积极性；另一方面，也加强了学生间的写作交流，使他们互相吸取好的东西，改正不足之处。另外，评改作文的形式可以很灵活，学生之间互改、学生自己通过反复诵读发现不足、教师选取范文当场修改，等等。这样，不仅学生的写作积极性得到提高，而且学生的写作水平也会有所提高。

3. 营造民主自由氛围

写作是学生进行表达和交流的重要方式。学生是学习和发展的主体，他们之间存在着个体差异和不同的学习需求。每一个学生的潜能都是非常巨大的，而每一个人都有对未知事物的好奇和求真，教师应该营造一种氛围，激发学生的主动意识和进取精神，写出属于自己的文章。班级学习是一个团体活动，个体的学习无法脱离团体独立存在，所以教师要使学生之间团结合作，在合作、表达、交流中弥补缺陷、发挥特长、共同努力、共同进步。学生在自主、合作、探究的氛围中激发起写作的兴趣与求知的欲望，经历探究时的辛苦，也体验探究中的乐趣。

4. 满足学生表现愿望

学生心思细腻敏感，渴望被人认可，而写作正可以把自己的心里话写出来，这本应该是学生喜欢做的事情。但大多数作文课是教师提出写作要求，然后要求学生写，往往忽略了学生的写作需求，久而久之消磨了学生的写作欲望和激情。因而，写作话题的取舍不仅要符合教学计划的要求，更重要的是要考虑学生的真正需求，从学生的实际情况出发。教师还可以向全体学生征求习作题目，挑选更适合的话题。

5. 教学形式灵活多样

写作课也可以有多样形式，生动活泼。根据需要，可以有小品、游戏、故事、猜谜语、对对联、辩论赛，等等，让学生感受活动带来的收获，体验活动的意义和价值，生发感想，从而写出具有个体独特体验、真情实感、水平较高的作文。课后，教师可以对学生进行采样访问，了解课堂形式是否被肯定，是否能引起学生的注意，能否使学生有所感，有所写。从而进一步了解学生的需要，掌握教学的步骤和方法。

六、交流融合
——创生智慧

主体的体验存在着差异，主体间的交流和分享成为必要和可能。不同的思考方式、不同的感受、不同的理解，通过交流和沟通这座桥梁实现情感的融合、体验的融合，进而在交流中不断丰富个体体验，在心与心的碰撞中激发出智慧的火花。

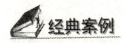 经典案例

师：老师凭一个成年人的经历知道，阅读是需要我们用心去跟语言文字对

话的，你越亲近它，它告诉你的东西越多。就像我，初读此文，觉得满口余香；再读此文，心中不禁涌起著名作家艾青说的话："为什么我的眼里常含泪水，因为我对这土地爱得深沉。"看，这就是我的点滴感悟。你们呢？你觉得哪部分与你心灵相通了，你想说点什么吗？

生：我觉得课文中描写"摇桂花"的片段很有趣，"我"抱着桂花树，使劲地摇。桂花纷纷落下来，我们满头满身都是喷香的桂花。我喜欢这样的情景。

师：你读书很投入，已经身临其境了，你能不能读一读有关的句子，用你的声音传达出信息。

（生感情投入地朗读起来）

师：读得真好，我也看见美丽的桂花雨了！

生：我喜欢母亲说的话："这里的桂花再香，也比不上家乡院子里的桂花。"从这句话看出母亲深深地爱自己的家乡，对故乡充满留恋。

师：是啊，每个人都有自己的故乡，乡情萦绕在我们心头挥不去、抹不掉。刚才，两位同学都结合了我们今天学习的课文来谈感悟，我还想看看有没有同学能联系其他课文或课外阅读来谈自己的感悟。

生：老师，我想起了我们以前学过的《我爱故乡的杨梅》。这些文章都洋溢着浓浓的思乡之情。

生：我没有想到哪篇课文，但我想到了这个学期在音乐课上学的一首关于桂花的歌，可以吗？

师：当然可以！是哪首歌？请你哼唱几句让我们欣赏欣赏好吗？

（生轻声歌唱，其他学生情不自禁地跟着唱起来）

师：真动听，你们真会学习，联想丰富。有没有同学能结合生活经历或见闻来谈？有没有一些难忘的人和事？

生：上次我和爸爸经过一条清清的河，爸爸说："这里的河水再清，这里的天空再蓝，也比不上我们家乡的小河清和天空美啊！"我想，这就是与课文中所流露的乡情一致的一种深厚情感吧！

师：你的感受很深刻，我为你的感悟而感动。你是好样的！爱读书，爱生活，爱思考。

生：我以前也摇过桂花！我把摇下来的桂花收集起来晒干做枕头，可舒服了！

师：你真会享受，我真羡慕你有这么美好的经历！

生：老师，我也摇过桂花！我没做成枕头。摇花时可真是逗！但我没能像作者那样写出来，而且写得这么好。

师：你也真逗，又谦虚又诚实，好好学语文，好好品味文字、品味生活、品味心灵，你以后能比作者写得更棒！

（《桂花雨》）

案例分析

在雷婷的课堂上，她把自己作为学习者的一员，与学生分享着自己的情感体验。"老师凭一个成年人的经历知道，阅读是需要我们用心去跟语言文字对话的，你越亲近它，它告诉你的东西越多。就像我，初读此文，觉得满口余香；再读此文，心中不禁涌起著名作家艾青说的话：'为什么我的眼里常含泪水，因为我对这土地爱得深沉。'看，这就是我的点滴感悟。你们呢？你觉得哪部分与你心灵相通了，你想说点什么吗？"她真正地做到了尊重学生，与学生平等民主地互动交流，同时也为学生敞开心扉做出了很好的示范。

"你也真逗，又谦虚又诚实，好好学语文，好好品味文字、品味生活、品味心灵，你以后能比作者写得更棒！"雷婷在小心呵护着发自学生内心的真情实感，呵护着学生切身的体验。学生没有虚伪，没有造作，没有对教师内心答案的揣测，教师也没有对学生真实回答的压制，这才是一个真实的课堂，才是动态生成的课堂，才是有效的课堂。不然，下次听到的一定是也只能是教师希望听到的"标准答案"。

"你觉得哪部分与你心灵相通了，你想说点什么吗？""联系其他课文或课外阅读来谈自己的感悟。"让学生拓展思维，调动全部体验，使语言智能向其他智能拓展，沟通不同智能之间的联系，超越语文学科学习的本身，也超越着师生已有的体验。

学生在自由的表达中不断地唤醒自己的体验。"上次我和爸爸经过一条清清的河，爸爸说：'这里的河水再清，这里的天空再蓝，也比不上我们家乡的小河清和天空美啊！'我想，这就是与课文中所流露的乡情相一致的一种深厚情感吧！"老师给予了肯定和鼓励的评价："你的感受很深刻，我为你的感悟而感动。你是好样的！爱读书，爱生活，爱思考。"从而为学生搭建了一个平等、轻松的交流平台，尽可能地调动了学生的体验，抓住交流中意外产生的超越课堂和文本的闪光点，激发学生的智慧，促进学生的情感体验。

实施方法

每个人的体验都是独一无二的，通过与他人交流，吸收或借鉴他人的体验，在已有的体验与他人的体验交流中碰撞出思维的火花，产生智慧。教师需要改变传统的教学方法，那么应该怎样让学生更好地体验智慧、激发智慧呢？

1. 营造和谐的氛围

不管是教师还是学生，都希望课堂充满活力，充满智慧。作为课堂的组织者，教师要为学生创设一个民主、自由的课堂交流氛围，解放学生的心灵和思维束缚，澄明清澈地让学生进行心灵体验。

2. 确立多面的话题

话题要能激发学生的兴趣，调动学生的体验；话题要能符合教学内容和目标；话题要面向全体学生，让全体学生形成交流契合；话题要与学生的体验相切合，让学生有话说，有所感悟。

3. 调动多样的交流

交流的对象与方式并没有什么局限。交流的对象可以是同桌同学、小组同学，或课文的主角、作品的作者。交流的方式可以是自由发言、小组讨论交流、师生交流、表演、辩论、书信，等等。

4. 鼓励学生的观点

教师要对学生的交流结果进行鼓励性的评价，中肯的反馈和总结，尊重学生的观点与想法，增强学生的自信心，让学生在课堂上更放心地发表自己的看法，更大胆地放开自己的心灵，更自由地挖掘自己的智慧。

七、深度阅读
——生活体验与语文教学

(一) 语文体验式教学的内涵

语文体验式教学是指在语文教学过程中，教师通过创设语文学习情境，引导学生共同收集、处理语言信息，通过多向互动、情感交流等途径，使学生在不断的"体验"中获得知识，发展能力，提高学生个人的品德修养和语文素养。

语文是生活和情感的结晶，是对无数个个体独特体验的凝聚和提炼，是最富内涵、最具人文性的科目。语文教学强调把学生看做独立思考和行动的主体，强调个体体验，尊重学生的特有体验，倡导课堂回归生活，回归自然，让抽象的文化形象在学生的头脑中真正地活跃起来，通过教师的有效引导和学生的感悟，超越现实，超越文本，超越自身的已有体验，然后形成个体独有的深层体验，为个体的可持续发展打下基础。

教师在教学中起着主导作用，应该为学生的学习指引道路，为学生的学习创设各种教学情境，采用适当的教学手段和形式，营造和谐融洽的学习氛围，提供有效的体验学习环境，从而激发学生的学习兴趣，唤醒学生的已有体验，调动学生深处的潜力，促进学生发展。

但外因只是发展的条件，学生自身才是发展的根本原因，教师的努力需要通过学生才能起作用。每个人的体验都是与众不同、独一无二的，在体验的不断积累和超越中，学生的知识得以充实和深化，实践能力在潜移默化中得到发挥。学生在体验生命、感悟生活的同时，语文素养得到提高。

(二) 雷婷的"语文体验式"教学

每一位教育者都有自己的教学体验，有专属于自己的教学特色。在雷婷的教学中，"语文体验式教学"色彩浓厚。她重视体验教学，从学生的体验出发，挖掘作品的深意，融合教师的情感，在体验教学过程中展现着自己清新高雅的文学内涵和童真纯洁的内心感受。

雷婷认为，语文教学过程无疑就是将学生的原有体验加以唤醒，进而细腻化、精致化。语文教学该如何激发学生的学习兴趣和培养学生良好的学习习惯，让学生在教师的引导下对文本自然构建，完成自我体验、自我感悟呢？

1. 学生是语文学习的主人翁

雷婷认为，"因为学生的阅历、个性、家庭背景、认识世界的方式与途径、积淀的情感是各不相同、千差万别的，它们所形成的体验的丰富性、复杂性就为学生的语文学习提供了丰富的背景，为语文学习的个性化提供了无限的空间，使得语言训练充满灵性，创意迭出。"法国启蒙思想家、教育家卢梭在《爱弥儿》中指出："大自然希望儿童在成人以前就像儿童的样子。如果我们打乱了这个秩序，他们就成了一些早熟的果实，他们长得既不丰满也不甜美，而且很快就会腐烂，我们就会造成一些年轻的博士和老态龙钟的儿童。儿童是有他特有的看法、想法和感情的，如果想用我们的看法和感情去代替他们的看法、想法和感情，那简直是最愚蠢的事情。"

"一千个读者眼中就有一千个哈姆雷特"，对于同一个作品，学生会根据自己的兴趣爱好、欣赏习惯、生活经验、情感态度，融入文学作品中，去感知，去感悟，去体验，在这其中充满了个性色彩。即使他们阅历尚浅，但总有一份与众不同的体验积淀。任何外部的教育影响都应该以学生自身的主体活动为前提，都要接受学生主体能动的筛选，或者是全部吸收，或者是部分吸收，或者是全部抵制。学生的主体活动具有能动性、独立性、批判性、选择性、创造性，在语文学习中，从个体的角度出发，融入作品，解读文本，感悟文本，冲击心灵，从而超越原有体验，生成新的独特体验，产生智慧。正如雷婷所强调："儿童深度"应该让儿童去发现、去解释、去获得。

2. 教师是学生学习的引航者

雷婷在《语文教师的高雅气质和童心本质》中指出："语文教师要真正地使教学关注学生，把孩子看做一个完整的人，与孩子同呼吸、共感受、一起成长。"同时强调："教学的起点应该是学生现实的学习状态，学生的困惑、疑问和需要应该成为教学的主要生长点。但同时教学的价值在于引导学生到达'最近发展区'，语言修养和思想情感均得到发展。"我国一些教育专家认为："体验是以亲身经历、实践活动为基础，又是对经历、实践和感觉、认知和经验的升华，这种升华是对感受的再感受、对认知的再认知、对经验的再经验。"体验是自我的，他人完全无法代替。体验根植于个体的精神世界，却受到外部世界的影响。小学生的心理发展尚不完善，认知水平也不发达，只靠学生自己是无法很好地进行体验的。如果缺乏正确的适当引导，他们甚至会产生消极的体验。教师是学生学习的组织者与帮助者，是搭建在学生和文本之间的桥梁，应该做好适时的、积极的点拨与引导，让学习者真正与作品传达的情意达到相契与共通，感受和领悟作品的妙处，超越自身的原有体验，生成新的体验。

教师是学生学习的引航者，首先要深入解读文本，充分挖掘自己内心的体验，"只有感动了自己，才能感动学生"。其次应讲究教学技艺，精湛的教学设计，入情入境的课堂情境，让学生身心放松的学习环境，都能够给学生创造足够的思考空间、表达空间和体验空间。

3. 语文体验式教学

雷婷认为教育者应该创造适合学生的教育，而不是去"创造"适应"教育"的学生，体验式教学就是这样一种开放的、自主的学习方式。汉语言文学，经过五千年的洗涤与打磨，博大精深，源远流长。语文作为中华民族的母语课程，范围广泛，精粹所在，内容丰富，形式多样。正如雷婷所说，汉语言是世界上最丰富、最优美、最智慧的语言，引领学生亲近母语、感受母语、欣赏母语，培养他们热爱母语的情感。

语文来源于生活，在生活中得以丰富和发展。所以，学习资源和实践体验的机会无处不在，无时不有。作为独立个体的学生对语文材料的感知和体会是多元性、个性化的。在语文教学过程中，教师应该尊重学生的独特体验，做好一名引导者，引导学生进行积极的、深入的体验。

雷婷强调："教育应是以尊重生命的成长轨迹为前提，以了解学生的先前经验为基础，以开发学生的潜能为追求，以健全学生的人格为终结。"学生在语文体验学习中，主动建构、积极内化，通过体验，使被体验的对象真正成为主体内在的一部分。教师要借助体验来真正确立学生在教学过程中的主体性，使学生享有更充分的思想和行为的自由，有更多的发展和选择机会，最大限度地获得身心的解放，使学习主体化、自主化。教师要借助体验，遵循语文学习规律，传承深厚的中华传统文化精华，与时俱进，让学生品尝世间百味，感受语言魅力，激发无限智慧。

　　语文体验式教学融文本、教师、学生的体验为一体，超越已有体验，超越文本。在语文体验式教学过程中，文本释放了潜在的文化价值、情感价值，教师在向学生传递知、情、意、行的同时，也丰富和升华着自己的人生体验，学生则在语文体验式教学中，提高了文学欣赏和审美能力，一举多得。

（分析论述：刘曲霞）

游彩云
如何进行充满韵味的情境教学

名师档案
——全国模范教师

游彩云，女，著名特级教师、广东省小学语文研究会理事，现为广州市天河区体育东路小学语文教师，曾获"全国模范教师""全国十杰教师提名奖""全国优秀教师""广东省特级教师""南粤教坛新秀""天河区专业技术拔尖人才""天河区十大杰出青年"等荣誉。

游彩云致力于"情境教学与自学能力相结合"的研究，逐步形成了富于情感、求实创新的教学风格。香港《大公报》对她给予了高度的评价："游彩云老师尽显其创意教学的才华，令枯燥乏味的语文课变得生动有趣。"

游彩云积极进行教学研究，参加各种教学交流研究活动，多次参加"优化课堂教学设计"比赛，获得可喜的成绩，并有多篇教案被杂志刊登。

一、名课实录

——情境交融，和谐氛围

《灰雀》第二课时课堂教学实录（人教版小学语文三年级上册）

（一）提出问题，温故导入

师：上节课，我们学了第一自然段，现在我们先来复习一下。我说上半句，你们根据课文内容说下半句，明白吗？

生：明白。

师：这段主要写了在公园里一棵高大的白桦树上有——

生：三只灰雀。

师：它们在树上——

生：欢蹦乱跳地唱歌。

师：非常——

生：惹人喜爱。

师：从这段，我们知道列宁非常——

生：爱灰雀。

（二）创设情境，体验情感

师：是啊，这自然界的小生灵的确招人喜爱。可是，有一天，那只胸脯深红色的灰雀不见了。你想列宁心里急不急？

生：急。

师：大家把这段课文再默读一下，把你认为能看出列宁喜欢灰雀，也就是他替灰雀着急的句子找出来，在句子前面打上勾并想想为什么。

（生默读思考，师巡视了解）

师：好，谁先来说说？

生：我从"他在周围的树木中找遍了，也没有找到。"这句看出列宁喜欢灰雀。

师：这句话中，哪个词最能看出列宁喜欢灰雀呢？

生：找遍。

师："找遍"是怎么找呢？

生：把每一棵树都仔细地找了。

师：说得好，我们在读这个句子的时候，就要注意强调这个词，把列宁找灰雀的仔细、辛苦读出来。

（生个别读、集体读句子）

师：继续找句子。

生：我从"孩子，你看见过一只深红色胸脯的灰雀吗？"这句看出列宁喜欢灰雀。因为要是列宁不喜欢，就不会去打听灰雀的下落。

师：说得好，继续！

生：我从"那一定是飞走了或者是冻死了，天气严寒，它怕冷。"这句看出列宁爱灰雀。要是他不喜欢，他就不会那么担心了。

师：（创设情境）是啊，要是灰雀飞走了，那以后来公园就——

生：（齐答）再也看不见它了。

师：要是冻死了，列宁心里会——

生：很难过。

（三）角色扮演，深入理解

师：现在，你就是列宁，你心爱的灰雀不知是生是死，你会怎么说这句话呢？（以多种形式进行朗读练习）

师：继续上面的问题。

生：我从列宁自言自语地说："多好的灰雀啊，可惜再也不会飞回来了。"这句看出列宁喜欢灰雀。

师：你把这句话读读，从哪些词能看出列宁喜欢灰雀？

生：（该生先读句子）从"多好的"这个词能看出。

师：还有吗？再读读看。

生：（生再读）还有"可惜"，噢，还有"自言自语"。

师：到底这几个词是否能看出列宁喜欢灰雀？我们好好思考一下，简单地说说理由。

生："多好的"这个词直接写出了列宁对灰雀的喜欢。

生："可惜"写出了列宁对灰雀的喜欢。

师：那"自言自语"呢？（生沉默）什么叫"自言自语"？

生："自言自语"就是自己给自己说话。

师：你在什么情况下会自言自语？

生：我很伤心的时候会自言自语。

生：我很高兴的时候会自言自语。

师：大家说的情况虽然不一样，但也有共同的地方，那就是当人的感情很——

生：（喊）激动、投入、强烈。

师：列宁为谁激动起来？

生：（齐）为灰雀。

师：是啊，列宁太想灰雀了，越想越深，越想越投入，以致有点情——

生：（喊）情不自禁。

师：现在你们说这个"自言自语"能不能看出列宁喜爱灰雀？

生：（齐）能。

投影：列宁（自言自语地）说："多好的灰雀呀，（可惜）再也不会飞回来了。"

师：请大家比较一下，句子有括号内的词语和没有括号内的词语意思有什么不同？

生：要是没有"自言自语"和"可惜"就不能更好地写出列宁对灰雀的喜爱之情。

师：现在你就是列宁，灰雀不见了，你是多么思念它、牵挂它、替它惋惜啊，把你对灰雀的喜爱之情表达出来吧！

（练习朗读：个别读——范读——集体读）

（四）组织交流，自主探究

师：听了你们动情的朗读，我再次深深地感受到列宁是多么喜欢灰雀啊！同学们，到底这只让列宁牵肠挂肚的灰雀哪儿去了呢？

生：（纷纷地）让男孩捉走了。

师：（故作不解）可男孩一开始不是说"没看见"吗？

生：（按捺不住）他撒谎！

师：到底男孩说没说实话，为了解开这个疑点，这回老师让你们来当一回精明的小侦探，请你们仔细分析小男孩的行为，包括他所想的、所说的，看能不能找到线索、证据去证明男孩说的不是实话。这个任务能完成吗？

生：（齐）能！

（生认真思考，积极讨论，师耐心倾听，参与其中）

师：好，下面召集大家开会，进行案情分析，谁先来发表自己的高见？

生：我从"那个男孩本想告诉列宁灰雀没有死，但又不敢讲"这句话看出男孩刚才没说实话。因为要是没看见，不可能知道灰雀没有死。

师：关于这句话还有补充吗？

生：这句话说他不敢讲，正好说明他一开始就没说实话，他怕现在说出来列宁批评他。

师：这两位侦探的任务完成得非常好，说话口齿伶俐，分析得很有道理，接着往下说。

生：我从"'一定会飞回来。'男孩坚定地说。"看出男孩开始没说实话，因为要是他没看见，就不可能知道灰雀一定会飞回来，而且还那么坚定地说。

师：你们认为男孩最后的两次说话有什么不同？

生：第二次的语气比第一次更肯定。

（五）品读课文，感受角色

师：好，下面，我们来分角色读一读，我读列宁的话，你们读男孩的话。

（师生分角色朗读后，让学生自己推荐两位学生分角色朗读，读出语气的变化）

师：男孩说灰雀会飞回来，是真的吗？从刚才的研究看来，他开始说的那句话确实有问题，结果是不是呢？请大家听老师读最后一部分的课文。（师配乐朗读）

生：灰雀是飞回来了，因为课文说"第二天，列宁来到白桦树下，果然又看到那只灰雀欢蹦乱跳地在枝头歌唱。"

师：找得好，我觉得这句话有一个词用得特别好，你们读一读，看认为是哪个？

生：果然。

师：为什么？

生：因为男孩说灰雀会飞回来，现在真的飞回来了，"果然"这个词用得很准确。

师：大家再把这部分读一读，看有没有不懂的地方。

（生独立思考后与同学交流）

师：先提出不懂的地方。

生：灰雀不会说话，列宁为什么要问它？

生：男孩一开始就说了谎话，为什么还说他是个诚实的孩子？

师：好，下面说说你们读懂了什么？

生：我从"那个男孩站在白桦树旁，低着头"这句话知道男孩觉得自己错了，怕列宁知道后会批评他。

师：呀，说得太好了。同学们，那么再想想，男孩错在哪儿？

生：错在不该把灰雀捉了。

生：错在不该说没看见，不该撒谎。

师：男孩为什么要把灰雀捉回去呢？

生：（纷纷）因为他也喜欢灰雀。

师：（板书：爱）那列宁喜不喜欢？

生：喜欢。

师：来公园的人喜不喜欢？

生：喜欢。

师：要知道这些灰雀都是非常——（指板书）

生：惹人喜爱。

师：是啊，他错了，因为美丽的东西是供大家——

生：欣赏的。

师：这里再次证实了男孩一开始没说实话，想想一个孩子没说实话，他的神情、动作及说话的语气会是怎样的？下面我们回过头来把列宁和男孩的第一次对话读一读。

（同桌分角色朗读）

师：下面请三个同学出来扮演男孩，我来演列宁，大家认真看他们的表演，注意他们说话的神态、语气、动作，看谁表演得最好。

（师生分角色表演，其他学生评议）

（六）总结课文，拓展延伸

师：下面我们再回到课文里，看还弄懂了什么？

生：我知道灰雀不会说话，列宁为什么还要问它。因为要是列宁问那个孩子的话，男孩会很伤心的。

师：要是你就是那个男孩，列宁问你，你会怎样？

生：我不想告诉他。这太难为情了。

生：我会很难受的。

生：我会低下头不敢做声。

师：你觉得列宁这样做好吗？

生：（齐）好。

师：为什么？

生：（纷纷）他对人真好。他很爱那个孩子。

师：说得对，他很懂得尊重别人的——

生：自尊心。

师：（指板书）从这里，我们看到列宁不仅爱灰雀，更——

生：爱小男孩。

师：（板书：更爱）也正是在列宁那颗真诚的爱心的感染下，小男孩把灰雀——

生：放了。

师：（板书：放）还有吗？

生：我知道为什么说男孩是个诚实的孩子，因为虽然他开始没说真话，但后来改了，还把捉来的灰雀放了。

师：这叫——

生：知错就改。

师：对，知错就改也是诚实的孩子。（板书：诚实）你能用"爱"说一句话吗？还要说出为什么。

生：我爱小男孩，因为他知错就改。

生：我爱列宁，因为他爱鸟。

生：我也爱列宁，因为他尊重孩子的自尊心。

生：我爱灰雀，因为它们很美丽。

师：说得好，我们都应该爱鸟，因为鸟是我们人类的——

生：好朋友。

师：同学们，爱的力量多大啊，爱使世界变得更美丽；爱使人与人之间的感情更真挚、更纯洁；爱使一个小孩子变得诚实、可爱。让我们的社会处处充满爱吧！最后，让我们心中充满爱吧。

（师生配乐朗读最后一段）

二、名课解读
——创设情境，建构意象

学习语文，需要学生投入文章意境，体会作者心情，感悟人物角色。只有这样，学生才能从文字中体味语文的无穷魅力，才能焕发出充满生命力的智慧。在《灰雀》一课中，游彩云精心地创设课文情境，帮助学生构建感知意象。

1. 创设情境，建构课文意象

游彩云以语言实践活动为基础，用激情去点燃学生的激情。上课伊始，游彩云进行入情入理的引导。她用极富感染力的语言给学生创设了意境："这段主要写了在公园里一棵高大的白桦树上有——"借助教师形象的语言，学生在脑海中形成一棵白桦树上有三只灰雀的意象。游彩云以生动的语言，建构课文形象的意象，创设奇妙的情境，牢牢地吸引住了学生。

2. 熏陶渲染，体会人物心情

语文课堂需要情境的创设，需要氛围的渲染，需要情感的体验，需要心灵的沟通，以便创造出一种高雅的艺术境界。游彩云非常重视营造教学气氛，创设语文情境，引导学生移位入情。在这节课中，她努力去营造一种氛围——灰雀非常可爱，要是它死去了，以后公园里就少一只灰雀了。如果你是列宁，会有什么感受？通过问题设置，把学生带到特定的情境中去，让学生进入列宁的角色。

学生根据自己的生活阅历和人生体验，深切体会列宁失去灰雀时的心情。我们强烈地感觉到，不是列宁在言说感受，而是学生在言说自己的感受。学生获得了真切的角色体验，于是，失去心爱鸟儿的悲伤心情就深深地铭刻在学生的心中。通过移情入境，学生成功地理解了课文内容。

3. 品读感悟，再现特定情境

朗读具有渲染情境的魅力，在教学中有着其他手段难以替代的积极作用。

游彩云把着力点放在朗读上，创设朗读情境，让学生直接面对文本，与文本进行跨时空的交流。通过朗读，较好地再现了特定情境："下面请三个同学出来扮演男孩，我来演列宁，大家认真看他们的表演，注意他们说话的神态、语气、动作，看谁表演得最好。"通过角色朗读，学生真切感受到列宁失去灰雀时失落的心情和小男孩惭愧的感受。

4. 悟情启智，升华学生情感

课堂的结尾，游彩云不是像一般老师教学那样给学生总结学习内容，揭示文本主旨，而是再设情境，将教学推向另一个高潮。这样，既拓展了课文内容，启迪了学生智慧；又升华了学生情感，起到育人的作用。

三、以情唤情
——营造课堂学习氛围

以情唤情，就是教师自己首先钻研课文，准确把握课堂的情感因素。在教学时，教师全身心地投入，唤起学生对课文内容、人物、情节等方面的感悟。教师创设一种与学生心灵相融的教学情境，并且在整个教学过程中始终保持与学生进行情感交流，不断地将学生的情感推向高潮，使学生完全融入课文，达到理解课文的目的。

经典案例一

师：同学们，雪花是怎样的啊？

生：洁白的！

生：像棉花糖那样的！

生：轻飘飘的！

师：是啊，雪花洁白、轻盈、飘飘悠悠，多美啊！有一首歌叫《雪绒花》，赞美的就是雪花的美丽。

师：雪绒花，雪绒花，每天清晨你迎接我……（师深情、舒缓地唱起了这首歌）

（《第一场雪》）

经典案例二

师：（刚一开课，老师气定神闲地沉默片刻，等学生都把注意力投向老师的时候，老师便在一曲幽静而恬静的乐曲声中朗诵起朱自清的散文《荷塘月色》中的片段）"曲曲折折的荷塘上面，弥望的是田田的叶子。叶子出水很高，像亭亭的舞女的裙。层层的叶子中间，零星地点缀着些白花，有袅娜地开着，有羞涩地打着朵儿的；正如一粒粒的明珠，又如碧天里的星星，又如刚出浴的美人。微风过处，送来缕缕清香，仿佛远处高楼上渺茫的歌声似的。这时候叶子与花也有一些的颤动，像闪电般，霎时传过荷塘的那边去了。叶子本是肩并肩密密地挨着，这便宛然有了一道凝碧的波痕。叶子底下是脉脉的流水，遮住了不能见一些颜色；而叶子却更见风致了。"

（《荷花》）

案例分析

在《第一场雪》的导入中，游彩云以疑唤情，先对学生提出疑问"雪花是怎样的？"以使学生回忆自己见过的雪花，然后利用音乐渲染，调动学生的情感。同时，营造出轻松愉快的教学氛围；在《荷花》的导入中，游彩云以大段抒情激发学生的情感，提高学生的兴致，让学生体会《荷花》的感情色彩，从而使学生情感迁移。游彩云读出了情、读出了韵，让学生感受到了语言之美，引起了学生的共鸣，使学生陶醉，情不自禁地跟着老师唱起来或读起来，从而达到师生情感共鸣、心灵相通、共同探索的效果。

实施方法

1. 生活展现

即把学生带入社会、带入大自然，从生活中选取某一典型场景，作为学生观察、认识的客体。所选取的生活情境感知目标要鲜明，将学生带入情境时要有序，观察时要启发学生进行想象。游彩云通过生活展现法，唤起学生相似的情感，完成了对课文情境的构建。

2. 实物展示

以实物为中心，创设必要的情境，构成一个整体，以演示某一特定的情境。在教学时，考虑到学生对有些事物比较陌生，要结合课文的学习出示实物，加深学生理解。

3. 图画再现

使用剪贴画、简笔画、幻灯、多媒体等展示课文描述的情境，使学生易于理解，乐于接受。

4. 音乐渲染

即借助乐曲、歌曲的音乐语言，烘托、渲染课文的内容，不但有助于学生理解课文，还能使学生得到美的感受。在选择音乐时可以选取与教材内容一致的声频，也可以是教师或学生的自弹自唱。

5. 角色扮演

即以表演体会情境。表演分为两种：一是进入角色，假设"我是课文中的某某"；二是让学生扮演课文中的角色。情境表演可以使学生情绪高涨起来，进而留下深刻的印象。

6. 语言描绘

语言描绘是教师最基本的表达手段，而以上五种途径也应该与语言描绘相结合，才能获得良好的效果。教师运用语言除了要具有示范性外，还要具有启发性、形象性和可知性。

四、以读激情
——引发学生产生共鸣

以读激情，就是通过朗读，发挥朗读对学生理解课文内容、发展语言、陶冶性情的作用，即通过多种形式的读来激发起学生的兴趣。如采取欣赏法，由教师示范朗读、录音朗读、声像组合朗读等方式，让学生通过聆听来欣赏。这样，可以让学生更深入地理解课文内容，同时升华学生的审美情感。

在语文课堂上，游彩云特别注重以读为本。她善于通过默读、轮读、引读、范读、齐读等形式多样的朗读，使学生在读中深入挖掘语言文字，品析重点词句，从而在读中理解、在读中感悟，加深对课文内容的理解，更加深入地体会人物的思想感情。以读促情，以读促理解，使师生情感互动，充分发挥"读"的作用和功能。也就是说，游彩云教学时的课文内容是学生读懂的，是学生自主学习的结果。

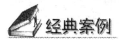 经典案例

师：谁能把表现老班长崇高思想的句子找出来，读一读，谈一谈体会？

生：他摸了摸嘴，好像回味似的说："吃过了。我一起锅就吃，比你们还先吃呢。"老班长并没有吃鱼，他撒了一个谎，其实他是想把鱼让给其他战士吃，从这里我可以看出老班长舍己为人的精神。

师：很好，这位同学是从老班长的语言看出他的崇高精神。他读得好不好？哪位同学愿意站起来评一评？

生：他没有读出老班长那种心情，其实老班长是很心虚的，但是他又想掩饰自己的谎言，所以应该读得更激昂些。

师：他评得很好，还有没有同学找到其他句子？

生："他坐在那里捧着搪瓷碗，嚼着几根草根和我们吃剩下的鱼骨头，嚼了一会儿，就皱紧眉头硬咽下去。"我是从这一句体会老班长的高贵品质的，草根和鱼骨头很难啃，可是老班长宁可自己吃苦，也要把鱼肉让给别人。

师：这位同学是从动作方面来找的，注意"捧""嚼""皱紧眉头""硬咽"这些动词，可以看出老班长嚼草根和鱼骨时是很痛苦的，更显出他关心同志的品质。谁可以评一评？

生：他读得很准确，通过语言把老班长吃草根时的痛苦表情都刻画出来了。

（《金色的渔钩》）

案例分析

在《金色的渔钩》这篇课文中，游彩云没有烦琐多余的内容分析和一连串

的提问，而是着力引导学生进行有感情地朗读，使朗读与悟情有机地融合在一起，让学生的朗读真正地发自内心。游彩云让学生在评读中悟出其中的道理，并使他们的情感得到升华。老班长优秀的品质是通过老班长的外貌、神态、语言和动作等表现出来的。在教学中，游彩云让学生把最能表现老班长崇高思想的句子找出来，读一读，谈一谈体会。然后，让学生都来评议一下站起来朗读的同学读得好不好，能不能读出句子所蕴涵的思想感情，利用问题驱动学生灵动的心，唤起学生对语言文字形象的想象，让他们体会语言文字的情感，诱发他们飞扬智慧的语言。评后再读，读了再评，易于激发学生的情感。

实施方法

1. 课前准备，深入理解

"凡事预则立，不预则废。"教师要求学生掌握所学内容，自己应首先明确应该抓住什么内容指导。教师对教材的把握不可以有所偏颇，这就要求讲究课前准备工夫。值得注意的是，教师要明确哪些句子更能让学生明白文章主旨，然后引导学生从这些句子去把握文章。

2. 选好方法，准确运用

教师应该明白采取什么方法去指导学生才更有效。每篇文章所表达的思想感情是不同的，教师要避免一刀切，要具体问题具体分析，考虑文章采取哪种方法更能培养学生感情，是配乐朗读，师生配合，还是分角色朗读？

3. 给予机会，提供舞台

教师不是知识权威的象征，应该重视学生自己对各种现象的见解，倾听他们内心的想法，思考他们这些想法的由来。在课堂上，教师应给予学生充分表现的机会。尊重学生所采取的方式，询问他们采取这种方式的原因，并以此为据，引导学生丰富或调整自己的见解。教师切忌"一言堂"，而应要促使学生成为课堂的主导者。

五、想象促情
——引导学生进入角色

想象促情，是指在教学中教师通过各种手段，激发学生的想象力。教师激起学生情感的波动，学生便可根据语言描绘和各种有效的教学媒体，对原有的感性形象，结合自己的生活经验和已有表象，在头脑中进行加工创造，组合成新的形象，化静态为动态，化平面为立体，化无声为有声，从而进入课文特定的情境之中，激发出更丰富、更热烈的情感。

游彩云在整个教学活动中创设民主、和谐、愉快的教学氛围来陶冶学生的情感，引导学生积极思考，使学生易于接受，并唤起学生积极的情感。

 经典案例

游彩云在讲《鸟的天堂》这一课时，当讲到作者一行第二次去"鸟的天堂"看到了群鸟欢跃的情景这部分内容时，打开了"群鸟欢跃"的教学挂图，同时打开了录音机。

师：同学们请看着挂图，听着录音机（录音机里播出欢快的鸟叫声），尽情想象，想想你们听到了什么？看到了什么？

生：听到黄莺在枝头一展清脆悦耳的歌喉！

生：看见了慈爱的鸟妈妈正用啄来的小虫哺喂自己的幼儿！

生：看到美丽的画眉鸟把清清的湖面当做镜子，正展开五彩的翅膀梳妆打扮。

（《鸟的天堂》）

案例分析

情感的动荡激扬，往往伴随着想象的飞腾。根据心理学的观点，想象是人脑把储存的表象加工改造成新形象的过程。在语文教学中，想象是语言文字的全新创造，是心灵的自由飞翔，是思想在无限广袤的时空中纵横驰骋的有力翅膀。在《鸟的天堂》这一课，游彩云注重从培养学生的想象力入手，借助音乐和挂图，把学生带到一个鸟的世界，帮助学生创设情境。通过想象，学生的脑

海中出现一幅热闹非凡的画面。这些画面是学生从文字出发，在脑海中描绘的。通过这样的想象，学生仿佛游览了"鸟的天堂"，获得美的享受、美的陶冶，激发了热爱大自然的情感。情境激发了学生的想象，学生根据丰富的想象感受到了一幅更为欢腾热闹而又多姿多彩的画面。

 实施方法

1. 挖掘潜力，重视培养

学生的身体是一台很神奇的机器，尽管我们不知道他的所有潜力，但我们可以不停地找到新的方法来挑战他们的各种极限。学生具有很大的想象潜力，教师在教学中首先应该肯定他们，并给予足够的重视，充分培养和激发学生的想象力。

2. 引趣激学，发挥想象

兴趣是推动学生学习的动力，学生如果能在学习语文中产生兴趣，就会形成较强的求知欲，就能积极主动地去学习，进而根据老师创设的情境发挥自己的想象力。孔子说："知之者不如好之者，好之者不如乐之者。"要让学生愉快有效地学习，关键在于找到合适的方法激发学生学习的兴趣。比如，可以让学生谈谈现实生活中的情境；可以播放音乐陶冶学生的情操；可以抓住关键词句，指导学生把文字变成画，使他们边读边在头脑中展开画面，在读中想象，在想象中思考。

3. 趁热打铁，引入正题

值得注意的地方是：想象是没有边际，没有领域的，学生有可能展开想象的翅膀后就会漫无目的地翱翔。这时，就需要教师像一根指挥棒那样把学生引向学习的航道，趁着学生在头脑中形成的良好情境，教师应尽快提出疑问，引导学生理解课文。

六、移位入情

——增强学生真实体验

移位入情，就是学习课文的时候，让学生把心放到课文中去，设身处地地

去读、去想、去体验，融入自己的思想感情，进入角色。注意激发学生的情感，引发学生的换位思考。

在语文教学时，游彩云很注重移位入情的方法。她认为，感情是教学艺术生命中流动的血液。在语文课堂中，教师应把握课文的重点语句，抓住情感线，努力将学生引入课文情感范围。让学生在对词语的深入解读中，揣摩人物内心世界，体会人物思想感情，真真切切地把自己当成课文中的角色，走进文本的情境，体会人物内心情感变化，感悟人物精神。

 **经典案例一**

师：（播放草原教学录像）同学们，假设此时你就站在这一碧绿千里的大草原上，仰望这湛蓝湛蓝的天空，呼吸着清新的空气，你想怎样表达你的感情呢？

（《草原》）

 **经典案例二**

师：同学们，请想象一下，你们现在就是凡卡，你们有什么感觉吗？

（《凡卡》）

经典案例三

师：大雪纷飞，步履维艰。同学们，请想象自己就是一名长征途中的红军战士？体会自己当时的情境。

（《长征》）

案例分析

游彩云采用移位入情法，唤起学生情绪的记忆。在《草原》一课中，播放录像，这样的安排把学生带入情境，加深了学生的体验，从而使学生深深地感受到了草原的辽阔、美丽、令人神往。这样直观形象的教学不仅可以让深奥知识浅显化，还能让这些知识在学生头脑中留下更深刻、更难忘的印象。在《凡卡》一课中，游老师注意引导学生进入课文描写的情境，使他们觉得自己仿佛就是孤苦伶仃、受尽老板折磨的小凡卡，这样就能激起学生对黑暗社会的痛恨之情。在读《长征》一诗时，游彩云带领学生进入诗歌描写的意境中，使他们觉得自己仿佛就是一名长征途中的红军战士，读到"万水千山只等闲"，就会感受到红军那种千难万险无所惧的大无畏精神；读到"三军过后尽开颜"，就会和历尽艰难困苦、取得长征胜利的红军战士一样，感到无比的喜悦。这样的语文教学能有力地促进学生的情感与课文人物情感的紧密结合。

实施方法

1. 引导阅读，披文入情

采用适当的方法，把学生引进阅读的大门。帮助学生分析教材的内容，让他们把自己设想成文中的角色，从"角色阅读"开始，体会角色的不同感受，"换位阅读"，移位入境。要做到披文入情，教师必须注意两点：一是分析课文不必每一段平均使用力量，避免烦琐哲学和形式主义；二是要竭力揭示词的特殊含义，即揭示出词的特殊形象、意境和情味。

2. 寻找方法，放飞心灵

"作者胸有境，入境始为亲。"在语文教学中，教师使用图画、课件、音乐、语言描绘、动作演示等方式制造和渲染气氛，千方百计地把学生带入课文描绘的意境中去，通过一地一景一物的教学，拓宽学生的视野，加深他们的情感体验，使他们耳濡目染。比如，可以采用讲故事、设悬念、安排表演、音乐辅助等形式尽快让学生入文入画、入情入境，拨动学生想象的琴弦，激起他们想象的飞扬。

七、深度阅读
——情景交融与语文教学

（一）情境教学的历史和现状

情境教学来自于小学语文教育家李吉林老师的教学实践。李吉林先是从外语的情境教学中得到启发，创立了情境教学法。其后，她借鉴我国文论的"境界学说"，逐步建立了情境教学体系，创造性地为我们提供了向我国优秀教育传统学习的成功范例。李吉林现任江苏省情境教育研究所所长，她长期坚持教学改革，创立了情境教育理论体系及操作体系，出版了《情境教学理论与实践》《李吉林情境教学详案精选》等专著。

在我国，情境教学的理论研究主要集中在情境创设的功能与作用、艺术与技术两大方面；情境教学的实践研究主要集中在情境创设的过程和方法两个方面。近几十年来，国内外学者与教师在"情境创设"方面作了大量深入细致的研究，并且取得了许多值得注意的成果。

新课程从以人为本、回归生活、注重发展的教育理念出发，大大丰富了情境的内涵，并对情境教学提出了新要求。情境教学通过创设情境可以使抽象的知识具体化、形象化，有助于学生感性认识的形成，并促进他们理性认识的发展。特别是在小学阶段，学生形象思维占优势，教师更应该注重创设情境。

（二）情境教学的内涵

情境教学，是指教师在教学过程中，依据教育学和心理学的基本原理，根据学生年龄和认知特点的不同，通过建立师生间认知客体与认知主体的情感氛围，创设适宜的学习环境，使教学在积极的情感和优化的环境中开展，让学习者的情感活动参与认知活动，以期激活学习者的情境思维，从而使学习者在情境思维中获得知识、培养能力、发展智力的一种教学活动。由此，我们也能清楚地看到，情境教学模式是依据教育学、认识论、心理学和教学论等的原则，在认知活动中充分开发智力因素，从而实现愉快教学的基本教学模式。

（三）情境教学的重要意义

1. 有利于营造语文课堂学习氛围，促进学生积极参与

情境教学是依据教育学和心理学的基本原理，根据学生的年龄和认知特点等的不同，创立适宜的学习环境。这种根据课文意境而创设的情境使教学在师生的积极情感和优化的环境中展开，让学生积极地投入课堂学习，激活了学生的情境思维，从而在情境思维中获得知识。这对语文教学思想的更新有着特殊意义。

2. 有利于激发学生的学习兴趣，培养探究精神

由于情境教学能为学生提供图文音像并茂的、丰富多彩的教学情境，能为学生提供符合人类联想思维与联想记忆特点的想象空间，因而很易于激发学生的学习兴趣，并为学生实现探索式、发现式学习创造有利条件，从而有可能真正实现让学生主动建构知识意义、达到自己获取知识甚至创造新知识的理想目标，取得较好的教学效果。

3. 有利于语文教学方法的改革

通过情境创设方法的运用，教师可以对小学语文课堂教学方法的研究成果进行整合，为语文课堂教学方法的研究提供一个创新性的平台，把理论与实践结合起来，推动当前小学语文教学方法的改革。

（分析论述：罗伟文）

姚 克 军

如何进行"智慧语文"的生成教学

名师档案

——著名优秀教育工作者

姚克军，著名特级教师，现为泗洪县人民政府兼职教育督学、宿迁市专家评委。曾荣获江苏省"优秀辅导员""先进个人"，宿迁市"名师""十佳辅导员""优秀教师"等称号。

姚克军根据自己多年的从教经验，对语文教学提出了"智慧语文"的教学方法，提出语文教学应当是智慧教学。在作文教学方面建树尤丰，他根据教学实践和研究，从"智慧语文"教学中细化分出了"五点式"大作文教学：以生活为写作源泉，借观察的慧眼，辅以写作方法与技巧，让学生在作文中找回乐趣，找到信心。

姚克军致力教研，主持、参与省、市级课题6项，在《中国德育》《中国教师报》《中国写作》等报刊上发表论文100多篇，其中多篇被《中国人民大学复印报刊资料》转载。

一、名课实录

——智慧课堂，动态生成

《台湾的蝴蝶谷》第二课时课堂教学实录（苏教版小学二年级语文下册）

（一）重读课文　加深理解

师：这节课我们继续学习《台湾的蝴蝶谷》，请同学们读课题——

生：（齐）《台湾的蝴蝶谷》。

师：读得响亮些。

生：（大声地）《台湾的蝴蝶谷》。

师：读得美妙动人些。

生：（抑扬顿挫地）《台湾的蝴蝶谷》。

师：上节课我们一起初读了课文，能说说台湾的蝴蝶谷给你留下怎样的印象吗？

生：台湾的蝴蝶谷是个非常美丽迷人的地方。

师：一句话高度概括，很好。

生：台湾的蝴蝶谷是个气候温暖、水源充足、花草茂盛的地方。

师：哈，就是没有蝴蝶。

生：（不好意思地补充）是蝴蝶生长的好地方。

师：能用上书中的词句，也不错。

生：有的山谷里只有一种黄颜色的蝴蝶，在阳光的照耀下，金光灿灿，十分壮观。

师：你印象中的蝴蝶谷真美！

生：（惟妙惟肖，还配合上动作）台湾的蝴蝶谷，蝴蝶非常美丽，有的山谷里有好多种蝴蝶，五彩缤纷的蝴蝶上下飞舞，就像在空中撒了一把五颜六色的花瓣，美丽极了！

师：你印象中的蝴蝶谷非常迷人，听你说真是一种享受啊！

生：蝴蝶谷景色迷人，吸引了许多中外游人。我也很想去蝴蝶谷看那些美丽的蝴蝶呢。

师：是呀，蝴蝶谷那些可爱的小精灵们，吸引着你，吸引着我，吸引着我们每一个人，现在我们就随课文到蝴蝶谷去旅行吧。请同学们打开书，读读第

二、三、四小节，看看自己最喜欢哪小节？要求：各人读各人的，大声读。

（生摇头晃脑，读得十分投入。师走到学生中间，了解学生读书情况）

（二）细致赏析　精读品味

师：全部读完了吗？现在能告诉老师，你最喜欢的是哪一小节吗？

生：我最喜欢第四小节。

生：我最喜欢第二小节。

生：我最喜欢第三小节。

生：第二、三、四小节我全喜欢。

师：的确，每一小节都写得很美，都惹人喜欢。老师想知道有哪些同学喜欢读第二小节？

生：（纷纷举手）我！我！我！……

师：这么多同学喜欢读第二小节，那我们先来学习这一小节。谁愿意来读读第二小节呢？

生：（争先恐后地举起小手，有的还站了起来）我！我！我！……

师：这么多同学都想读呀，这样吧，谁读得好我们就让谁来读。先练习一下，看谁能读得正确、流利、有感情。

（生积极练习读，师巡视并给予个别指导）

师：老师刚才看到了，大家读得都非常认真，特别是这位女同学读得真用心，老师相信你一定读得很棒！请你来读一读吧。

生："台湾的山多，山谷也多。每年春季，一群群色彩斑斓的蝴蝶飞过花丛，穿过树林，越过小溪，赶到山谷里来聚会。人们就把这些山谷叫做蝴蝶谷。"

师：你读得很正确、很流利，也很有感情。真棒！（竖起大拇指）美丽的小蝴蝶们，要去聚会了，可以看到许许多多的好朋友，心里是多么的高兴、激动呀！我们一起去看看好吗？请同学们看大屏幕。

（出示多媒体课件：美妙的音乐声中，色彩斑斓的蝴蝶们"飞过花丛，穿过树林，越过小溪，赶到山谷里来聚会"）

（三）发挥想象　深化理解

师：这里蝴蝶可真多，真美呀！请你们来想想这些蝴蝶会有些什么颜色呢？

生：有红的，有黄的，有白的，有蓝的，有紫的，还有绿的……数也数不清呢。

师：你们的想象力可真丰富啊！想出了这么多的颜色，这真是——谁能用一个词语来说出它们的颜色的多和美？

生：色彩斑斓。

生：五颜六色。

生：五彩缤纷。

师：这些词语的意思都是说——

生：蝴蝶的颜色多，颜色美。

师：还有谁想读这一节？

（生声情并茂地朗读）

师：你读得这么好，能介绍一下你读得这么好的经验吗？

生：我在读的时候，边读边想象，眼前好像看到一群色彩斑斓的蝴蝶争着、抢着飞过花丛，穿过树林，越过小溪。

师：哦，是这样你才读得这么好的吗？你真了不起！同学们，边读边在头脑中想象画面是一种非常好的读书方法，你们要向她学习，边读边想象画面，加上一些动作，再把第二小节读一读吧。

（学生们个个像小蝴蝶了，一边读着一边做着动作）

师：同学们个个都读得很投入，你们看到美丽的蝴蝶了吗？

生：（异口同声）看到了！

师：这些蝴蝶是怎么飞来的？（出示句子）请大家闭上眼睛听老师读，边听边想象，你好像看到了什么？

生：我好像看到了一群又一群的蝴蝶在翩翩起舞。

生：我好像看到了蝴蝶们飞过花丛，穿过树林，越过小溪，欢快地赶来参加聚会呢。

师：好，全体起立！现在呀，你们就是色彩斑斓的蝴蝶了，请你们一起边读边想象，加上自己喜欢的动作。每年春季，一二读——

（生读书，边读边做动作）

师：同学们读得很好，特别是第二句话读得真精彩，加上动作更加活灵活现，老师好像看到一只只美丽的蝴蝶真的飞来了。能把第二句再读一遍吗？

生：（比第一次更认真地边读边做动作）"每年春季，一群群色彩斑斓的蝴蝶飞过花丛，穿过树林，越过小溪，赶到山谷里来聚会。"

（四）动作模仿　亲身体味

师：请同学们一边读一边找出这句话中表示蝴蝶动作的词语，在书上画出来。再读一读。

生：飞过，穿过，越过，赶到。

师：让我们一起来做一次蝴蝶，练习飞行吧。

（生模拟蝴蝶做"飞过花丛，穿过树林，越过小溪，赶到山谷里来聚会"的动作）

师：我发现有的同学在"飞行"时的动作有所变化，这几个动作有什么不同吗？

生：花丛很矮，蝴蝶很轻松就可以飞过去了，所以动作要轻盈。

生：树林中有很多树，所以蝴蝶飞行时有时要侧一下身子，防止撞到树。

生：小溪里全是水，蝴蝶是不会游泳的，掉下去可就危险了，所以蝴蝶飞行时要有使劲向上的动作。

生：蝴蝶们"赶到"目的地了，用不着再一个劲地往前飞，而且它们一定十分高兴，所以飞行时要加上回旋和舞蹈的动作。

师：作者的用词真准确啊！同学们的理解真深刻啊！听着你们的朗读，看着你们的表演，老师仿佛真的看到一群五颜六色的蝴蝶从远方快乐地飞来了。请同学们一起在美妙的音乐声中朗读第二小节。

生：（齐）"台湾的山多，山谷也多。每年春季，一群群色彩斑斓的蝴蝶飞过花丛，穿过树林，越过小溪，赶到山谷里来聚会。人们就把这些山谷叫做蝴蝶谷。"

师：这么多的蝴蝶赶到山谷里来聚会，那么蝴蝶谷里的景象怎样呢？请同学们继续看大屏幕。

（播放多媒体课件：蝴蝶谷里的迷人景象）

师：看完了，同学们想说什么呢？

生：这些蝴蝶真美呀，蝴蝶谷成了蝴蝶的海洋。

生：这些蝴蝶像美丽的天使，给我们带来了快乐。

（五）复读课文 拓展思维

师：同学们说得真生动有趣，书上是怎么写的呢？请同学们读读第三小节。

（生反复朗读第三小节）

师：课文第三小节向我们介绍了两个蝴蝶谷，你喜欢哪个蝴蝶谷呢？读读你喜欢的蝴蝶谷的句子，想想你喜欢的蝴蝶谷美在哪里？

生：我最喜欢第一个蝴蝶谷。整个山谷全是黄色的蝴蝶，像满地盛开的油菜花，又像撒了满地的黄金。

师：满地的黄金，这下发财了！

（众生大笑）

生：（读第二句）"有的山谷里只有一种黄颜色的蝴蝶，在阳光的照耀下，金光灿灿，十分壮观。"

师：是呀，在树木花草间，山石溪水畔，黄蝴蝶一只挨着一只，一片连着一片，浩浩荡荡，金光灿灿。这里是山谷，更是蝴蝶的宫殿，多么金碧辉煌呀！现在我们再来读这句话能读得更好点吗？

（生读第二句）

师：你读得真好，把这群可爱的黄蝴蝶带到老师的面前啦。我们也来边读边想象，一起美美地把这句话再读一遍。

（生饶有兴趣地齐读第二句）

师：一个山谷只有一种颜色的蝴蝶，这壮观的景象不只黄蝶谷有。有的山谷里只有一种红颜色的蝴蝶，想象一下，那是一种怎样美妙的景象呢？

生：有的山谷只有一种红颜色的蝴蝶，像流了一地的鲜血。

师：你认为流血很美丽？

生：（不好意思地）像满山谷的红绸子在飘舞。

师：这还差不多。

生：有的山谷只有一种红颜色的蝴蝶，在傍晚的霞光中看去，红通通的一片，像撒了一地的红宝石，闪闪发光。

师：又是一个小财迷。

（生笑）

师：物以类聚。想象一下，有的山谷还可能聚集哪种颜色的蝴蝶，它们美在哪里？

生：有的山谷只有一种紫颜色的蝴蝶，在晨风中翩翩起舞，像满地盛开的紫罗兰。

生：有的山谷中只有一种白颜色的蝴蝶，远远望去，就像朵朵雪花在空中飘飞。

师：为什么要"远远望去"呢？

生：近了看得清楚，就不像了。

师：看来你用词也蛮准确的。

生：有的山谷只有一种花颜色的蝴蝶，像花蝴蝶一样好看。

师：花蝴蝶像花蝴蝶，这个比喻恰当吗？

生：不恰当。因为花蝴蝶本来就是花蝴蝶，而不是像。而且花蝴蝶也不是一种颜色的蝴蝶。

师：（面对答错的学生，抚摸了一下他的头）明白了吧，想好该怎么说了吗？

生：有的山谷只有一种绿颜色的蝴蝶，在阳光下看去，像一片片跳动的树叶。

（师带头鼓掌）

师：黄蝶谷以及所有只有一种颜色的蝴蝶谷都十分壮观，有喜欢第二个蝴蝶谷的吗？

生：我最喜欢第二个蝴蝶谷。因为我觉得一种颜色比较单调，眼中老出现一种颜色，那不成色盲了吗？还有，我们知道，书上所有描写美好的生活都用"多姿多彩""丰富多彩"来形容，所以我喜欢第二个蝴蝶谷。

师：说得很有道理！

生：（读第三句）"有的山谷里有几种蝴蝶，上下翻飞，五彩缤纷，就像谁在空中撒了一把五颜六色的花瓣，随风飘来，又随风飘去。"

师：你读这句话时，眼前仿佛出现了什么？

生：我读这句话的时候，好像看到五彩缤纷的蝴蝶上下飞舞，像花瓣那样在空中飘来飘去。

师：其他同学呢？还想到了什么呢？

生：（很自信）我好像还听到了蝴蝶们唱歌，歌唱蝴蝶谷真美丽呢。

师：你的想象真丰富。第三节和第二节一样，写得很美。请同学们把第

二、三小节连起来读一读，边读边想象，加上自己喜欢的动作。读后谈谈自己的感想。

（生有感情地朗读课文）

师：有什么感想？

生：蝴蝶也像我们人类一样，知道"物以类聚"的道理，真够聪明的。

生：它们聚集在一起，可能是举行选美大会，也可能是选举蝴蝶总统。

生：也可能是召开武林大会，选举武林盟主。

师：（笑）想法真够奇特的。

生：老师，我比较喜欢第三节的第一句话。蝴蝶谷里的景象非常迷人。"非常"就是说景色特别美，不同寻常。我想，要是我们这儿也有那样的蝴蝶谷就好了。读了这句话，我真想赶快到那里去看看可爱的蝴蝶了，可是现在大陆和台湾还不能正常往来，真是太可惜！大陆和台湾要能统一就好了。

（六）游戏结尾　深化主题

师：相信在大陆人民和台湾人民的共同努力下，这一天不久就会到来。假如到了那一天，中国统一了，我们可以自由地出入台湾，请你们来当小导游，行吗？把你们知道的介绍给大家听，好吗？

生：好！

师：请四人组成一小组合作，用上"大家好，欢迎你们来到蝴蝶谷。有的蝴蝶谷的景象怎么样，有的蝴蝶谷里景象怎么样……"这个句式介绍第二、三段，要求：语句通顺，声音响亮。

（生自由练说，师巡视辅导。然后，教师给学生带上导游帽，各小组推举代表上台当小导游，介绍台湾的蝴蝶谷，掌声一阵阵响起）

师：小导游们的表现相当出色，基本上把课文第二、三段中的内容全部用上了，还加上很多自己的想象，并且用了"有的……有的……"这样的句式，结尾的时候还说"祝大家玩得愉快！"显得彬彬有礼！

（生再次鼓掌）

师：说得太棒了！听了小导游的介绍，你知道老师这时最想干什么？

生：最想去蝴蝶谷旅游。

师：你们想吗？

生：想！（声音非常响亮，还有种迫不及待的味道）

师：蝴蝶谷不仅吸引你，吸引我，还吸引了一大批中外游客。请同学们认真读读第四小节。

师：你们能根据这一小节内容，把它表演一下吗？

生：好！

（师当游客，所有学生都当蝴蝶，众蝴蝶把"游客"围在中间，作翩翩起舞状）

师：人和蝴蝶亲密无间，人和自然是那么和谐，如果你是个音乐家或者画家、摄影师，你最想做的事是什么呢？

生：我要是画家，会把美丽的蝴蝶谷画下来，送给许多没去蝴蝶谷旅游的小朋友。

师：你真是个善良的孩子！

生：我要是摄影师，会把迷人的蝴蝶谷拍下来，制作成碟片，送给那些没有机会到蝴蝶谷的老人。

师：你真是个孝顺的孩子！

生：我要是作曲家，一定会为蝴蝶谷谱一支最动听的乐曲，在那里播放，让蝴蝶们随着音乐舞蹈的姿态更漂亮！

师：是呀，蝴蝶谷真是个美丽迷人的地方，其实，台湾不仅蝴蝶美，山美，水也美，她是我国的宝岛。我们希望她能早日回到祖国的怀抱。

二、名课解读
——"智慧语文"下的教学生成

生成，是学习者的一种学习策略。生成性是有效使用学习策略最重要的原则之一，是指在学习过程中要利用学习策略对学习的材料进行加工，产生某种新的东西。（《教育心理学》，张大均主编）"教育"即"生成"，教育是"唤醒学生的潜在力，促使学生从内部产生一种自动的力量，而不是从外部施加压力"，"生成的静态方式即习惯，动态方式即超越"。（《教师人文读本》第三卷）

教学生成，如今被越来越多的教师所熟悉和重视。人们意识到教学生成内涵的丰富性，既包括教学内容、教学策略，也包括教学方式。生成，是指在教学实践中，因学情的变化，对教学目标、内容、过程、方法的适当调整，以及在教学中由于教师的教学机智和合理调控，产生的有价值的问题，以及解决问题的思路和方法。学生出色的、出人意料的回答，教师精当的点拨或讲解，由于这些资源的出现和适时运用，使课堂闪光，使学生顿悟，使学生在知识、能力和方法上实现自我建构。

对于生成，我们可以在《语文课程标准》中的"课程的基本理念"中找到教学要关注学生生成的理念，如"全面提高学生的语文素养"，这是"生成"的总目标。"全面提高"的过程就是语文素养所涵盖的各个方面全面生成的过程。"注意教学内容的价值取向，同时尊重学生在学习过程中的独特体验"，"积极倡导自主、合作、探究的学习方式"，这是要求教师转变教学方式，以适应学生主体在课堂中的生成。

从学生的发展到课程目标，都对生成提出了要求。那么，教师在教学中如何才能更好地达到师生之间的有效生成呢？姚克军讲授《台湾的蝴蝶谷》这篇课文的课堂实录，为我们提供了探究的范例。

1. 这节课里，学生生成了什么？

（1）对美丽的蝴蝶谷有一个美好的印象

初读这篇课文，即使对于二年级没有去过蝴蝶谷的孩子来说，他们也已经能在脑海里形成一个对蝴蝶谷美丽的印象了。这个初步的印象，为学生深入地学习课文提供了很好的兴趣源。教师如能巧妙地运用这个源，就能够帮助学生在这个美丽的蝴蝶谷里畅快地学习。

上课一开始，姚克军就要求学生说说自己对蝴蝶谷的印象。由于在第一课时的时候，学生通过学习课文的生字和初读课文，已经对课文有一个大体的印象。因此，在第二课时，就可以直接进入主题，直接与学生交流阅读感受。

让学生体会到美，这在语文教学中是很重要的一个环节。姚克军用了多种方式来实现这个"体会"。刚开始的"谈印象"，授课过程中的"多样朗读"都是很有实效的。每个学生原有的知识结构都不一样，对于美的理解与定义也不尽相同。教师如果只用一己之见来告诉学生什么是美，蝴蝶谷什么最美，怎么美，那不仅拘束了学生，还为难了自己，反倒不如把这个体味的过程交给学生。

"请同学们打开书，读读第二、三、四小节，看看自己最喜欢哪一小节？要求：各人读各人的，大声读。"乍一看，姚克军的这个安排并没有什么特别的，似乎很一般，但细心的人会发现，这个朗读的要求有点"特别"。很多教师喜欢让学生齐声朗读，这样听课的老师会觉得这个班的同学不错，读得很大声，很整齐。可是，这样的齐读会让一些同学为了完成任务而滥竽充数，囫囵吞枣地读一通，根本起不到体会课文美的作用。因此，自由朗读这个安排，就给予了学生自主体会课文的机会。

（2）对课文进行形象而深入的理解

学习不应是一个过场，即使是在公开课上，也应该让学生有所收获，真正地学到知识。《台湾的蝴蝶谷》对于二年级的小学生来说，他们学习的重点在于掌握字词，而对于课文的理解深度是有限的。教师不要对他们有过高的要求，当然也不能因此而降低要求。

在处理这个矛盾的时候，姚克军采用了"量体裁衣"的方法。针对低年级学生形象性思维的特点，设计了几个活动环节进行教学。

第一步，让学生谈印象。这个环节的作用是多方面的，既可以让学生初步体会到蝴蝶谷的美，也可以让学生初步感知课文，对课文内容形成一个框架式的印象。

第二步，让学生自己朗读课文。如果说第一步是让学生打开学习的大门，那么第二步的朗读就是让学生来到学习的房间里，看看房间里都有些什么，哪些是自己感兴趣的，哪些是自己刚才进门时没有注意到的。这个环节能够让学生加深对课文的认识，古人云："读书百遍，其义自见。"孩子是聪明的，一些简单的课文，通过几次朗读，他们就能够读懂课文了。这为教师进一步的教学提供了便利。

第三步，借助多媒体学习词语。来到房间里，只是让学生知道房间里有什么是不够的，还要告诉学生房间里的物品分别叫做什么。这里需要考虑到学生的年龄较小，一些难懂的词语对他们的学习是有点困难的。在教"色彩斑斓、五颜六色、五彩缤纷"这几个形容色彩的成语时，姚克军借助多媒体，直观地向学生展示了蝴蝶的颜色美，让学生形象地认识和理解了这些成语。

第四步，重点词句学习。我们不能因为学生小，就仅仅让学生读读课文就算是学习了课文。在公开课上，很多教师觉得只要让学生用多样的朗读方式来朗读完课文，然后谈谈感想，就算是学习了课文。其实，对于这样的课，学生下课后就很容易忘记所讲的内容。针对课文一些重要词句的学习，学生还是需要教师的引导的。

在课文中，除了蝴蝶的颜色美，蝴蝶的飞行美也是一个教学重点。教师要让学生体会到蝴蝶的飞行美，就要指导学生对"飞过、穿过、越过、赶到"这几个动词进行理解。姚克军让学生在朗读课文的同时，根据课文的描写，用肢体语言模仿蝴蝶的飞行。在模仿的过程中，学生在理解词语的同时，也对课文有了一个更深层的认识，还体会到了作者用词之准确。

第五步，不失时机地拓展知识。在《台湾的蝴蝶谷》的教学最后，姚克军不失时机地将学生引到一个更美丽的地方，"有的山谷还可能聚集哪种颜色的蝴蝶，它们美在哪里？"让学生用自己刚学习过的知识，用自己喜欢的语言，充分发挥想象，想象如果只有一种颜色的蝴蝶，会是一种怎样的场景？如果再来一个有多种颜色混在一起的蝴蝶谷，又会是怎样？

通过这五步的学习，学生对《台湾的蝴蝶谷》这篇课文就不仅只有一个美丽的印象，还会有深刻的理解。

(3) 从课文中来，到生活中去

学习了这么美的蝴蝶谷，学生的心里一定已经有了很多想说的话，想和同学们分享自己对于蝴蝶的想法，想和同学们介绍自己见过的、认识的蝴蝶……那么，这时教师不妨"将计就计"，给学生一个这样的机会，实现"智慧语文"倡导的"让学生在活动中学习，在学习中活动的智慧"。一个小小的游戏"我来当导游"，让学生以导游的身份向小组同学介绍自己心中的蝴蝶谷。

在《台湾的蝴蝶谷》这篇课文里，还有一个比较敏感的问题，就是台湾和大陆的关系。有些教师，课文还没有讲解到这个层次，学生的情感还没有升华到这个层次，就急不可待地向学生灌输爱国、祖国统一等思想。不难想象，二年级的小朋友听到这些内容时，脸上会有怎样的愕然和不解。姚克军的机智就在这里，他没有强迫学生接受这些"高难度"的思想，也没有将这些思想强加到课文的讲解当中，而是将这些思想放在课堂的尾声。当所有学生对课文需要学习的知识都掌握了，对蝴蝶谷的喜爱也达到一定程度了，姚克军再恰到好处地渗透爱国主义教育，顺水推舟，水到渠成，毫无斧凿痕迹，充分体现了"工具性和人文性的统一"这个语文课程的基本理念。

2. 教师智慧设计，实现预定教学生成

学生在课堂上能学到什么，很大程度上取决于教师是如何进行教学设计的。换句话说，学生能否在课堂上实现有效的教学生成，取决于执教的教师是否能够对课文进行智慧的设计。

在对《台湾的蝴蝶谷》的教学中，姚克军通过以下两方面的巧妙设计，达到了他预定的教学目标，实现了他希望的教学生成。

（1）提供宽松的学习氛围，创设生动的学习情境

学生能否在课堂教学中敢于自由地"动态""生成"——提出问题、发表意见、展开争论、参与评价，要看是否有一个民主宽松的学习环境，这是教学生成的前提。

上课伊始，有的学生在回答自己对于蝴蝶谷的印象时，只是说出了自己喜欢那里美丽的风景，而没有抓住本课的重点——蝴蝶。这时候，姚克军来了一句玩笑话："哈，就是没有蝴蝶。"那位学生马上领会到老师的意思，不好意思地补充到"是蝴蝶生长的好地方"。

这个简单的细节，体现了姚克军在努力给学生创造一个宽松的学习环境。在公开课中，学生不小心说错了或者是没说准确时，教师就用巧妙的话语予以提醒，这是一个很好的方法。在帮助这位学生走出尴尬的同时，也让全班同学身心放松，为后来学生积极发言、更好地融入课堂做好了铺垫。

每个学生都是一个完整的个体，都有自己独特的见解。这是我们提倡对学生的多元智能进行智慧教学的原因。同样一篇课文，每个学生喜欢的段落都不一样，即使喜欢同一段话，喜欢的理由也不一样。姚克军鼓励学生说出自己喜欢的段落，并大声读出来和其他同学分享。在这个分享的过程中，学生相互交流了自己对于课文的理解。

（2）捕捉动态生成资源

课堂教学是一个复杂的系统，无论教师怎样精心预设，总免不了出现"意外"。如果我们只是为了完成预先设定的任务而对此置之不理或极力掩饰，那么就会白白浪费教学资源。

布鲁姆认为："学生的错误都是有价值的。"课堂上，学生出现的错误是一种重要的教学资源。因此，教师应善于捕捉在教学过程中学生出现的错误，着力挖掘其教育价值，引导学生在纠正错误的同时，生成新的知识。如姚克军在教学《台湾的蝴蝶谷》时，提问学生：有的山谷里只有一种红颜色的蝴蝶，想象一下，那是一种怎样美妙的景象呢？有一位同学说："有的山谷只有一种红颜色的蝴蝶，像流了一地的鲜血。"这样的比喻很明显是不合适的，但是如果直接在公开课上批评学生，会挫伤学生的自尊心。这时，姚克军微笑着提醒了一下学生："你认为流血很美丽？"这样的暗示，相信学生一定能明白老师的苦心。最后，这位学生的回答是："像满山谷的红绸子在飘舞。"而这是一个很美

的比喻。

姚克军在让学生朗读的过程中，忽然发现一个女孩子读得特别好，就问她："你读得这么好，能介绍一下你读得这么好的经验吗？"对于学生来说，这是一种莫大的鼓励。与此同时，姚克军还在向学生传递一个信息：学习不一定要向老师学，还可以向自己的同学取经。

三、巧妙点拨，精心引导
——注重学生语文能力的培养

《语文课程标准》改变了以往应试教育中对于分数的过分膜拜，转而更加强调提高学生的人文素养，并着重提高学生的语文实践能力。《语文课程标准》指出："语文课程应培养学生热爱祖国语文的思想感情，指导学生正确地理解和运用祖国语言，丰富语言的积累，培养语感，发展思维，使他们具有适应实际需要的识字写字能力、阅读能力、写作能力、口语交际能力。""语文课程丰富的人文内涵对人们精神领域的影响是深广的"，学生对语文材料的反应又往往是多元的。因此，教师应该重视语文的熏陶感染作用，注意教学内容的价值取向，同时也应尊重学生在学习过程中的独特体验。

学生在进行语文课程学习的过程中，很重要的一项内容就是提高自己的语文驾驭能力。这也是教学的目标之一。那么，如何才能让学生提高语文能力呢？用怎样的方式才能够达到最好的效果呢？

姚克军在处理这个问题的时候，借鉴了多元智能理论和人本主义理论。这两种理论将学生看成一个独立的个体，尊重学生的独特体验，提出教师要智慧地教语文，也就是要求教师要尝试用多元方式进行知识的讲授。姚克军为学生创设多元的课堂体会，用不同的方式和手段进行知识的讲解。

1. 实践能力的培养

一个学生能够在课堂上学习到多少有用的知识，已经成为衡量一个教师教学水平的标准之一。学生的实践能力如何已经得到了广泛的关注，也成为教师教学需要关注的重要问题。姚克军对学生语文能力的培养是一种能力培养式的教育。不要学生学乏味、说教的课文，不要学生做形式上的学习标兵，而力求让学生做的每一件事都是有用的，学到的知识都是能用的。例如，在进行阅读教学时，姚克军提出让学生多读美文。他不仅仅是说说而已，还在班里举行了各式各样的读书活动，让学生通过分享别人的读书笔记，体会到阅读的乐趣。在这个过程中，姚克军始终让学生感受快乐，始终让学生有所收获，始终让学生保持学习的兴趣。通过这种方式的培养和教育，学生的动手能力强了，语文能力也提高了，人文素养也上来了，可谓一举三得。

2. 生成的语文教学

语文能力的培养，一直以来都是语文教学的基础环节。如何进行有效的教学成为了很多教师首要解决的问题。姚克军在充分利用和解读教材的同时，也不断尝试多元的教学实践，用多种方式对学生进行语文能力培养，力求让学生在语文课上学习到如何运用语言文字、如何表达思想感情。

"智慧语文"教学提出教师要指导学生利用已有的知识、技能、智能等来解决语文学习中的问题和困难。语文作为一门母语课程，对于它的教学从学生初入学校那天就已经开始。经过多年的语文学习，学生看懂课文应该不是一件困难的事情，而语文教学的重点就在于如何让学生形成对语文的自学能力，培养学生的语感与提高学生的语文能力。

在"智慧语文"教学中，姚克军强调教师的"引导者"角色。教师要指导学生用自己已有的知识和技能对新知识进行学习，将学习的主动权交给学生。教师只是充当一个学生学习过程的引导者。

经典案例

生：有的山谷里只有一种黄颜色的蝴蝶，在阳光的照耀下，金光灿灿，十分壮观。

师：你印象中的蝴蝶谷真美！

生：（惟妙惟肖，还配合上动作）台湾的蝴蝶谷，蝴蝶非常美丽，有的山谷里有好多种蝴蝶，五彩缤纷的蝴蝶上下飞舞，就像在空中撒了一把五颜六色的花瓣，美丽极了！

师：你印象中的蝴蝶谷非常迷人，听你说真是一种享受啊！

生：蝴蝶谷景色迷人，吸引了许多中外游人。我也很想去蝴蝶谷看那些美丽的蝴蝶呢。

师：是呀，蝴蝶谷那些可爱的小精灵们，吸引着你，吸引着我，吸引着我们每一个人，现在我们就随课文到蝴蝶谷去旅行吧。请同学们打开书，读读第二、三、四小节，看看自己最喜欢哪一节？要求：各人读各人的，大声读。

（《台湾的蝴蝶谷》）

案例分析

姚克军在进行《台湾的蝴蝶谷》教学时，并没有直接告诉学生蝴蝶谷美不美，也没有告诉学生蝴蝶谷哪里美，只是让学生谈谈自己对蝴蝶谷的印象，通过引导学生对课文进行个性化解读，让学生根据自己的感觉逐步理解课文。姚克军这样做是有一定道理的。对于这么美丽的风景，教师如果没有给学生思考的空间和表达的机会，那真是太浪费了。姚克军的"引导法"就体现在这里，鼓励学生说出自己的想法，让学生学会用自己的语言来表达自己的想法，而不是一味地"听"教师讲课，记住教师对课文的描述和解析。

实施方法

姚克军的"引导法"最大的特点就是通过引导，让学生用自己的方式，结合自己的经验和已有的知识进行新知识的学习。"引导法"对于语文教学，尤其是阅读的教学，效果是比较明显的。有两种方法可以参考：

1. 以教促学

这种模式适用于结构层次比较明显的课文，如一些并列式、递进式的课文。教师先讲解一部分的内容，在教学的过程中相机提示学生："我们可以用怎样的方法进行学习呢，哪种方法最好？"当学生已经对这一部分的内容比较理解时，教师就引导学生用学习前一部分知识的方法对下一部分的知识进行自学。在这个自学的过程中，学生不仅掌握了应学的知识，还在实践中掌握了学习的方法。

2. 以情促学

这种模式适用于情感性较强的文章，如一些抒情性散文。这种类型的课文通常内容不深，都能读懂；但是情感韵味较浓厚，学生初读时较难体会到。在教学的过程中，引导学生对课文中优美的句子、精彩的章节进行品读、赏析，教会学生如何进行情感体验，如何通过情感来学习课文。

四、多元设计，丰富体验
——强调构建丰富而多元的语文课程

《语文课程标准》指出，语文课程应植根于现实，面向世界，面向未来。应拓宽语文学习和运用的领域，注重跨学科的学习和现代化科技手段的运用，使学生在不同内容和方法的相互交叉、渗透和整合中开阔视野，提高学习效率，初步获得现代社会所需要的语文实践能力。语文课程应该是开放而富有创新活力的，应尽可能满足不同地区、不同学校、不同学生的需求，并能够根据社会的需要不断自我调节，更新发展。

这就是语文课程应当达到的层次，也是语文教学应该努力做到的。在"智慧语文"教学中，姚克军强调要努力建构丰富而多元的语文课程，不要把语文教学简单地定义为40分钟的教师独角戏。我们要努力让这40分钟的课堂内容更加丰富，形式更加多样，使学生能在课堂上获得更全面、更多元的教育，并在这样的语文教育中生成自己的语文。

丰富语文课程，不仅是学生的成长所需要的，也是教师所要努力做到的。姚克军提出要实现丰富的语文课程教育，首先要求教师不断提高自身的语文素养，不仅要会教书，还要会学习。要培养学生自学语文、运用语文的能力，教师就应当身先士卒，为学生做好榜样。姚克军能够不落后于教育形势与要求，在教育的道路上越走越稳、越走越远，关键就是因为他不断提高自身的素质。姚克军从教期间一直进行教学后记的写作，还总结经验撰写了一篇名为《怎样撰写教学后记》的文章，鼓励广大教师进行写作。

多元的语文课程，是语文教育发展的方向，也是语文与其他学科进行融合的途径。语文教学，作为母语教学，其工具性是显而易见的。语文能力不高的学生，在进行其他学科的学习时，会遇到各种不应该出现的问题，如无法理解前人对所学知识的分析、无法用自己的语言表达出自己的见解等。所有学科之间都有其相通之处，作为基本沟通桥梁的语文课程的教学，更应该走向多元化。将语文教学与其他学科有机地结合，让学生在语文课堂上不仅学到语文知识，还能通过知识的拓展了解到语文窗口外更美丽的风景。

多元智能理论对于教育目标的要求是全面性的。它认为，教育目标不只是培养学生的智能和学习基本学科的内容与技巧，还要让学生对特定的学习主题有深入的理解，有进一步独立思考和解决问题的能力。姚克军进行语文教学，重在训练学生的多元智能。上语文课不仅仅是教具有丰富内涵和多元体会的语文课程，还要让学生在语文里体会到美，感受到语言文字的魅力，使他们形成自己的语文能力，以便更好地适应未来社会的需要。

"多元体会法"强调教师应当对教材进行多元的解读和设计，力图让学生在学习过程中对其进行丰富的体验。姚克军强调，语文教师对于课程的解读应当力求多元化。语文是一种开放的美，每个人的理解都不一样，教师在教学过程中应当用多元的方式鼓励学生对课文进行多元的体验。让学生通过语文学习，体验到各种不同的美，如语言美、意境美、故事美等。

 经典案例

（姚克军让学生学写观察作文）

怎样观察呢？以部编六年制小学语文第七册第四单元为例，作文训练的要求是让学生观察自己喜爱的一种植物。因此，从学习本单元第一课开始，教师就要指导学生观察积累材料：（1）定题，确定写哪种植物；（2）定物，找到要写的那种植物；（3）定时，每天早、中、晚定时观察；（4）定项，每次侧重观察植物的干、枝、叶、花及其相应的形状、大小、颜色、生长习性等其中一项；（5）定位，确立观察的具体方位，并及时做好观察笔记，偶有心得也要记下来。这样，把观察化为许多个"点"，分散了难点，降低了难度，遵循了学生的认识规律，克服了学生写作中"无话可说"或"有话说不具体"（冰心语）等主要毛病。

学生一看一得，每天都有新发现、新感触、新记录。两周下来，每个学生都能从不同方面、不同角度写出10余篇、约一二千字的观察笔记，既练了笔，又积累了大量素材。这样，学生不但描述的范围大，材料的可信度也大，使他们从小就逐步养成"我手写我心"的良好文风。

（《"五点式"大作文教学法》）

案例分析

为了能够让学生的作文不成为无源之水，姚克军在教学前就做好了全套的

计划。他为了让学生在学习完第四单元后能够写出一篇真实的观察文章，在单元学习的第一课就指导学生对自己将要写作的内容进行了细致而全面的观察。学生通过亲身体验，所写的作文就不会是想象型作文，也不会是拼凑型或抄袭型作文了。

对于这种教学方式，姚克军有这样的一句评价：实践表明，把"源"（生活）与"流"（写作）对接，作文就成了有源之水，且源远流长。纵观学生作文、鸟兽虫鱼、树木花草、天文地理、古今中外、天下大事、生活小事，无奇不有、无所不有。内容之丰富，题材之广泛，令人叫绝。真是"放眼看世界，'材'源滚滚来。"

实施方法

教师在使用"多元体验法"时，一定要事先做好充分而全面的准备，对整个教学安排一定要谨记于心，并对学生的进展情况做到心中有数，及时给予必要的指导。

1. 向学生交代事宜

这一步是最关键的，一定要让学生明白自己要做什么，学习任务是什么，需要注意什么等一系列事宜。教师可以向学生提供各种学习资源和探究方向。如在安排学生进行植物观察时，既可以让学生观察植物的生长情况，也可以让学生了解某种植物的用处，还可以让学生选择任何一种植物进行观察：花是什么颜色的，有什么变化；开的花是否有香味，有什么作用吗？当然，如果学生自己有更好的主意，也可以让学生自己来定。在对"多元体会法"实施过程中，可以适当地加入自主探究学习，让学生在自主探究的过程中获得多元体会。

2. 给学生适时指导

当教师将任务分配和安排下去之后，剩下的就是学生的实施过程了，但这并不代表教师可以对过程不闻不问。在自主探究的过程中，学生会出现各种各样的状况，这些可能是很多学生始料不及的。教师应当定时了解学生的探究进度和情况，对学生出现的问题及时进行处理。当然，教师也可以让学生写观察日记，然后通过阅读学生的观察日记来了解学生的自学情况。

3. 重多元总结评价

经过一段时间的观察和学习，当发现学生的学习已经进行得差不多时，或者本单元的学习将近尾声时，教师就可以对学生前段时间的观察和学习进行总结。在总结的过程中，教师一定要把握好评价的标准。因为观察的目的在于让学生有所体会，能够独立坚持一段时间进行有目的的观察，并有所收获。从这点出发，所有完成任务的学生都是好的。教师可以根据每个学生的实际情况进行多种方式的评价，有些学生是计划做得特别好，有些学生是总结写得特别好，有些学生是角度选得特别好……教师不能仅从单一的角度进行评价，否则，不利于提高学生学习的积极性。

五、精彩生成，巧用智慧
——对实际课堂教学的人本追求

在人本主义理论中，罗杰斯认为学习方式可以分为两种：无意义学习和有意义学习。其中有意义学习是指一种与每个人各部分经验都融合在一起的学习，是一种使个体的行为、态度、个性以及在未来选择行动方针时发生重大变化的学习，主要有四个特征：全神贯注，自动自发，全面发展，自我评估。

在实际课堂教学当中，由于每个学生和教师的个体差异，相同知识的课堂讲授可能会收到不同的教学效果。教师应该充分利用课堂教学中的各种教学生成，并巧妙地将其与教学相融合，从而与学生共同创生出新的知识，实现教学的人本化追求。课堂教学应充分考虑学生的差异性，安排比较充裕的个体学习（包括学生之间的切磋）的时间，以解决个体的学习需求。针对学生学习的差异性，课堂教学策略应该随时做出调整。

"机智法"，顾名思义，就是对语文教学中出现的突发情况进行机智的处理，将原本出乎预料的突发情况转化为现场的教学素材。

在语文课堂教学过程中，会发生很多连教师都无法预料的事情。其中，有些事情如果能够得到很好的处理，就会变成一笔巨大的知识财富。这笔财富不仅仅是对学生而言，而且对教师今后的职业发展来说也是很好的学习机会。

 经典案例

师：迪尼斯乐园世界最佳路径设计奖应该发给谁？请陈述理由。

（按惯例，生开始埋头认真阅读课文，反复酝酿思考，考虑成熟后进行小组讨论，各小组汇总后汇报）

小组1：我们认为应该把该奖项发给格罗培斯。理由是：美国迪尼斯乐园整体设计是由格罗培斯负责的，整体设计当然包括路径设计，此其一；从"对迪尼斯乐园各景点之间的道路安排，他已修改了50多次"中可以看出，格罗培斯为了追求"最佳"，已经付出了艰辛的劳动，此其二；从格罗培斯给施工部拍电报，让他们"撒下草种，提前开放"，并让人按游客踩出的痕迹铺设了人行道，可以看出，乐园路径的形成是格罗培斯一手策划的，此其三。

小组2：我们认为法国老太太应该得到这项大奖。理由如下：既然格罗培斯对乐园路径设计修改了"50多次"都不满意，说明他已经江郎才尽，很显然，格罗培斯"撒下草种，提前开放"是卖葡萄的老太太"给人自由，任其选择"的翻版，换言之，这只是一种原则，一种启示，一种智慧，根本不是翔实的设计方案。而老太太才是这种原则、启示、智慧的原作者。

小组3：我们认为应该给游客们发奖。乐园里本没有路，格罗培斯又拿不出切实可行的实施方案，游客们根据自己的意愿，用他们的双脚在迪尼斯乐园里"踩出了许多小道，这些踩出的小道有宽有窄，优雅自然"，而格罗培斯只是让人"按这些踩出的痕迹铺设了人行道"，可见，路径是游客按自己的意愿踩出来的，游客才是最佳路径的真正设计者。

小组4：我们认为这项大奖应该让铺路工人享受：如果不是铺路工人随弯就圆、巧手铺设、装点，游客的足迹充其量只是一些或大或小、或深或浅、或正或歪的脚印罢了，哪能算得上是"路径"呢？更谈不上"最佳"。

……

（几种意见相持不下，谁也说服不了谁，大家都把目光投向老师）

师：还有其他答案吗？

生：迪尼斯乐园世界最佳路径不是哪一个人设计出来的，而是集体智慧的结晶！因此，这个奖项应该属于大家的。

（铃声大作，教师宣布下课。但学生们依然为这个问题争论不休，有几个

竟然堵住教室的门不准教师出去，非要教师给出答案不可。教师微笑不语）

生：老师，您是不是也不知道答案啊?!

师：（叹了口气，装着无可奈何的样子说）是啊。本来我也认为迪尼斯乐园世界最佳路径设计奖应该发给格罗培斯，但是听了大家的发言，感觉个个都有道理，所以现在我倒疑惑起来了。

生：（笑）啊？老师也有不会的问题呀！

师：这样好不好，你们如果有兴趣，可以就这个问题进行深入探究，查找资料，自己去弄个明白，然后告诉我。

生：（齐）好——

（《最佳路径》）

案例分析

在教学《最佳路径》一课时，鉴于四年级的学生已有较强的自学能力，姚克军先让学生自行解决生字词的问题，然后熟读课文，整体感知，最后只提出一个富有思辨性的问题让学生讨论。

这个案例最让人眼前一亮的就是姚克军最后的机智处理。对学生来说，教师就是课堂上最神圣的、最高的统治者。无论什么事情，只要是教师说的，那就一定是对的。教师就是百科全书，没有不懂的。

事实上，教师的这种"高大形象"对学生的长远学习和发展来说，是一点好处都没有的。姚克军大胆的突破，就是让学生明白，教师也有不懂的时候。更重要的是，在最关键的时候，姚克军的这个机智处理，既能够给学生一定的自主学习空间，又为语文课堂进行了"留白"的设计。这不可不说是一种十分机智的处理。

对于艺术的理解体会，本来就没有标准的答案。每个人理解的角度不一样，答案就会不同。中国教育在很长的一段时间里，对于语文都是给出一个所谓的标准答案，这对学生显然是一种误导。现在，这种更宽松的引导与处理方式给了学生更大的发挥空间，能够让学生重新认识语文，感受语言的魅力。

实施方法

"机智法"这个方法的实用性非常强，我们可以针对语文课堂教学中出现的各种情况进行分类处理。

1. 学生的表现很不符合老师的期望时

这种情况是很常见的，学生是一个独立的个体，有经验的教师也只能更好地了解到学生可能做出的回答，而无法百分百地确定。因此，教师对课堂上出现的问题的处理就显得极具艺术性。

当学生的回答没有达到教师预设的目标时，教师不要着急，尤其是在公开课上。这种情况是很正常的，教师应该保持沉稳，用机智的语言对学生进行积极的引导，既不要责备学生没有领会你的暗示，也不要自己在台上着急。

有时学生对课文的看法和教师的很不一样，他们的很多回答自有独特的理解，这就是我们常说的课堂上的"动态生成"。当出现这种情况时，教师首先的反应应该是鼓励和肯定，因为学生能有自己的看法，这说明学生动脑筋思考了，仅仅这一点，教师就应该给予鼓励。当然，除了鼓励，教师也应当即时分析学生的观点是否合理。如果学生只是开玩笑，那么就要做出提示；如果觉得学生的答案很好，就要给予肯定。

2. 学生的回答远远超出教师的设想时

学生在课前做好了充分的准备，因此在课堂上的发言相当活跃，这时，教师不妨将课堂全部留给学生，让学生自己辩论（教师要注意引导），并让他们在辩论中获得真知。教师的机智有时也可以表现为"装傻"，毕竟教师也是一个和学生一样的人，而不是一个什么都懂的神。教师的这种"装傻"让学生感受到教师的可爱的同时，他们就会更多地进行自我探索，让自己成为学习的主人。

六、情感启发，逐层递进
——努力提高学生的人文素养

《语文课程标准》针对语文教育的特点指出：语文课程丰富的人文内涵对人们精神领域的影响是深广的，学生对语文材料的反应又往往是多元的。因此，应该重视语文的熏陶感染作用，注意教学内容的价值取向，同时也应尊重学生在学习过程中的独特体验。

教师在进行语文教学的过程中，应该注意对学生人文素养的培养。语文教材大都是文质兼美的文章。教师在教学时，不应浪费这么好的人文资源，只是简单地让学生读懂课文就行了，而应引导学生对课文进行品读和欣赏，以培养学生的人文素养。

 经典案例

师：春联能为节日增添喜庆，给人们带来欢乐，让大家感受春的气息。请同学们自由读课文第一自然段，一起来感受那欢乐祥和的气氛吧！

（生自由朗读课文，师巡回指导）

师：感受到春天扑面而来的"欢乐祥和"了吗？谁来读一读第一自然段？

（放乐曲《喜洋洋》，渲染过年的气氛，学生合着音乐，有感情地朗读课文）

师：欢乐的音乐奏起来了，喧嚣的锣鼓敲起来了，震天的鞭炮响起来了，大红的春联贴起来了。

（媒体出示滚动的四副春联：又是一年芳草绿，依然十里杏花红；春回大地千山秀，日照神州百业兴；勤劳门第春光好，和睦人家幸福多；梅开春烂漫，竹报岁平安）

师：我们浏览着各式各样的春联，就像是漫游在万紫千红的百花园中，诵读着这些春联，你会感到生活充满了幸福和希望。请同学们认真诵读这四副春联，说说每副春联是什么意思。

生："又是一年芳草绿，依然十里杏花红"这副春联描绘了美丽的春光。

生："春回大地千山秀，日照神州百业兴"这副春联展现了祖国欣欣向荣的景象。

生："勤劳门第春光好，和睦人家幸福多"这副春联歌颂了劳动人民幸福美好的生活。

生："梅开春烂漫，竹报岁平安"这副春联表达了人们对新的一年的美好祝愿。

师：同学们说得很正确。不过，这些都是课文中现成的答案。再用心读一读，说说自己独特的体验：你眼前浮现出什么？心里想到了什么？

（生读春联，闭目遐想）

生："又是一年芳草绿，依然十里杏花红"，读着这副春联，我的眼前浮现出一大片红花绿草，心里想：这样的景色真美啊！此情此景，要是能和三五个

好友去春游该多好啊!

生:我补充一下,读了"又是一年芳草绿,依然十里杏花红"这副春联,我的眼前浮现出杏花十里、芳草无边的美丽景象。心中联想起"晴川历历汉阳树,芳草萋萋鹦鹉洲"这样的句子,"又是""依然"暗含着时光易逝、红颜易老之意,告诫我们要珍惜时光。

师:(仿古人抱拳作揖)理解得真够透彻!佩服!佩服!

生:(拱手还礼状)先生过奖!小生惭愧!

(众生大笑)

生:读了"春回大地千山秀,日照神州百业兴"这副春联,我仿佛看到了这样的景象:春天到了,群山穿上了绿袍,戴上了红花。放眼祖国大地,农民在耕种,工人在生产,渔民在捕鱼,大街上商店林立,人群熙熙攘攘,各行各业欣欣向荣,家家户户富足安康。这都是党的富民政策带来的成果!

师:嗯,好!把"千山秀"和"百业兴"具体化了。

生:读了"勤劳门第春光好,和睦人家幸福多"这副春联,我想起了我的家庭。每天早晨起床后,爸爸忙着做早饭,妈妈做家务,我读书,爷爷奶奶到公园里遛狗,大家相亲相爱,其乐融融。我想我的家,算是"勤劳门第"和"和睦人家"了吧。生活在这样的家庭,我感觉很幸福!

师:勤劳的父母,好学的孩子,饶有情趣的老人,真是幸福的一家啊!

生:读了"梅开春烂漫,竹报岁平安"这副春联,我似乎看到了红梅绽放、翠竹挺拔的美丽景象,五彩缤纷的春天如同花枝招展的小姑娘,袅袅婷婷地向我们走来了。

生:我感觉把梅花比喻成小姑娘还可以,把翠竹说成是小姑娘就值得商量。

师:那你认为翠竹更像什么?

生:(男)像生气勃勃的男孩,像英俊潇洒的叔叔,更像高大挺拔的战士,有了他们,才能守土安民,才能国富民强。

生:(女)反对!他这是性别歧视!再说,女兵照样能保家卫国!

(众生开始争执,场面有点"乱"。师微笑着,似乎并不急着"治乱",而是穿插其中,耐心倾听多方意见,频频微笑示意,"动乱"渐渐止息)

(《春联》)

案例分析

春联，是中国特有的一种文学形式。它力求用最简练的语言表达吉祥如意的祝福和期望，用对仗工整的文字连接上下句。正因为其特殊性，使得春联的写作和赏析变得很有深度。教师在教学过程中要注意春联的这些特点，引导学生从认识春联到会看春联、会赏春联，最后学生如果能够自己写春联就更好了。通过对这富有中国传统文化韵味的春联的教学，既可以提高学生的语文素养，又可以加深他们对中国传统文化的认识，进而提高他们对母语的归属感和荣誉感。

虽然春联教学有一举多得的效果，但是因为春联的文化韵味较浓和对辞藻的选择、提炼较为严格，教师在讲解的时候难度也是很高的。如果教师将自己的想法强加给学生，学生肯定不能接受；如果让学生自己理解，由于他们的阅历和知识储备有限，理解起来也是很有困难的。那么如何教才能够收到较好的效果呢？

在姚克军对春联的教学中，我们发现了极为巧妙之处。首先，在初读春联时，他并没有给学生太多的限制。学生可以按照自己的喜好和理解进行朗读，从中寻找自己的理解。学生读完后，教师就要开始指导学生学习春联了。让学生合着音乐再读春联，跟着音乐的感觉再来读春联，学生的感情会更容易被引导出来。

其次，当学生读着春联，开始有点感觉的时候，姚克军趁热打铁，让学生说说每副春联是什么意思。春联的意思简明易懂，学生只要读过都能知道。这时候姚克军将理解的要求提高："同学们说得很正确。不过，这些都是课文中现成的答案。再用心读一读，说说自己独特的体验：你眼前浮现出什么？心里想到了什么？"

通过让学生说说朗读时脑海里出现的情景，使学生能够在自己的生活中找到春联描写的情景，能够在春联中找到自己的生活。在这个"置换"过程中，学生发现春联离我们的生活并不遥远，就在我们的身边。在拉近学生与春联的心灵距离的同时，也激发了学生学习春联的兴趣。

实施方法

1. 平时多读

所谓"读书百遍，其义自见"，多读书，一来可以培养学生的语感，二来可以提高学生的人文素养。这不仅仅对学生学习语文有帮助，还对提高学生驾驭语言文字的能力有所帮助。多读，不只是多读语文课本上的文章。虽然语文课本上的文章都是一些精选过的，很优美的文章，但是这个阅读范围毕竟还是太小了。教师应该鼓励学生拓宽阅读范围，读任何拿到手里的优秀文章，包括报纸、杂志、广告，等等。

2. 抽空多写

要提高学生的人文素养，读仅仅是一个入门，还应鼓励学生多写。从模仿名篇开始写，注意提词炼句，讲究布局。慢慢地，让学生尝试着自己写一些文章。刚开始学生的文章可能生涩，不是很好，但不要打击他们，应多给予鼓励。提高学生的人文素养，不是一两天的事情，要多给学生一点时间和关心。当学生积累到一定程度时，我们就可以让学生独立写作，进一步提高写作水平和语感。

七、深度阅读
——智慧体验与语文教学

（一）姚克军与"智慧语文"

智慧是一个质点系统组织结构合理、运行程序优良以及产生的功效比较大的描述。结构越合理，内耗越小，功效越大，系统的智慧越高，反之越低。

智慧语文是指将语文的各个要素，按照语文发展的规律对学习语文的要求进行有机、有序的整合，以便发挥语文的最大功用。

姚克军的"智慧语文"是指，要最大限度地体现智慧，使用者要用智慧对语文进行处理，将语文学习和传授的各项要素合理地组合起来。这既是对教师提出的要求，也是对学生提出的要求。双方必须都能够智慧地处理语文，这样才能够最大程度地实现智慧的语文。

"智慧语文"要求语文教师要智慧地教语文，提倡用各种不同的教学方法对学生进行全面的教育，要充分引导学生利用已有的知识、技能与智能，根据每个学生的不同特点施以有所差别的教育。教师在施教过程中，要不断探索语文教学的丰富性与多元性，让学生在活动中成长，在成长中活动。

姚克军提倡教师用不同的形式对学生进行教育。教师对于教学的追求不应当只是完成教学任务，还应当有更多的教学艺术方面的提高。很多教师是一本教参从教学的第一年用到退休，教学方式是不变的，更不用说什么教学艺术。"智慧语文"的教学方式，就是要求教师要用智慧进行教学，对于不同的教学内容尝试不同的教学方法，对于已经教过的内容也应当尝试和以前不一样的方法。教师不要将同样的一套教学方式一直用在不同的教学内容上，这样的教学方式会让学生厌倦，也会让教师自己陷入教学路上难以前行的泥潭中。

不同的学生有不同的特点，对待不同的学生要使用不同的教学方式。这也是姚克军在"智慧语文"中一再强调的智慧教学。姚克军要求教师在教学中要智慧地处理教材、智慧地对待学生。对于不同个性特点的学生，教师要用不同的教学方式：对于擅长记忆的学生，教师不妨先让他们对知识进行记忆，然后再理解；对于理解能力较强的学生，教师可以尝试让他们先理解内容，然后再根据理解来记忆；对于实践能力较强的学生，教师可以尝试让他们利用从实践中得到的经验理解内容，理解之后再记忆。

（二）多元智能理论指导下的"智慧语文"

多元智能理论是由美国哈佛大学教育研究院的发展心理学家加德纳在1983年提出的。加德纳在研究脑部受创伤的病人时发现他们在学习能力上的差异，从而提出了此理论。传统上，学校一直只强调学生在逻辑——数学和言语——语文（主要是读和写）两方面的发展。但这并不是人类智能的全部，不同的人会有不同的智能组合。

加德纳认为过去对智力的定义过于狭窄，未能正确反映一个人的真实能力。他指出，人的智力应该是一个量度他的解题能力（Ability to solve problems）的指标。根据这个定义，他在《心智的架构》（*Frames of Mind*）这本书里提出，人类的智能至少可以分成八个范畴：语言（Verbal/Linguistic）；逻辑（Logical/Mathematical）；空间（Visual/Spatial）；肢体运作（Bodily/

Kinesthetic)；音乐（Musical/Rhythmic）；人际关系（Inter-personal/Social）；内省（Intra-personal/Introspective）；自然探索（Naturalist，加德纳在 1995 年补充）。

在多元智能理论里，我们看到了教育的不足与局限。在以往很长一段时间里，教育只是培养了学生较少部分的智能而忽略了其他很大部分的智能。姚克军根据这个状况提出的"智慧语文"教学，正是借鉴了多元智能理论对人才培养的全面认识。

我们的学生是一个多面体，他们需要全面的教育，而学校的教育正是为了满足学生这样的需要。姚克军根据人的多元智能需要，提出要多元解读我们的教材，力求让不同的学生在同样的课文里得到他们所需要的不同体会和发展。在实现这个多元体会学习的过程中，姚克军还注意到，正因为不同学生的智能组合不一样，他们各有自己的一套接受和消化知识的方法。

姚克军在"智慧语文"教学中提出了要智慧地进行语文教学，要用多元的方式让学生获得多元的知识，从而培养他们多元的智能，以更好地适应未来社会的挑战。当然，在实施"智慧语文"教学时，姚克军注意到教师还需要对学生的成绩进行多元的评价，不可以仅凭最后的考试分数来衡量一个学生的好坏。

（三）人本主义学习理论指导下的"智慧语文"

人本主义心理学是 20 世纪五六十年代在美国兴起的一种心理学思潮，其主要代表人物是马斯洛（A. Maslow）和罗杰斯（C. R. Rogers）。

人本主义心理学代表人物罗杰斯认为，人类具有天生的学习愿望和潜能，这是一种值得信赖的心理倾向，它们可以在合适的条件下释放出来；当学生了解到学习内容与自身需要相关时，学习的积极性最容易激发；在一种具有心理安全感的环境下可以更好地学习。罗杰斯还认为，教师的任务不是教学生知识，也不是教学生如何学习知识，而是要为学生提供学习的手段，至于应当如何学习则应当由学生自己决定。教师的角色应当是学生学习的"促进者"。

罗杰斯等人本主义心理学家从他们的自然人性论、自我实现论出发，在教育实际中倡导以学生经验为中心的"有意义的自由学习"，对传统的教育理论造成了冲击，推动了教育改革运动的发展。这种冲击和促进表现在：突出情感在教学中的地位和作用，形成了一种以情感作为教学活动的基本动力的新的教学模式；以学生的"自我"完善为核心，强调人际关系在教学过程中的重要性；把教学活动的重心从教师引向学生，把学生的思想、情感、体验和行为看做是教学的主体，从而促进了个别化教学的发展。

人本主义学习理论有很多我们教学可以借鉴的地方。首先，人本主义理论认为人类具有天生的学习愿望和潜能，它们可以在合适的条件下释放出来。姚克军在进行"智慧语文"教学的过程中，注意到要充分调动学生的学习兴趣和热情，用各种方法和手段创设有利于学生学习的情境，以便让他们能够在愉快的环境中进行语文学习，而不是用强制的手段对学生进行压迫式的知识训练。

姚克军在进行语文教学的过程中，强调教师要引导学生利用自己原有的知识进行新知识的学习。也就是说，教师要做好"引导者"的角色，要创造适合学生的更好地学习的环境，应该改变原本的"三中心"理论（教师为中心，课本为中心，课堂为中心），把学生定为教学活动的中心。

（分析论述：梁　虹）

刘云生
如何进行儿童个性化的心灵体验教学

名师档案

——"巴蜀十佳"青年教师

刘云生，著名特级教师，曾获"中小学第三期国家级骨干教师培训班优秀学员""四川省巴蜀十佳青年教师""重庆市教育科研先进个人"等荣誉。

刘云生把语文课程当作心灵的课程，注重语文教学对儿童心灵的启发。他的课堂教学凸显了语文滋育儿童心灵的神圣使命。他通过富有活力的教学设计与组织让学生用心灵揣度文本，激荡起学生心灵的"涟漪"，让思想熏陶直抵学生的心灵。

刘云生致力于语文教学和学校管理研究，主持过多项课题，其中有25项获国家、省、市级教育科研成果奖。在《人民教育》《中国教育学刊》等刊物上发表论文250多篇，出版《新技术时代的学习与最优化》《笃行与牧思》《派往明天的教师》（合著）等多部专著，主编或参编教学读物68本。

一、名课实录

——体验从心开始，课堂由内深化

《小柳树和小枣树》课堂教学实录（人教版小学语文第3册）

（一）巧读课题，准备体验

师：孩子们，这节课我们继续学习第15课——《小柳树和小枣树》。请看老师板书课题。说说，你发现了什么？

生：我发现老师用不同颜色的笔写这篇课文的题目。

生：我发现小柳树是绿绿的，刘老师就用绿色的笔来写；小枣树结的果实红红的，刘老师就用红色的笔来写。

师：孩子们的眼睛真厉害，一下子就看出老师板书课题的奥秘。你能想象着小柳树和小枣树的样子，读读这个课题吗？

生：（齐）《小柳树和小枣树》。

师：再读一次，读得更美一点！

生：（齐）《小柳树和小枣树》。

师：很好！读得很美！

（二）创设情境，设疑导入

师：（播放小柳树和小枣树的录像短片）是呀，小柳树在春天里长出了绿绿的枝叶，小枣树在秋天里结出了红红的枣子。在我们的生活中，小柳树和小枣树随处可见，她们之间会发生怎样的故事呢？请自由阅读课文。

（三）全文感知，整体体验

（生放声自由朗读课文）

师：孩子们读书聚精会神，认认真真，很好！课文中的故事都会讲了吗？同桌互相讲讲。

（同桌互讲）

师：谁来给全班的同学讲一讲这个故事？

生：这个童话讲了小柳树和小枣树之间的故事。

师：什么故事？能具体讲一讲吗？

生：这个童话讲了小柳树以为自己很美，看不起小枣树；小枣树一点也不生气，还赞美小柳树有许多优点。

师：谁讲得更具体一点？

生：这个童话故事主要讲：春天，小柳树很漂亮，看不起光秃秃的小枣树；到了秋天，小枣树结果实了，小柳树什么也没有结，以为小枣树要说她，结果，小枣树什么也没有说，反而还夸奖小柳树绿得早，落叶晚。

师：讲得非常好！来点儿掌声！（全班鼓掌）

（四）角色表演，置身体验

师：这篇课文是一个童话故事，生动有趣。大家想演一演吗？

生：想！（一听说表演，生跃跃欲试）

师：那好，每两个同学一组，一个当小柳树，一个当小枣树，一边读课文，一边表演。待会儿，我们请同学上台表演。

（生自由表演课文内容）

师：大家自由表演得很投入，也很有意思。哪一组来给全班同学表演一下？

（生表演）

（五）自读自悟，激活体验

师：听了这个故事，又进行了表演，对于小柳树和小枣树，你喜欢谁？不喜欢谁？喜欢她哪些地方？不喜欢她哪些地方？请小声地阅读课文，用漂亮的波浪线画出有关的句子来，并用笑脸娃娃和哭脸娃娃来表示自己的喜好。

（生自读勾画阅读）

（师巡视指点）

（六）对话交流，丰盈体验

师：孩子们读得很投入，勾画得也很认真，标注的符号也很清晰，很好，说明大家平时已经养成了勾画读书的好习惯。下面，在四人小组内，把自己的阅读收获交流交流。

（生小组交流）

师：来，把你读书的收获，与全班的同学分享。谁先发言？

生：我自己喜欢跳舞，所以我也喜欢小柳树在微风里拖着又细又长的小辫子跳舞的情景。

生：我喜欢小柳树，因为小柳树很漂亮。

师：读读你勾画的句子，告诉大家小柳树怎么漂亮？

生："小柳树的腰细细的，树枝绿绿的，真好看。"

师：还有其他句子也写了小柳树的漂亮吗？

生："春天，小柳树发芽儿了。过了几天，小柳树的芽儿变成了小叶子，她穿上一身浅绿色的衣服，真美！"

师：（师用课件出示这两个句子）这两个句子写出了小柳树的漂亮。你能想象着读一读吗？自己试一试。

（生读）

师：谁来读读这两句？你很喜欢小柳树，你来读。

（生读）

师：你这样一读，让我感到小柳树有点漂亮。谁再来读？

（生读）

师：你让我们看到了小柳树漂亮的身姿，很好！（优美的音乐响起）来，我们一起来读读这两个句子，感受小柳树的漂亮。

（生齐声朗读）

师：×××，我看你举了好几次手，有什么想说的吗？

生：老师，我不喜欢小柳树，她看不起别人。

师：哟，对小柳树，还有其他的看法吗？说说看！

生：小柳树虽然很漂亮，但她太骄傲。

师：啊，你勾画了哪些句子？

生："小柳树说：'喂，小枣树，你的树枝多难看哪！你看我，多漂亮！'小柳树说：'喂，小枣树，你怎么不长叶子？你看我，多漂亮！'她在微风里得意地跳起舞来。"

师：还有谁也勾画了这些句子？来读一读，看看能不能读出小柳树的骄傲？

（生读）

师：谁再骄傲一点？

（生读）

师：你不但读出了小柳树的骄傲，还做了动作，很有想象力！来，大家一起读一读。

（生齐读）

师：有同学喜欢小柳树的漂亮，也有同学不喜欢小柳树的骄傲，大家都有自己的看法，很好！对小柳树，你还有其他看法吗？

生：我不喜欢春天的小柳树，她太看不起别人；我喜欢秋天的小柳树，因为她知道自己的短处是不会结果子。

师：能一分为二地看问题，棒极了！

生：我还是不喜欢小柳树。小柳树虽然长得漂亮，可是她说小枣树光秃秃的很难看。她也不顾小枣树听了难受。小柳树外表美，可她说的话一点也不美。

师：不喜欢外表好看、语言不美的人，说得很有道理。

生：我还是喜欢小柳树，因为她知道自己春天取笑小枣树是不对的，她脸红了，说明她知错就改。

师：你从哪里看出她觉得自己取笑小枣树不对，知错就改的？

生："小柳树低下了头，说：'说我不会结枣子呗……'"从"低下了头"，可以看出小柳树知道自己错了。

师：孩子们真会读书，对小柳树有自己的看法，非常好！（一边说，一边指板书中的"小柳树"）无论你是喜欢小柳树，还是不喜欢小柳树，是喜欢春天的小柳树，还是秋天的小柳树，只要是真诚地喜欢，或者不喜欢，都值得肯定。

师：（一边说，一边指板书中的"小枣树"）对小枣树，大家有什么看法？

生：我喜欢小枣树，因为小柳树说她，她一句话也不说。

生：我也喜欢小枣树，小柳树不结果实，她也不说她。

师：再想想，这句话该怎么说？

生：我也喜欢小枣树，因为小柳树不结果实，她也不说她。

师：别急！再想想，该怎么说？

生：我也喜欢小枣树，到了秋天，小柳树不结果实，小枣树也不说她。

师：（带领全班学生鼓掌）恭喜你，终于说清楚了！

生：我喜欢小枣树，她可以结果实。

师：你看到了小枣树的长处，很好！

生：我不喜欢小枣树，虽然她可以结果实，但她太难看了，光秃秃的。

师：你有自己的看法，不人云亦云，勇气可嘉！

生：我反对！小枣树听了小柳树挖苦她难看，她一句话都没说，也没有反过来去挖苦小柳树，她对朋友这么宽容，我觉得小枣树并不难看。

师：你敢于争辩，很酷！（众笑）

生：小枣树的叶子还没长出来，树枝光秃秃、弯弯曲曲的，我觉得这也是一种美，所以我觉得小枣树也很美。

师：你的眼光很独特，思维很独特！

生：我也喜欢小枣树，因为她结满了红红的枣子，秋天里是那么美丽，那么漂亮！

师：你喜欢小枣树的色彩，是一个阳光女孩！

生：小枣树在最美丽的时候也不取笑小柳树不结果，她有一颗宽容别人的心，小枣树在我眼里就更美了。

师：你读懂了小枣树的宽容，不简单！

生：我也喜欢小枣树，她在自己最美丽的时候，不得意忘形，还说出小柳树的许多长处来安慰小柳树。说明小枣树知道自己和小柳树都有自己的长处和短处。

师：你的思考很深入，了不起！

生：我喜欢小枣树，因为她对人态度很好。

师：你的理由很特别！你是从哪里看出小枣树对人态度好？

生：课文中，小枣树说话很温和。

师：你能把那句话读读吗？

生："小枣树温和地说：'你虽然不会结枣子，可是一到春天，你就发芽长叶，比我绿得早；秋天来了，你比我落叶晚。再说，你长得也比我快，等你长大了，人们在树阴下乘凉，那有多好啊！'"

师：（出示这个句子）大家读读这个句子，想一想：小枣树仅仅只是态度温和吗？

生：小枣树会发现别人的优点，她发现小柳树绿得早，落叶晚，长得快，可以让别人在树阴下乘凉。

师：好极了！你们真正读懂了这段话。来，我们一起来读读这段话。

（生齐声朗读）

师：课文结尾说，听了小枣树的这些话，小柳树不好意思地笑了。小柳树不好意思，为什么还要笑？她笑什么？

生：她笑自己太傻，看不起别人。

生：她笑自己太骄傲。

生：她笑自己对不起小枣树。

生：她笑自己没有小枣树大度。

生：她笑自己不像小枣树那样既看到自己的长处，又看到自己的短处。

师：孩子们体会得真好！从一个"笑"字中读出这么多东西。读书就应该这样。这才叫读出味道！

（七）总结提升，拓展体验

师：这节课，孩子们针对小柳树和小枣树（指课题板书）谈了自己的不同理解，很独特，也很有价值。听了孩子们的发言，我想到了我们刚学过的成语："寸有所长，尺有所短，取长补短，相得益彰！"如果把这句话改一改，放在课文中该怎么说？

生：小枣树有所长，小柳树有所短，取长补短，相得益彰！

生：红有所长，绿有所短，取长补短，相得益彰！因为老师把课题一半写成绿色，一半写成红色。

师：如果展开去，联系生活，我们还可以怎么说？

生：黑板有所长，粉笔有所短，取长补短，相得益彰！

生：学生有所长，老师有所短；妈妈有所长，爸爸有所短……

（下课铃响起，但孩子们仍争着发言，教室里小手如林……）

师：我知道，孩子们还想说，但下课铃"无情"地响了。（众笑）把你们想说的，写进日记里吧！下课！

二、名课解读
——为儿童个性化的心灵体验设境铺路

1. 尊重学生的个性独特体验

体验，是作者对生活、读者对文本的个性化的精神联系，具有主体性与独特性的特征。鲁迅先生在论及《红楼梦》时说过："经学家看见'易'，道学家看见淫，才子看见缠绵，革命家看见排满，流言家看见宫闱秘事。"正所谓"有一千个读者就有一千个哈姆雷特。"学生是千差万别的，每个学生都有自己独特的个性，他总是从自己的"期待视野"出发去阅读文本。《语文课程标准》指出："阅读是学生的个性化行为，不应以教师的分析来代替学生的阅读实践。应让学生在主动积极的思维和情感活动中，加深理解和体验，有所感悟和思考，受到情感熏陶，获得思想启迪，享受审美乐趣。要珍惜学生独特的感受、体验和理解。"在阅读教学过程中，教师要营造师生平等、民主、开放的教学氛围，淡化教师的权威，尊重学生的个性差异，鼓励学生敢于发表不同的意见，对文本进行多视角的阅读，产生多视角的理解，以此丰富他们的体验。只有这样，才能培养学生的主体意识和创新精神，才能使课堂焕发生命的活力，才能使学生得到自主的发展。

由于每一个学生的生活背景、生活经历、个性特征都不同，他们对课文中的小柳树和小枣树的认识也就不同。在教学过程中，刘云生让学生结合自身经验、联系自身经历谈自己对小柳树和小枣树的看法，自由发表意见。有的学生喜欢小柳树的漂亮，有的学生喜欢小枣树的谦虚；有的学生不喜欢小柳树的骄傲，有的学生不喜欢小枣树光秃秃的外表……众说纷纭。刘云生尊重每一个孩子独特的情感体验，不作统一的要求或规定，不把自己的喜好和结论强加给学生，对学生不同的情感体验，给予富有特色的评价，如"你的眼光很独特，思维很独特""你喜欢小枣树的色彩，是一个阳光女孩""你的思考很深入，了不起"等，给学生以肯定。这既符合文本解读的基本原理，又符合儿童的心理特征，这让学生的个性得到充分张扬，课堂的丰富性也由此生成。

2. 多渠道引导学生主动体验

建构主义强调学生应从外部刺激的被动接受者、知识的灌输对象转变为信息加工的主体、知识意义的主动建构者。因为学习不是被动地接受，而是主动地建构，这种建构绝对无法由他人代替。高效的语文教学要求教师要从知识的灌输者转换为学习的引导者，改变过去过于强调知识传授的倾向，努力培养学生积极主动的学习态度。在体验教学中，只有发挥学生的主动性，让学生积极主动地参与体验，才能提升体验的效果，让学生体会语文学习的乐趣与意义。

基于此，刘云生在教学过程中为学生体验指路，是通过多种渠道引导学生完成的：

一是播放小柳树和小枣树的录像短片，根据学生的生活经验——对小柳树和小枣树的了解，进而设疑提问，引发学生了解课文故事的动机。

二是让学生分组进行角色表演，调动学生乐于当"小演员"的积极性，让学生融入角色中认识小柳树和小枣树。

三是让学生边读书边勾画，附上"笑脸娃娃""哭脸娃娃"的感性表情符号，并让学生在自读课文之后，主动与全班同学对话交流，分享阅读的收获，帮助学生养成勾画读书的好习惯的同时，培养学生乐于与别人分享资源与收获的品质。

四是利用能够激发想象的引导性话语，如"你能想象着小柳树和小枣树的样子读读这个课题吗？""这两个句子写出了小柳树的漂亮，你能想象着读一读吗？"让学生想象朗读，使学生能够自然而然地把想象、朗读以及情感联系起来。此外，学生的角色表演也是建立在想象的基础上的。学生想象小柳树和小枣树的对话情景，联系生活经验对角色进行主动构造，进而演绎角色。

刘云生多渠道地激发了学生学习的主动性，体现了学生的主体性，展现了体验式教学模式的魅力，并且实现了体验的目的。

3. 多层次激励学生深入体验

刘云生认为，"在语文教学中，让学生与文本、作者、编者展开心与心的对话特别重要。"体验若仅仅停留在肤浅的层面，则成了"走过场"的敷衍，就不能实现学生与作者、文本的真正沟通、对话。体验教学务必要注重体验的深度，通过层层递进，让学生深入作者的心灵世界实现"心与心的对话"。

《小柳树和小枣树》是一则童话故事，主要讲述了小柳树和小枣树对彼此优缺点的认识和评价。在教授本课时，刘云生对教学过程进行了巧妙的设计，凸显了体验式教学的特色。他的设计可分为 7 个环节，一环紧扣一环，层层递进，在激发学生体验的同时又丰富了学生的体验。

第一，巧读课题，准备体验。刘云生根据学生对小柳树、小枣树颜色的认识，用红、绿色粉笔板书了课题，唤醒了学生的生活储备，为体验做好了准备。

第二，创设情境，设疑导入。刘云生播放了小柳树和小枣树的录像短片，进而设疑提问学生。通过直观的多媒体和提问手段激发学生的兴趣，引发学生体验的动机。

第三，全文感知，整体体验。刘云生提供充分的时间让学生自读全文，让他们整体感知课文，了解故事梗概，初步地体验文中的情感。

第四，角色表演，置身体验。学生通过扮演小柳树和小枣树，置身于它们的角色中，从而更好地理解它们的长、短处，更准确地把握作者的写作意图，更真切地进行情感体验。

第五，自读自悟，激活体验。阅读教学重在"读"。刘云生充分发挥读书的作用，让学生通过默读、齐读、个别读等方式，有感情地朗读课文，勾画并理解相关句子，激活内在体验。

第六，对话交流，丰盈体验。学生体验的独特性使得每个人的理解都不一样，因而为体验的对话交流提供了条件和空间。刘云生让学生把读书的收获与全班同学分享，在生生对话、师生对话的过程中了解别人的观点，从而丰富自己的理解，丰盈彼此的内心体验。

第七，总结提升，拓展体验。最后，刘云生对整节课的教学做了总结——"寸有所长，尺有所短，取长补短，相得益彰"，对学生进行思想的启迪，并引导学生将学习体验拓展到生活中，认识现实生活中物与人的"长"与"短"。

三、情境体验
——让学生在情境创设中体验

体验学习是一种情境性学习，体验总是发生在某种特定的情境之中。体验式教学所要求的积极体验，不可能也绝不应该通过"满堂灌"或"题海战术"的方式来实现，而是需要适当的教学情境来激发、引导和培育。"体验的情境愈独特，愈真实，愈能引发人深刻的体验，乃至高峰体验。"

创设教学情境的目的在于激发学生正向的情绪体验，促进学习的有效性，从而更好地达到教学目标。关注学生体验的教学，必然要重视能够引发情感体验的情境。精心创设的教学情境可以聚合大量的信息，成为知识建构的源泉，成为开启心灵的钥匙，转变态度的诱因，成为语文教学的有效手段。

经典案例

师：72刀！那是在眼眶中，一刀一刀血淋淋地割呀！请大家闭上眼睛，让我们听听从手术室传来的那一声声撕心裂肺的刀械声吧，想象一下发生在手术室里那惊心动魄的场面吧。

（生闭眼体会）

师：（播放手术时器械的音响，师用语言创设情境）"这不施用麻药的手术开始了，沃克医生拿起手术刀，第1刀、第2刀，鲜血涌了出来……手术室静得令人窒息……一向从容镇定的沃克医生的双手在颤抖，额上汗珠滚滚……70刀、71刀、72刀！漫长的三个多小时的撕心裂肺的疼痛终于结束了。"

（生睁眼）

师：孩子们，老师注意到你们皱起了眉头，谈谈你们的感受，好吗？

……

师：（课件展示17自然段）请同学们用心读读这段话。

生：（自由读）病人一声不吭，他的双手紧紧地抓住身下的白垫单，手背青筋暴起，汗如雨下。他越来越使劲，崭新的白垫单居然被抓破了。

师：还是让我们亲眼看看这不同寻常的一幕吧！（播放电影片段）

师：请同学们对照刚才的电影片段，谈谈你从这段话的词句描写中体会到了什么？

（《军神》）

案例分析

读文贵在入境，因为只有入境，才能生情。要让学生体会刘伯承承受的痛苦，任何分析性的语言都是苍白无力的。刘云生利用声音、画面、语言创设了较为真切的文本情境，使单调枯燥的文字丰富化、形象化，使课堂生动化。通过创设情境，把学生引入其中，让学生如身临其境地看到沃克医生给刘伯承做手术这不寻常的一幕。让学生从视觉和听觉上感受惊心动魄的手术过程，体会刘伯承在不麻醉的情况下忍受72刀的痛苦，从而真正读懂刘伯承冷静、勇敢、坚强的品质。

实施方法

阅读要入境，入境始于亲。教师可通过视频播放、图片展示、开放性练习、角色扮演等形式，在轻松愉悦的氛围中激起学生的体验。这样既吸引了学生的注意力，让学生有效地掌握知识，又为学生提供了更多值得回味的情境和氛围，加深了学生的体验。

1. 运用语言创设情境

教师可用符合情境的、生动形象的语言，描述事件发生的场景，叙述事情的经过，勾画人物的内心世界等，引导学生入情入境，产生深刻的体验。运用语言创设情境主要是通过师生的耳、口、眼、手等感觉器官进行感情交流，这就要求教师精心设计好口头语言和身体语言，使学生自然地进入教学情境之中。

在对《军神》的教学过程中，刘云生在播放手术时器械的音响时，描述道："这不施用麻药的手术开始了，沃克医生拿起手术刀，第1刀、第2刀，鲜血涌了出来……手术室静得令人窒息……一向从容镇定的沃克医生的双手在颤抖，额上汗珠滚滚……70刀、71刀、72刀！漫长的三个多小时的撕心裂肺的疼痛终于结束了"。他用生动、符合情境的语言将学生带入手术的情景中，营造了令人颤抖而又紧张、窒息的氛围。

2. 运用多媒体创设情境

运用多媒体创设情境，可以把教学内容演变成具体的、可感知的情境，直接呈现在学生面前。多媒体具有文本、图像、动画、声音等多种媒体集成的特点，能够有效地调动学生视觉、听觉等多种感官，以强大的表现力、感染力和吸引力使学生身临其境，顺利地投入教学情境中去。

在《军神》的教学课堂上，刘云生通过播放手术时器械的音响，用声音创设了情境，而后播放了电影片段，直观地呈现手术画面，刺激了学生的视觉和听觉，让学生对刘伯承的"军神"形象认识得更加深刻。

3. 运用表演创设情境

为了强化学生的主体意识，教师在教学活动中可以组织学生参与表演。学生通过使用角色语言、模拟角色行为、遵从角色规范对事物进行认知、理解。表演可以使学生学会换位思考，可以丰富学生的多重角色体验，还可以促进学生形象思维、抽象思维、逻辑思维和创造性思维能力的发展与提高。

四、读悟体验

——让学生在自读自悟中体验

"自读自悟是学习主体——学生对学习客体——文本的直接接触和感悟。对于学生个体来说，在接触课文时会有不同层次的感悟，而这时候的感悟，无论深浅，都是最真实、最具个性的。"阅读是学生的个性化行为，不应以教师的分析替代学生的阅读实践，更不应以教师的情感体验替代学生的情感体验。在课堂上，教师一定要安排充分的时间让学生进行朗读，让学生通过自读自悟感悟文本，深入文本。朗读的方式可以是集体朗读、个人朗读、小组朗读，示范朗读、竞赛朗读等。

 经典案例

师：是啊，小鱼就要被活活地蒸干，干死。那会是一种怎样的感觉？

生：很痛苦。

生：很难过。

生：他们想回家。

师：孩子们，就让我们再来读这段话，这次就请你读出他们痛苦、难过、非常想回家的感情，先自己读自己的。

（生自己读）

师：谁来读？（师抽生读）

生："用不了多久，浅水洼里的水就会被沙粒吸干，被太阳蒸干。这些小鱼就会干死。"

师：我听出了一丝痛苦。谁还想来读？

生："用不了多久，浅水洼里的水就会被沙粒吸干，被太阳蒸干。这些小鱼就会干死。"

师：痛苦再加深！

生："用不了多久，浅水洼里的水就会被沙粒吸干，被太阳蒸干。这些小鱼就会干死。"

师：听你朗读，让我们感觉到小鱼痛苦极了！来，我们一起读读这句。

生："用不了多久，浅水洼里的水就会被沙粒吸干，被太阳蒸干。这些小

鱼就会干死。"

师：是啊，用不了多久，小鱼就要被一条一条地干死，多么可怕呀！他们也有生命啊！怎能不在乎自己的生命呢？（放音乐）当音乐缓缓响起的时候，让我们再来读读这段话，体会体会浅水洼里的小鱼面临的悲惨命运。

（生配乐朗读第一自然段）

（《浅水洼的小鱼》）

案例分析

注重学生朗读能力的训练是《语文课程标准》的一大特点。朗读是学生眼、口、耳、脑并用的综合性活动。学生通过朗读，不但能够了解作者所要表达的内容，而且能够与作者进行心灵的对话和沟通，形成自己对文本的独特理解和思考。在教《浅水洼的小鱼》一课时，刘云生重视引导学生朗读。他先引导学生从感知性的朗读开始，进而让学生想象小鱼的痛苦从而有感情地读。刘云生给了学生充分的朗读空间，使学生通过自读、齐读、配乐朗读等方式，切实做到"在读中有所感悟，在读中培养语感，在读中受到情感的熏陶"。学生通过朗读时语气的选择、语速的变更、语调的起伏、语音的高低变化等，渐渐地对小鱼的痛苦感受得愈来愈深。

实施方法

1. 创造自由的朗读空间

要真正实现学生与作者的心灵对话，蜻蜓点水式的朗读是远远不够的。文章的情感一般蕴藏在文字之中，只有用心体会才能有所感悟。要使学生体会到作者丰富的情感，最好的途径就是"读"。教师应该在教学中为学生提供充足的时间，让学生以多种形式读，让学生反复读，让他们在读中体情悟理，感受作者丰富的内心世界，感知文章丰富的内涵。

2. 对学生的读悟进行有效引导

学生的朗读是自由的，但是自由并不是完全的随意，它需要教师的指导和调控。给予学生解放思想、解放情感的自由空间的同时，教师要对学生的读悟进行有效的引导：一方面要指导学生有感情地朗读课文，另一方面要分析要点帮助学生体悟情感，发挥教师在教学过程中的引导者的角色作用。

五、对话体验
——让学生在对话交流中体验

对话在教学过程中发挥着联结教师与学生的作用。《语文课程标准》倡导教师在语文阅读教学中要积极展开教师、学生、文本之间的对话。教师在教学情境中积极组织学生、教师、文本之间的对话，有助于真正实现教学沟通，引领学生深入文本、超越文本；有助于激发并丰富学生内心的体验，有助于给学生创造一个宽松、主动参与的学习环境，使课堂成为师生精神的美好家园，让学生徜徉其间，流连忘返。

 经典案例

师：那么，从课文哪些地方，我们能感受到苏轼和苏辙手足情深呢？自由读读课文，像刚才那位"未来的苏轼"一样，一边读，一边勾画出相应的语句。

（生默读、勾画）

师：小组内交流交流。

（生小组交流，师巡视，个别辅导）

师：来，我们全班交流交流！

生："小时候，他们俩一起读书，一起玩耍，整天形影不离。"从"形影不离"，我体会到他们手足情深。

师：先读课文中的语句，再说自己的理由和体会。这样有根有据，好！
（竖起大拇指）

生："人们都在欢欢喜喜地品尝着瓜果，观赏着明月，只有苏轼却在因思念弟弟而心绪不宁。"他想他弟弟，说明他们感情深。

生：从"心绪不宁"可以看出，苏轼和他弟弟感情深。

师：怎么看出？

生：苏轼想弟弟都想到心绪不安宁了，只有感情深，才会这样。

师：你真是一个善解人意的孩子！要是我有你这样的哥哥，一定幸福甜蜜！（众笑）

生：我还帮他补充一点：这一天是中秋节，"每逢佳节倍思亲"，所以，苏轼很想他的弟弟。

师：是啊！一年一度的中秋节到了。这天夜晚——

生：（齐）"皓月当空，万里无云。人们都在欢欢喜喜品尝着瓜果，观赏着明月，只有苏轼却在因思念弟弟而心绪不宁。"

师：苏轼与弟弟的确手足情深啊！他的思念只有月亮知道有多深！

师：继续交流。

生：我从这里看出"手足情深"："但愿美好的感情长留人们心间，虽然远隔千里，也能共同拥有这一轮明月！"

师：说说你的理由。

生：苏轼希望他和弟弟的感情长留心间，也说明，他们感情深。

师：言之有理，好！

生："长大以后，他们就各奔东西，很少再有见面的机会。如今屈指算来，分别又有七个年头了！"分别七年了，又很少见面……

师：我敢肯定，你的发现很"伟大"。别紧张，慢慢说。（走近发言的这位小男孩，把手放在学生的肩膀上，俯身倾听）

生：七年没有见面了，还在数手指头，说明他们感情深。

师：哪个词是说苏轼在数手指头计算？

生：屈指算来。

师：你真的了不起啊！抓住了关键词。大家想一想，苏轼"屈指算来"，会说些什么？谁来表演表演。

生：（一边屈指，一边说）一年，两年，三年……都七年了，弟弟现在怎么样了？是瘦了，还是胖了？生活过得怎么样？真让人担心啊！

师：多好的哥哥呀！

生：（一边屈指，还一边做出看月亮的姿势，一边说）一年又一年，辙弟呀，你还记得吗？小时候，我们一起读书，一起玩耍，形影不离，可是……咳，你都和我分别七年了。又没有你的消息。唉，哥哥我，怪想你的！（众生

鼓掌）

师：（满含深情地）可是，弟弟不在眼前，只有月亮挂在天空中，只能听到他人团圆的欢笑，只能眼看着一个又一个中秋之夜悄悄地溜走。他多想对又圆又亮的月亮说，让弟弟来到我身边吧！大家的交流有了深度。请继续交流。

生："月亮渐渐西沉，透过窗子把银光洒到床前。苏轼躺在床上，怎么也睡不着。"苏轼与他弟弟的感情太深，越思念越睡不着。

师：这场景，让我们想到李白的——

生：《静夜思》

师：想一想，该怎么改？

生：床前看月光，疑是地上霜；举头望明月，低头思亲人。

师：还可从别的地方读出苏轼和弟弟的手足情深吗？

生：苏轼对弟弟的这番手足之情深到极处，不禁埋怨起月亮来——（读）无情的月亮啊，你为什么偏偏在别人分别的时候变得这么圆，这么亮？

生：苏轼埋怨月亮，更说明他对弟弟的感情很深！（板书：埋怨）

（《但愿人长久》）

案例分析

教师不仅是知识的呈现者、知识权威的象征，而且是学生的平等交流者。教师应该重视学生自己对各种现象的理解，倾听他们的看法，思考他们这些想法的由来，并以此为据，引导学生丰富或调整自己的解释。对话体验则为学生表述自己的理解，为教师倾听学生的不同看法提供了互动的平台。

在《但愿人长久》一课的教学中，刘云生营造了民主、热烈的交流气氛，让学生敞开心扉，交流彼此对苏轼与弟弟手足情深的体验，实现了交流的平等性与开放性。学生从不同的语句中找到了解释苏轼与弟弟手足情深的理由。对于不同的意见，学生积极将其表达出来；对于不完整的答案，学生在交流的过程中互相补充完整。学生在交流中碰撞出思想与情感的"火花"，从而理解他人的观点，使得个人的理解生成新的意义。随着对话交流的展开和教师的有效引导，学生的交流愈来愈有深度，体验越来越深刻。

 **实施方法**

1. 明确交流主题

交流是有目的性的交流，其目的性体现在交流的主题上。教师在组织交流活动时，首先应该明确交流的主题，这样才能保证学生明白交流要围绕的主轴以及交流的方向。

2. 指导学生展开平等和谐的交流对话

美国心理学家罗杰斯认为，"教学是一种人与人之间的情感交流活动，师生必须要在平等、沟通的层面上实现情感的自由流动，以达到人本主义所崇尚的人的尊严、民主、自由、美德的和谐融合。"教师要从课堂的主宰者转变为平等的交流者，与学生展开平等的交流，交换意见，相互启发，营造有利于学生加深体验的和谐交流氛围。学生在交流的过程中会发生许多情况，教师要做好指导。如学生的发言过长或发言次数太多，以至影响别人发言的，教师可稍作提醒；如离题太远的，可重新强调主题，使学生的发言回到主题上；学生发言不完整的，应耐心指导学生对答案作进一步的补充。

3. 认真倾听学生的观点并加以科学的评价

在对话交流过程中，教师应该认真倾听学生的发言，不可心不在焉。教师在倾听的同时要对学生的发言内容进行判断分析。体验教学尊重学生的个性体验，鼓励学生发表个人见解，但由于学生缺乏人生和社会的阅历及深厚的艺术修养，他们对课文的体验感悟可能往往是肤浅的、不全面的，有时甚至是偏激的或者是错误的。因此，在体验式教学中，教师应该坚持正确的情感态度和价值观的引导，对于学生正确的观点要肯定，可点头微笑以示赞许，对于错误的意见要及时补救或纠正。

4. 客观科学地评价学生的观点

教师评价学生的见解，要遵循客观与科学的原则。评价要科学，要有理有据，不能信口开河，随心所欲。此外，一堂课上，如果教师的评价语言重复一致，那么就失去了针对性和有效性。教师的评价语言应该丰富多样，对不同的内容进行不同的评价，对同一问题的不同回答进行不同的评价。

5. 总结得出交流的结论

交流环节结束时，教师应作总结，归纳大家的意见，得出结论，使学生的语文知识系统化，使学生的交流体验深刻化。

六、想象体验
——让学生在补白想象中体验

文本中包含着许多意义空白，给学生的想象提供了广阔的空间。"补白，就是激活学生的想象，通过想象补充课文中的'空白'，促使学生进入课文情境，强化自己的内心体验。"教师在教学中的任务之一就是引导学生展开想象，透过文字看到图画，透过语言看到生活，把词语所代表的抽象概念转化成生动的画面，从而深入挖掘文本的意蕴，体验文本的意境。

经典案例

师：（课件出示这个句子）湖水像一面神奇的大镜子，多美呀！自己读一读这个句子，看看，你能从这个大镜子里面看到什么？

生：（自读后）我看到了，湖水里有蓝天、白云、变幻的山峦。

师：你能抓住这个句子的意思来体会，好！除了这些，你们还能看到什么？联系前后课文、插图，展开想象的小翅膀，想一想。

生：在湖水里，我看到了山石。

师：什么样的山石？能具体说一说吗？

生：看，那边的山石像一只正要跳起的青蛙，这边的山石像一只展翅欲飞的雄鹰，半山腰的石兔、石龟，好像正在赛跑呢。

师：这些山石还会像什么？请你用上"……像……"的句式来说一说。

生：这些山石有的像奔跑的野马，有的像飞翔的小鸟，有的像顽皮的小猴。

师：你的想象真丰富！还用了"有的……有的……"来说，了不起！

生：这边的山石像背着书包上学的小学生，那边的山石像正在开会的老师。

师：你的想象多有趣呀！还活学活用，用上了"这边……那边……"的句式。

生：这里的山石像骆驼，那里的山石像牛羊。

生：这里的山石像游船，那里的山石像汽车。

生：这里的山石很多，像河马，像恐龙，像乌龟，像小鸟，像大象，个个都很奇特。

师：你这个"奇特"一词用得太好了。正是这奇特的山石构成了变幻的山峦！来，我们一边想象着这些变幻的山石，一边朗读这个句子。（指"湖水像一面镜子"这个句子）

（《清澈的湖水》）

案例分析

在这一教学片段中，刘云生抓住"湖水像一面镜子"这个蕴涵丰富的句子，引导学生调动自身的知识与生活积累，联系上下文和插图展开想象，想象湖水里的山石，以丰富文本的内涵，使文本变得具体而富有诗意。学生放飞想象的翅膀，想象到湖水里有形状各异的山石，并用老师提供的句式表达了出来，使文本活跃在学生的脑海里、心灵里，美不胜收。老师让学生对文本驰骋想象，一方面，激发了学生浓厚的想象兴趣、强烈的求知欲望，让学生在想象中感受到学习的乐趣；另一方面，由学生勾勒的湖水美景，与湖水受污染的景象形成鲜明的对比，两种截然不同的图画在学生心中形成强烈的反差，让学生心灵受到震撼，为后面的教学作了铺垫。

实施方法

1. 感悟文本，建立基础

"想象文本体验并不是胡思乱想，而是建立在对文本的理解基础上。在这个基础上展开想象，这样才能达到想象的目的。"教师首先要引导学生对文本进行深入解读，从多个角度、多个层面体验文本的意蕴，准确把握文本的思想，为想象做好准备。

2. 适当引导，启发想象

要提高学生进行想象的质量，实现想象的预期效果，教师必须适当引导学生的想象，教给学生一些具体想象的方法，如相似联想、对比联想、再造想象等。教师还可以引导学生联系自身的知识与生活经验进行想象，使想象更加形象、生动、具体。

3. 拓展文本，丰富想象

拓展文本，是丰富学生想象，培养学生创造力的一种极佳形式。拓展文本的方式主要有两种：一是对文本进行改编，二是对文本进行续写。改编或续写都是在熟悉文本的基础上对文本进行拓展，既可以深化学生对原文本的理解，又能丰富学生的想象，开拓学生的思维。

七、深度阅读
——体验式教学与语文教学

（一）关于体验的认识

"体验"一词，在《辞海》中解释为"亲身经历、以认识周围的事物"；在心理学中作为重要概念，通常表示人们在经验获得及行为变化过程中的心理感受、情感体验、认知顿悟、反省内化等心理活动。有些心理学家认为"体验状态是一种多水平要素的整合，有感觉水平、认知水平和意志水平"，"内心体验具有加工、深化扩展和升华的功能"。我国一些教育专家认为："体验是以亲身经历、实践活动为基础，又是对经历、实践、感受、认知和经验的升华。这种升华是对感受的再感受，对认知的再认知，对经验的再经验。"可见，体验既有情感的刻骨铭心，又有知识的深刻烙印，还是一个渐进的过程，这和语文教学的三维目标是吻合的。在刘云生看来，"体验是一种'以身体之，以心验之'的活动，《语文课程标准》领域中的'体验'是指个体的身心与世界交往并生成感受、情感、领悟、反思等的认识与实践活动。"

（二）体验式教学的含义

新一轮基础教育课程改革强调"以创新精神和实践能力的培养为重点，建立新的教学方式，促进学习方式的变革。"《语文课程标准》在表达课程的新理念时，"体验"一词是使用频率较高的词之一，体验类词语除"体验"本身外，最多出现的词组是"情感体验""独特体验""审美体验""体验情感"等。新课程改革要求我们转变原有的传统教学方式，呼唤一种全新的能充分体现学生主体地位的体验式教学。

体验式教学，是指让学生联系自己的生活，凭借自己的情感、直觉、灵性等直接地感受、体味、领悟，进而再认识、再发现、再创造的过程。体验式教学重视学生的直接经验，尊重学生的个人感受和独特见解，鼓励学生对课本的自我解读、自我理解。"体验式教学的实质就是要求把体验作为学生主体学习和发展的基本途径，借助体验这一学习方式来真正确立学生在教学过程中的主体性，使学生享有更充分的思想和行动自由，拥有更多的发展、选择机会，最大限度地获得思想和心灵的解放，使学习主体化、主动化。"

刘云生认为，"我们学习语文是'方舟精神的河流'，不是对水进行分子式分析，要摒弃过多的抽象分析，还语文以感性和诗性；是'森林揽胜'，不是'砍伐树木'，要减少机械的背诵积累，还语文以语感和文感训练；是心灵塑造思想的雕塑，而不是'堆砌砖块'，要反对肢解文本，切割训练，还语文鲜活的生命和人文内涵。"在刘云生的课堂上，我们可以看到，他致力于通过体验教学对学生进行语感和文感训练，激活语文的生命，丰富学生的人文内涵。例如，在《小柳树和小枣树》教学中的角色表演，让学生通过角色体验理解文本；在《清澈的湖水》教学中启发学生进行想象，以想象体验作者情感；在《军神》一课时，利用音响、语言以及录像创设情境，让学生在情境中体验刘伯承的痛苦与坚强；在《但愿人长久》的教学中，让学生互相交流，从中受到启发，对苏轼与弟弟的兄弟情深进行深刻体验、理解。

（三）体验式教学的意义

"体验式教学的意义并不只是提出了一种教学形态，更重要的是提供了一种有助于学生主体性发展的教学理念，真正体现了素质教育的教学价值观。"

1. 体验式教学有利于确保学生的主体地位

"真正的体验，是人的内心世界的一种发展变化的过程，与主体生命的整体相关联。"体验式教学实际上就是强化学生对教学的主动参与和对学习内容的积极把握，使学生按照适合自己的方式去体察、去感悟，获得独特的感受和见解。

2. 体验式教学有利于学生内化他人的知识经验

学生在课堂教学中不断接受的知识和经验往往是平面的、抽象的。如果要将这些知识和经验内化为学生独特的知识和经验结构，就需要建立体验这一通道。通过体验，学生能够迅速地融入认识对象之中，从物境到情境，再到意境，有所感悟，从而获得新的结果和感受。

3. 体验式教学有利于丰富学生的积极情感

体验是情感的"催化剂"。在体验式教学中，学生会受到更直接、更真切、更鲜明、更强烈的刺激，唤醒学生已有的情感体验，并与之融通，促进新的积极情感的生成。

4. 体验式教学有利于培养学生的创新精神

创新是素质教育的基本要求，体验是创新精神得以产生的中介。在积极的体验中，个体可以充分摆脱外界的束缚，不断产生新的联想和想象，因而体验式教学可以帮助学生养成创新意识、创新思维和创新习惯。

（分析论述：陈白莲）

聂永春

如何进行体现主体的自主探究式教学

名师档案

——全国优秀教育工作者

聂永春，著名特级教师，南京市小语学会常务理事、南京市电教学会理事、南京市小学语文骨干教师培训班学员导师、晓庄学院客座教授，现任南京市游府西街小学副校长。曾获"全国优秀教育工作者""江苏省先进教育工作者""江苏省特级教师""南京市语文学科教学带头人"等荣誉。

聂永春长期致力于语文研究和教改，主张教学要找准契合点，根据社会和学生发展的需要，选择相应的教学方法，科学合理地安排教学过程，创造性地使用教材，并取得了良好效果。她善教善导，孜孜以求，逐步形成了"教法活、训练实、善启发、重能力"的教学特色，总结出了"营造美趣环境、诱导亲身体验、激活创造思维"的教学原则和方法，深受好评。

聂永春主持了全国规划课题子课题《运用电教手段，减轻小学生过重课业负担的研究》等多项课题，并获全国"九五"规划课题研究成果一等奖。在《江苏教育》《小学语文教学研究》《江苏教育技术》等杂志上发表论文多篇，参与编写《小学语文中的科学知识》《小学生课外自读课本》等丛书。

一、名课实录
——探究是促进思维的最好推进器

《恐龙》第二课时课堂教学实录（苏教版小学语文三年级下册）

（一）激趣导入，自主探究

师：这节课我们继续穿越时空隧道，到两亿年前恐龙生活的年代去探索和研究。文中插图中的 7 种恐龙分别是什么恐龙？请 4 人小组先读课文，根据课文的描述进行讨论、判断。（生分组讨论，用书中的语言说明理由，讨论后进行汇报）

生：这是三角龙，它头上有三只大角。这是鱼龙，因为书上说它像海豚。

生：我认识剑龙，书上说它的身上有剑板和尾刺。

生：我认为这是梁龙，它的特点是长，图中它最长。这是霸王龙，身子短，大脑袋，牙齿像匕首。

……

（师板书：雷龙、梁龙、剑龙、三角龙、鱼龙、翼龙、霸王龙）

师：对这 7 种恐龙，你们有什么问题要问？

生：课文为什么不把它们放在一段中来描写，而要分成三段来写呢？

生：我知道霸王龙食肉，哪些恐龙食草呢？

生：课文为什么只介绍这 7 种恐龙？

师：再读课文，看谁能回答大家的问题。

（生感悟文章谋篇布局的方法）

生：鱼龙和翼龙是恐龙的亲戚。雷龙、梁龙、剑龙、三角龙是食草恐龙，霸王龙是食肉恐龙，文章根据它们的生活习性，分 3 段描写。

师：你很会读书，可是书上并没有告诉我们哪些恐龙食草，你是怎么知道的？

生：书上说恐龙大多以吃植物为主，也有专门食肉的，接着介绍了霸王龙。霸王龙是食肉恐龙，我推断第二段中的恐龙是食草恐龙。

师：给他掌声。"恐龙大多以吃植物为主，也有专门食肉的"是承上启下句，这位同学注意了关键句和前后段落的联系，这种读书方法值得我们学习。

（指名读 2、3、4 段话）

师：恐龙的种类很多，课文为什么只向我们介绍这几种恐龙？（了解说明文的写作方法）

生：因为作者喜欢这几种恐龙。

生：因为课文不能太长，否则书会很厚。

生：因为这几种恐龙都很奇特。

（二）讨论交流，深入探究

师：你们说得都有道理，作者选择了具有不同特点的恐龙向我们介绍，请同学们再读2、3、4段，看这7种恐龙都有什么特点，选择自己感兴趣的恐龙在小组中汇报。

（生先读课文，然后小组交流，全班汇报）

生：我喜欢梁龙，它的特点是"长"，身子像吊桥。吊桥是什么样的？

师：这是吊桥图片，把恐龙比作吊桥，我们可以了解到它的身子是凸起的，脖子和尾巴很长。我们教室有7米宽，恐龙如果来到我们教室，头和尾都要在外面了，确实很长。

师：课文用具体的数字和打比方的方法介绍梁龙，浅显易懂，梁龙的样子已经活灵活现地呈现在我们眼前，其他同学喜欢哪种恐龙？

生：我喜欢雷龙，从"庞然大物"这个词中我了解到它很"大"，从"六头大象"中，我知道它很"重"。

师：大家做个算术题，一头大象约5吨，6头大象多重？多少个自己抵上雷龙的重量。

生：雷龙约30吨重，我有70斤，800多个我相当于一头雷龙的重量。

师：你的计算能力很强，我们读课文时，也要边读，边联想，这样可以让文中的事物丰满起来。

我们从雷龙走路的声音中也能体会到它的重。大家用脚踩地，嘴里发出轰声，一起来感受这种声响。

（生用脚踩地，发声，体验）

师：课文将雷龙和我们熟悉的大象进行比较，用具体的数字，生动的比喻加以说明。让我们如闻其声，如见其形。这种说明方法值得我们学习。下面请同学们用同样的方法学习下文。

生：剑龙身上有剑板和尾刺，我从课外书中了解到剑板能调节体温，尾刺是防身用的。

生：我也从课外书中了解到三角龙的三只大角不是一米长，只有一只是一米，其他两只只有半米。

师：读课外书能让我们学到课堂上学不到的知识，同学们的探究和质疑精神值得表扬，关于三角龙的角的问题可以向编教材的叔叔反映，他们一定会给同学们一个满意的答案。

（三）总结课文，激励探究

师：（小结）这些恐龙各有各的特点，长相十分奇特，这一段中用了"千奇百怪"概括，想想还可以换哪些词？

生：奇形怪状、形态各异、形态万千。

师：读第二段，想想第1句话和下面4句话之间有什么关系？

生：总分关系。

师：这种写作方法，可以借鉴，还有3种恐龙，谁能说说印象？

（教学略）

师：这节课，我们认识了7种恐龙，知道了说明一件事物，可以采用比较、举例、列数字、打比方等说明方法。这篇课文有许多打比方的句子，课后可以摘抄。如果同学们想知道更多的有关恐龙的知识可以上网浏览。（介绍网站）回家以后学着课文的描写方法，介绍除这7种恐龙外的1种恐龙，要求图文并茂，可自己画图，也可剪贴。希望有兴趣的同学长大后，去揭开恐龙灭绝之谜。

二、名课解读
——探究精神贯穿课堂

《语文课程标准》指出，"学生是学习和发展的主体，教学应提倡自主、合作、探究的学习方式。"因此，教师要变传统的"灌输"精神为时下的"探究"精神，使探究精神贯穿于课堂的始终，让学生在探究过程中有所学，有所思，有所悟。聂永春在《恐龙》一课的教学中，遵循小学生的认知规律，以素质教育思想为指导，以发展学生的探究思维为目标，以语文学科的基本结构为内容，以再发现为学习方法，以学生主动参与为前提，自主学习为途径，合作讨论为形式，培养学生的创新精神和实践能力，引导学生在学习课文的过程中发现问题、提出问题，在自主探究中感知、感悟所学知识。换句话说，也就是聂永春把探究精神贯穿于课堂。这主要表现在以下几个方面：

1. 激趣导入，自学探究

探究式教学的核心是对"问题"的探究。要生成问题，首先应该具有问题情境。聂永春在上课伊始，就以充满趣味的"穿越时空隧道"的情境导入新课，在导入新课的同时还设置问题——文中插图中的7种恐龙分别是什么龙。学生在老师的趣味问题情境中，产生探究欲望，继而积极主动地深入自学探究的过程中去——根据探究问题，自主学习课文，探究图中的7种恐龙分别是什么龙。通过图文结合的自学探究方式，学生就较容易地探究出这7种恐龙分别是雷龙、梁龙、剑龙、三角龙、鱼龙、翼龙、霸王龙，从而完成自学探究的学习任务。

2. 点拨疑难，交流探究

现代教学提倡"学有所思，思有所疑，疑有所问"。因此，在教学中，教师要有意识地培养学生提问和质疑，同时还要引导、优化学生所提的问题，并对疑难问题进行点拨。学生在自主探究中解决疑难问题时，由于彼此间合作程度较低，从而使得学生很难完成任务。针对这一现象，聂永春在自主探究式教学中引导学生进行交流探究。在交流中，学生找出尚未解决的问题，并通过交流来解决。通过交流，师生还可以从中归纳总结出关键的问题，进行集中探究，从而改变课堂教学只停留在个体学习层次上的状态。聂永春在学生了解了课文所描述的7种恐龙之后，提出问题："对这7种恐龙，你们有什么问题要问?"于是，学生便开始思考课文，从而提出种种疑问——有的学生问："课文为什么不把它们放在一段中描写，而要分成三段写呢?"有的学生问："我知道霸王龙食肉，哪些恐龙食草?"有的学生问："课文为什么只介绍这7种恐龙?"当同学们提出种种问题时，聂永春便引导学生通过阅读课文来回答问题。当学生较容易地解决了前两个问题后，聂永春便引导学生重点讨论最后一个疑难问题——课文为什么只向我们介绍这几种恐龙? 这几种恐龙都有什么特点。学生在小组合作探究、交流后，向全班汇报所探究的结果，从而较容易地解决疑难问题。

3. 举一反三，实践探究

探究性教学的精髓不仅仅是使学生探究解决当前问题，更要使学生掌握探究的方法，并举一反三，使之在实践中也能运用同样的方法解决类似的问题。聂永春在学生介绍梁龙、雷龙的特点的基础上，总结出课文介绍梁龙和雷龙的方法——用具体的数字和打比方的方法，继而让学生用同样的方法学习下文。学生在聂永春的引导下，运用这种说明方法对下文进行探究学习。在实践探究中，学生运用所学的方法了解到剑龙和三角龙的特点。因此，学生在举一反三的实践探究中，也就掌握了这种说明方法。

4. 激励评价，延伸探究

小学生处于发展智力、增长知识的前沿时期，自学能力、发现能力、探究能力还有待提高。因此，教师在对学生的自主探究学习进行评价时，在指出不足的同时，更应该充分肯定学生的进步——即使是点滴，从而激发学生再学习、再研究的欲望，使语文学习真正落实到"继往开来"的点上。聂永春在《恐龙》的教学中，充分肯定了学生探究和质疑的精神，还表扬学生善于动脑、善于计算、善于把课外知识进行整合，化为己用。在教学即将结束时，聂永春在激励评价、总结所学重点的基础上，设置新的问题情境——揭开恐龙灭绝之谜，从而让学生带着一个更大的问题走出课堂，进一步查找资料，去调查、实验，开展丰富多彩的综合实践探究活动。

综上所述，探究精神贯穿于聂永春这节课的始终。在整个教学过程中，学生始终处于自主探究的状态中。而作为引导者的聂永春，也处处围绕着如何引导学生自主探究来展开教学。这节课，是自主探究式教学中的精彩一课。

三、构建探究课堂
——创设情境，激发自主探究的欲望

传统的课堂，要求学生身子要坐直，双手要放在桌上，发言要举手，不准讲话，课堂上一切活动都要以教师为中心，学生要围绕教材转、教师转。这种课堂使学生的心理受到很大的压抑和束缚。学生只能单向性地接受教师所传授的知识，从而造成学习独立性和人格独立性的丧失，也使得自身自学能力和创造能力缺乏。为了改变传统课堂的弊端，新课程标准提出教师要树立为学生终

身发展奠定坚实基础的教育理念，重构学生乐于学习、积极参与和主动探究的课堂。

探究课堂，是一种以探究为基本特征的课堂。在这种课堂中，教师只作为教学的引导者，其任务是设置探究情境和营造探究氛围来调动学生学习的积极性，促使他们通过自己发现问题、提出问题、分析问题和解决问题来获取知识和形成能力，与此同时，教师还要引导探究的开展及把握探究的方向。在探究课堂中，学生是整个课堂的主人，其任务是根据教师的引导，明确探究的方向，敞开探究的思路来思考所要探究的问题，在解决问题的同时掌握一些探究的方法。

聂永春积极构建探究课堂。她构建的课堂，大多是充满情趣的。她在课前往往布置学生通过网络、课内外书籍、生活实践等多种途径寻找与探究课堂有关的一些资料。上课伊始，她又让学生介绍自己所搜集的资料，并要求他们说出是从哪里搜集来的。在这种宽松、自由、和谐的交流氛围中，聂永春再创设良好的探究情境，让学生在探究情境中通过独立学习、小组讨论、集体评议、师生交流等多种手段来探究所要学习的内容。最后，聂永春还引导学生把探究从课内拓展到课外，使得学生能学以致用。她的这种探究课堂，不仅锻炼了学生思路的开阔性、思维的敏捷性，还调动了学生自主探究的兴趣，培养了学生自主探究的能力。

古人云："疑是思之始，学之端。"学有所疑，才会学有所思、有所得，才会产生兴趣，形成动力。因而，在探究课堂教学中，教师要培养学生的学习兴趣，以趣生疑，由疑问而引发好奇心，由好奇心引发需要，因需要而积极参与，进而主动探究。在课堂教学上，聂永春根据小学生好奇心强这一特点，结合教材，创设情境（游戏、故事、图片、实验等问题情境），制造悬念，激发起学生强烈的求知欲望和自主探究的欲望。

经典案例

师：今天圣诞老人来到我们课堂，他要和我们共同研究汉字，并且要给爱动脑筋的孩子发智慧星。我们先做一个猜字游戏。这些古代的文字，猜猜分别是现在的什么字？（出示 半、D、羊、米、鸟、乙、⊙、象 等文字）

（生猜字）

师：小朋友能猜得这么准，是因为古人造的很多字，是根据事物的样子画出来的。汉字还有一个有趣的现象：它们和其他字或自己在一起又能组成新的字，你们能说出木字旁的字吗？

生A：林、森。

生B：椅、桌、松树、柏树、杨树……

师：汉字偏旁具有表义的功能，汉字还有很多奥秘，等着小朋友去发现。大家如果找到规律，会感到学汉字并不难，而且还很有趣。

谁能发现识字3、识字4和识字8课文有什么不同？

识字3

识字4

识字8

生A：识字3、识字4中每幅图对应一个偏旁，识字4中一幅图对应两个偏旁，识字8是两幅图对应一个偏旁。

生B：右边的图和字古时候也是一幅图对应一个偏旁，汉字演变后，都写成月亮的月了。

师：同学们真是火眼金睛，一下就发现了其中的奥秘。图画想告诉我们表示同一种事物的汉字可能拥有不同的偏旁，表示不同事物的汉字也可能有同样的偏旁。

案例分析

聂永春在指导学生识字时，并不是简单地让同学按照书本上的图片或形状来记忆，而是创设宽松、自由的游戏情境，引导学生猜测古时候的字是如今的什么字，继而说明古时候造字的方法——根据事物的样子画出来。经过猜字游戏后，学生探究汉字的兴趣被调动起来了。在这个基础上，聂永春再让学生根据汉字偏旁的表意功能来探究汉字的更多奥秘。

实施方法

1. 挖掘探究素材

教师在备课过程中，要结合教材的重点、难点知识，根据学生的心理年龄特征及认知水平，挖掘出具有探究价值的东西。比如，在识字中，根据汉字的表意功能挖掘出汉字的奥秘。

2. 营造民主气氛

上课伊始，教师要把自己作为一个知识的引导者和指导者，在师生平等的前提下创设一种宽松、自由、和谐的课堂氛围。这样一来，学生才敢大胆去交流、讨论、想象和探究。

3. 创设探究情境

在宽松、自由、和谐的课堂氛围中，教师利用学生的好奇心，学生所熟悉的生产、生活问题来启发引导学生，为学生创设一种符合其心理特征的有趣味的探究情境。这种情境往往能激发学生发现问题、解决问题的欲望，培养学生浓厚的学习兴趣，还能促使学生积极参与，乐于尝试、乐于探究。

四、引导自主探究

——发现问题，自选策略，培养自主探究的能力

在传统的语文教学中，大都采取"填鸭式"的教学方法，即教师怎样教，

学生就怎样学。这样的教学，很少给学生提出问题和发现问题的机会。因此，学生学习的知识大都是"死"知识——不能运用于实践的知识。为改变传统教学的弊端，新的教学理念要求我们改变"以教师为中心"的教学模式，倡导"以学生发展为本"的教学模式。《语文课程标准》指出："学生是学习和发展的主体。语文课程必须把握学生身心发展和语文学习的特点，关注学生的个性差异和不同的学习需求，爱护学生的好奇心、求知欲，充分激发学生的主动意识和进取精神，提倡自主、合作、探究的学习方式。"

"自主探究"就是让每个学生在学习时，根据自己的体验，用自己的思维方式自由、开放地去发现、去创造的过程。学生通过亲自动手、动脑，体验获得知识与成功的快乐。在学生"自主探究"的过程中，教师不要放任自流，而应该主动发挥引导者的作用，巧妙地点拨、诱导，以引导学生自主探究。

"学贵有思，教贵有疑。"聂永春在学习和教学中，充满了思考、质疑等探究精神。她很珍视自己对教材、对教学方法的独特见解和感受，也很珍视学生对课文和学习方法的独特理解和体验。在教学中，她善于利用教材的每一处小细节，课堂上的每一个小插曲，引导学生自主探究——她或引导学生抓住感兴趣的地方，进入课文的情境，继而激发学生积极主动地学习、探究课文；或引导学生捕捉文中的一些启人深思、促人挖掘的空白点，继而尽情发挥想象，寻找出探究之路；或引导学生抓住课文的模糊点去探究，继而发表自己的独特见解；或引导学生根据同伴的质疑去探索文中的奥秘，继而把理解进一步深化。

自主探究教学的目标之一就是要培养学生质疑及解疑（提出问题和解决问题）的能力。而要达成这一目标，教师首先应使学生获得从不同角度认识、理解和提出问题的机会。聂永春一直遵循着"最精湛的教学艺术遵循的最高准则就是让学生自己提出问题"这一探究教学的最高准则，她从不简单地把问题直接给予学生，而是精心组织和引导学生在学习实践活动中根据已有知识经验和认知水平去感悟和发现问题，进而明确自主探究的方向，提升自主探究的能力。

 经典案例

　　师：对这 7 种恐龙，你们有什么问题要问？
　　生：课文为什么不把它们放在一段来写？

生：课文为什么只介绍 7 种恐龙？

生：哪些恐龙食草？

师：再读课文，看谁能回答大家的问题。

生：鱼龙和翼龙是恐龙的亲戚。雷龙、梁龙、剑龙、三角龙是食草恐龙，霸王龙是食肉恐龙，文章根据它们的生活习性，分 3 段描写。

师：你很会读书，可是书上并没有告诉我们哪些恐龙食草，你是怎么知道的？

生：书上说恐龙大多以吃植物为主，也有专门食肉的，接着介绍了霸王龙。霸王龙是食肉恐龙，我推断第二段中的恐龙是食草恐龙。

师：给他掌声。"恐龙大多以吃植物为主，也有专门食肉的"是承上启下句，这位同学注意了关键句和前后段落的联系，这种读书方法值得我们学习。

（指名读 2、3、4 段话）

师：恐龙的种类很多，课文为什么只向我们介绍这几种恐龙？

生：因为作者喜欢这几种恐龙。

生：因为课文不能太长，否则书会很厚。

生：因为这几种恐龙都很奇特。

……

（《恐龙》）

案例分析

聂永春在学生了解了课文且主要描述了 7 种恐龙后，继而话锋一转，问道："对这 7 种恐龙，你们有什么问题要问？"这时，学生就根据自身的认识水平，尝试提出了一些问题，如有的学生问道："课文为什么不把它们放在一段来写？"有的学生问道："课文为什么只介绍 7 种恐龙？"有的学生问道："哪些恐龙食草？"……当学生提出一个个问题后，聂永春根据学生提出的问题，通过解读课文来回答其中一些浅显的，然后挑选出最具探究价值而且最符合教学任务的问题——"恐龙的种类很多，课文为什么只向我们介绍这几种恐龙？"组织和引导学生进一步明确自主探究的方向。

 **实施方法**

1. 善于选择探究材料

教师根据教学内容和目标，精心选择探究材料，引导学生在材料和环境中抓住课文的"兴趣点""空白点"和"模糊点"来发现并提出问题。

2. 精心创设轻松环境

建立自由平等的、共同探讨的师生关系，能使学生在轻松的心理环境中大胆地说出心中的疑问。教师从学生千奇百怪的疑问中找出学生的关注重点及提问倾向，如果其提问符合教学任务，则引导其进一步深入探究解决问题；如果其提问与教学目标有所偏差，则及时引导学生调整提问的倾向，明确自主探究的方向；如果有必要，还可以根据学生的关注重点和提问倾向调整教学重点。

3. 及时回应学生疑问

对于学生的疑问，教师要给予足够的重视并及时给予回应（及时回应不是立即给予学生答案），在回应的同时还要适当地给以言语鼓励或其他无形支持。发现问题后，只有让学生掌握一些基本的分析问题和解决问题的策略，才能保证自主式探究教学的顺利进行，才能使学生的探究在经历了一段努力后有所结果，才能使学生的自主探究逐步走向科学学习的方向。聂永春在探究性教学中，很注重引导学生揭示知识背后的知识，提炼知识本身蕴涵的策略，提高学生的自主探究能力。

五、培养自主学习
——关注探究资源，培养学生自主探究的习惯

由于教师"传统教育"思想的根深蒂固，不少课堂教学存在着重知识传授、轻能力培养；重结果获得、轻学习过程；重死记硬背、轻实际应用的现象。这种现象往往造成课堂氛围沉闷、压抑，从而严重抑制学生的主动发展。自主探究式教学的目的在于培养学生的主动发展。而要实现这一目的，教师就必须改变传统的"照本宣科"的教学方式，改变学生传统的"被动学习"的学

习方式，倡导自主学习的学习方式。聂永春深刻意识到培养学生自主学习是培养学生探究能力的有效形式，因而在教学中十分重视培养学生自主学习。

自主学习是一种学习者在总体教学目标的宏观调控下，在教师的指导下，根据自身条件和需要自由地选择学习目标、学习内容、学习方法，并通过自我调控的学习活动完成具体学习目标的学习模式。

现代认识心理学家皮亚杰认为："教育的宗旨不在于把可能多的东西教给学生，取得尽可能大的结果，而在于教给学生怎样学习、怎样发展自己，以及怎样离校后继续发展。"聂永春的教学思想与皮亚杰的教育宗旨在本质上是一致的。在教学过程中，聂永春不是把自己作为一个"灌输者"把知识"灌"给学生，而是把自己作为一个组织者和引导者，组织学生积极参与教学过程的同时，根据教材的特点，引导学生亲自探索知识的奥秘。在学生探索知识奥秘的时候，鼓励学生质疑问难，启迪学生掌握学法，学会学法迁移，以领悟知识的来龙去脉。聂永春的这种教学，把传统教育的"重知识传授"变为了"重主动探究"，也实现了现代教育的目的——让学生在课堂中自主学习，主动发展。

自主探究首要关注的就是探究资源。而自主探究资源，不仅仅来自教科书，还来自课外书、网络资源和社会实践。在实施自主探究式教学过程中，教师应引导学生关注各种探究资源，从而逐步养成自主探究的习惯。聂永春很关注探究资源，因而她也善于引导学生关注课内外的探究资源，培养学生养成自主探究的习惯。

经典案例

师：台湾风景优美，物产丰富，它还是世界文明的蝴蝶王国呢！今天这节课，我们就到台湾的蝴蝶谷去参观游览好不好？

生：（齐）好！

师：为了学习这篇课文，老师课前就叫同学们预习了，并且找一些与课文有关的资料，你们找了没有？

生：（齐）找了。

师：哪些小朋友找到材料啦？

生：我是从网络上下载的资料，那上面告诉了我台湾有多少蝴蝶谷，还知道了有多少种蝴蝶。

师：好，不错。等会儿上课就进行交流哦。

师：你找的什么材料？

生：我是从书上找来的资料。

师：书上找的材料，不错。

生：我今天带来的是蝴蝶标本。

师：等会儿给同学们看看，好吗？

……

生：色彩斑斓是什么意思呢？现在老师不叫小朋友回答。我记得有个小朋友说带蝴蝶标本来了，是不是？来，把蝴蝶标本打开，让小朋友看看。这些蝴蝶是什么样的？

师：这就是色彩斑斓的蝴蝶，请大家看一下。

师：这蝴蝶怎样？颜色怎样？

生：黄的。

师：嗯，欣赏。

生：绿的，黄的。

生：蓝色的。

生：黑的。

师：颜色怎样？

生：很多。

师：它的表面还有什么？

生：还有粉。

师：灯光照耀下还发亮，对不对？

生：对。

师：那有没有小朋友知道色彩斑斓是什么意思呢？你来说说。

生：色彩非常的鲜艳，而且还很多。看起来很漂亮。

师：色彩怎样？

生：色彩很多。

师：而且还发亮，对不对？

……

师：那么台湾有多少蝴蝶谷？它们都叫什么名字呢？书上没有告诉我们，我想小朋友一定从课外资料中查到了这个知识点，是不是？有没有小朋友查到的？

生：十几个蝴蝶谷。

师：好，对的。有黄蝶翠谷，还有什么谷？

生：有梅花谷。

生：还有六龟彩蝶谷。

师：好的，还有很多很多的蝴蝶谷。

……

（《台湾的蝴蝶谷》）

案例分析

聂永春不仅自身很关注自主学习的探究资源，而且一直就有意识地培养学生从网络、书本以及一些实践中搜集探究资源的能力。因此，当她在课前让学生去搜集与课文相关的资料时，学生都很娴熟地从这几个方面去寻找自身需要或感兴趣的资料。当学生找到这些资料后，聂永春在课堂上又很好地引导学生利用这些资源进行探究学习，如利用蝴蝶标本探究"色彩斑斓"一词的意思，利用网络资料探究书本没有提及的知识。当聂永春这样引导学生搜集资料并利用找到的资料进行自主探究学习时，她就在无形中教会了学生如何关注探究资源，学生也在这种教育方式下逐渐地养成了自主探究的习惯。

实施方法

1. 引导学生关注探究资源

引导学生关注与课文内容相关的探究资源，如网络中的一些文章，生活中的一些经验。还可以引导学生关注学科的交叉处或者知识的相似处，以发现探究资源。

2. 教给学生自主探究方法

在教学的过程中，潜移默化地教给学生运用探究资源进行自主探究学习的方法。当这些方法被学生掌握后，他们就会自然而然地养成自主探究的习惯。

在这个过程中，教师要对学生关注探究资源进行自主探究的行为给予适当的鼓励，这样就可以促进他们进行自主探究的积极性。

3. 重视学生自主探究结果

自主式探究教学不仅要高度重视探究资源及知识的获得过程，也十分强调探究结果对学生成长的重要性。探究结果既是一个探究过程的终点，又是另一个探究过程的起点，它是整个自主探究教学过程中不可或缺的一部分。聂永春深刻地认识到小学生的知识经验和思维水平有限，因而，她在自主探究教学过程中，并不要求学生一次性完成对知识的理解和掌握，而是引导学生通过合作交流的方式对所学知识进行逐步感悟、不断完善，从而提高自主探究的效益。

六、拓展自主探究
——培养探究习惯，利用探究资源，拓展知识领域

新课程的教学理念要求教学要"立足文本，适度拓展自主探究"，也就是说教材是课程的主要资源，但不是唯一资源。我们要让学生的探究活动突破教学时间的限制和教学空间的束缚，从课内延伸到课外，使探究的触角伸向生活，从而使学生明白生活是探究学习的源泉。

课堂是个小空间，生活是个大舞台。学生在课堂上获得的自主探究学习的方法，如不在生活中加以实践，使之成为一种习惯，那么自主探究教育的意义就不复存在。要培养学生的探究习惯，我们认为应该着眼于"过程"。只有突出并优化课程，拓展自主探究的空间才有用武之地。

语文作为母语，决定了它的学习资源十分丰富；语文课程具有很强的生活性，决定了它的实践机会无处不在，无时不有。"生活就是语文，语文就是生活。"语文学习就要立足课内，放眼课外，课内打基础，课外重实践，向生活学习语文。向生活延伸，可以接触更多的、更贴近生活的学习资源。学生的自主探究，不应局限于课内，更应拓展到课外。同时，还可以利用既得的知识进一步扩充自己的"知识疆域"。

语文学习的自主拓展，一是在于课内，进行听、说、读、写方面的深化；二是在于课外，以课本为基础，以相关内容为课题，以专题形式进行研究，进一步培养学生的创新能力和自学能力。

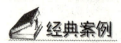经典案例

生：为什么不说大海是鱼儿的家，而说小河是鱼儿的家？

师：同学们先考虑一下，然后互相讨论交流，看看谁能回答这个问题？

生：应该写成大海是鱼儿的家，因为海里鱼更多。

生：大海的浪很大，没有小河宁静。

生：姐姐说海面上浪很大的时候，海底下没有浪。

生：我想大海是咸水鱼的家，小河是淡水鱼的家。

师：你怎么想的？

生：因为爸爸喜欢给我做鱼吃，还告诉我海水是咸的，河水是淡的。不过我不知道为什么妈妈用盐水泡鱼，鱼肉就咸了，为什么海水中的鱼肉是淡的。

师：感谢你爸爸告诉你许多知识，也表扬你具有探究精神。多读课外书，你一定能找到答案。

(《家》)

案例分析

聂永春在教《家》时，有学生问道："为什么不说大海是鱼儿的家，而说小河是鱼儿的家？"聂永春既不直接给学生答案，也没有对学生的质疑加以否定或不予理睬，而是引导学生进行探究，并通过交流讨论来解决这个问题。当学生进行讨论分析后，对问题就有了较深层次的理解。而此时，他们的思维能力得到了锻炼，创新能力也得到了促进。

实施方法

1. 营造民主学习环境

针对学生自主探究中所发现的知识点、方法、规律或疑问等问题，组织学生进行交流，以便完善学生的探究结果，提高自主探究效益。

2. 组织学生讨论交流

最好是在学生探究学习后提出问题时，就立即组织学生交流。组织学生交流可以是教师组织的全班交流，也可以是组长组织的组内成员交流。如果是组内交流，当组员无法解决某一问题时，就将其提交给教师，请教师组织组际交流，然后再在组内交流探究成果。在这个过程中，教师要顾及全班学生，并及时给需要帮助的学生提供帮助，对班里讨论交流的共性问题，要及时讲评，规范要求。

3. 培养学生的探究习惯

让学生走出封闭的课堂，走进开放的课外，走进内容丰富的课外书籍或网站，搜集自己感兴趣的知识，从多方位、多层次获取学习资源，拓宽知识视野。

七、深度阅读
——探究学习与语文教学

（一）探究式教学的历史和现状

"探究式教学"作为一种重要的教学方式，由来已久。最早提出在学校科学教育中要用探究方法的是杜威。从1950年到1960年，探究作为一种教学方式的合理性变得越来越明确了。教育家施瓦布指出："如果要学生学习科学的方法，那么有什么学习比通过积极地投入探究的过程中去更好呢？"这对科学教育中的探究式学习产生了深远的影响。施瓦布认为教师应该用探究的方式展现科学知识，学生应该用探究的方式学习科学内容。

探究式教学在我国萌芽于20世纪70年代末。但直到1999年，随着《中共中央国务院关于深化教育改革全面推进素质教育的决定》的颁布，才启动了我国探究性教学实践与研究的开展。2001年，《基础教育课程改革纲要（试行）》强调理、化、生等学科突出探究性教学，标志着探究式教学正在逐步受到重视。但是，在语文学科，特别是小学语文中开展探究式教学却未得到广大教师的关注。

（二）自主探究式教学的内涵

探究式教学最初由美国生物学家、课程专家施瓦布提出，他认为探究式教学就是"儿童通过自主地参与获得知识的过程，掌握研究自然所必需的探究能力；同时形成认识自然的基础——科学概念；进而培养探索未来世界的积极态度。"我国的研究者至今仍采用施瓦布的定义来理解探究性教学。

自主探究是小学语文素质教育的一项基本策略，是学生掌握主动获取知识的方法、获得积极情感体验的有效途径。聂永春在《基于网络环境建构小学生自主探究型教学模式的研究》中提出，"基于网络环境的自主探究型教学，指的是科学合理地运用网络技术，发挥网络资源的优势，在学科教学中，以问题解决为中心，以培养学生自主探究能力为特点的教学。"从中，我们可以看出聂永春对自主探究式教学的定义是以问题解决为中心，以培养学生自主探究能力为特点的教学活动。

（三）聂永春"自主探究教学"的理论概括

聂永春在《基于网络环境建构小学生自主探究型教学模式的研究》中指出："自主探究型教学的特点，是以问题的解决为中心。"在我们看来，这句话就是说自主探究式教学以问题贯穿教学的始终。换句话说，问题既是教学的开端，也是教学的主线，还是教学的归宿。

其一，问题是教学的开端。

问题是学生进行探究的欲望源泉，其对教学的开展和对学生创造性的培养也是非常有利的。因此，在进行自主探究式教学的过程中，教师首先应该创设问题情境，促使学生产生指向性的疑问。

其二，问题是教学的主线。

问题不仅是学生探究欲的前提，还是学生吸收知识、锻炼思维的前提。因此，在进行自主探究式教学的过程中，教学活动应始终围绕问题的探究而展开。

其三，问题是教学的归宿。

教学的最终目的是使学生在解决目前问题的基础上，又生出新的问题，从而使探索问题的过程延续下去，把学生引上创造之路。因此，在进行自主探究式教学的过程中，教师切忌仅仅以解决目前问题为目的，而应把自己的教学目的定位于引导学生有所发现上。

（四）语文自主探究教学的几种策略

1. 注意个别的差异

自主探究式教学需要学生具备一定的认知基础，而学生的认知水平又是参差不齐的。因此，在小学语文自主探究式教学的实施过程中，教师要注意学生的个别差异，根据学生的不同探究能力，设置不同的探究教学策略，使得教学能满足不同认知水平的学生，从而实现针对不同水平的学生的教学目标。

2. 营造民主的氛围

自主探究式教学是一种以教师作为引导者，以学生作为主体者的教学形式。在这种教学形式下，要使学生能很好地进行自主探究，教师必须营造一种宽松、自由、和谐的民主氛围。学生只有在这样的氛围之中，才能就探究问题进行平等的交流、合作与探究。

3. 提供充裕的时间

小学生由于受认知水平、思维敏捷性的限制，其思考问题、探究问题所需的时间较长。因此，在实施自主探究教学时，教师应给学生提供充裕的自学、思考、发问和探究的时间。只要教师给学生提供充裕的时间，学生就能自己去读书，去思考，去感悟，去探究，从而提高他们的自主探究能力。

4. 扩大探究的空间

自主探究式教学所探究的知识、问题不仅仅局限于课本，还可以扩大到课外读物、社会实践等方面。教师在教学设计上，切忌设置那些空间狭窄的探究问题。空间狭窄的问题，不仅限制学生的思维发散，还限制学生探究的空间，使学生的学习局限于眼前。只有创设那些具有宽广探究空间的问题，才有探究的价值，学生的探究思维才能得以活跃，从而在真正意义上实现自主探究的教学目的。

5. 关注评价的方式

自主探究式教学的评价，不仅要评价探究结果，更要评价学生探究的方法与能力、探究的情感态度、探究的行为习惯等。评价的方式也应该是多种多样的，如可采用自我评价、小组内评价、小组相互评价、教师评价及各种评价主体相互结合的评价方式。应注意的一点是，在对探究过程进行评价时应侧重于评价学生的探究情感态度、探究方法与能力等，在对探究结果进行描述时应多用鼓励性的语言，以充分发挥评价的激励作用。

（分析论述：罗水英）

窦桂梅
如何进行充满人文精神的"发展性教学"

名师档案
——全国模范教师

　　窦桂梅，女，著名特级教师，全国中小学整体改革专业委员会学术委员，全国反馈教学研究会理事，国家"九五"重点课题语文教材编写组编委，国家"十五"课题"现代教学艺术研究"课题组专家组成员，现为清华大学附属小学副校长。曾获全国中小学中青年"十杰教师"提名奖、全国模范教师、全国师德先进个人、全国教育系统劳动模范，省首届"五四奖章"获得者，省师德标兵等荣誉。

　　窦桂梅提出并实践了"主题教学"，主张教学应为学生的生命成长奠基，为中华民族的文化复兴奠基。致力于"语文教学民族化与现代化研究"，强调"继承工具性，打牢语文基础；注重人文性，弘扬主体精神；体现民族性，遵循汉语学习规律"。教学实验成绩突出，先后到全国各地做专题报告和观摩教学数百场。

　　出版《为生命奠基》《我们一起成长》《窦桂梅阅读教学精品录》《爱与爱的交流——窦桂梅学生作文选》等专著，主编或参编作品7本，发表论文近百篇。

一、名课实录
——感受·探究·思考

《秋天的怀念》第一、二课时课堂教学实录（人教版修订教材小学语文五年级上册）

（一）感受“娘俩”的“好好儿活”

师：今天，一位新的老师来给你们上课，刚才听主持人介绍，我从哪儿来？

生：清华大学。（笑）

师：是清华大学附属小学。

师：今天的课上，要为同学们带来什么礼物呢？我想起了我们学校的一位校友，他叫史铁生。这位在我们学校毕业的学生，今年已经54岁了，21岁的时候，突然的重病使他高位截瘫。也就是在那一年，他的母亲也去世了，这么多年来，儿子一直用文字表达对母亲的感受。请同学们一起默读下面这段话。看你读到了什么。

（课件出示：“我坐在小公园安静的树林里，闭上眼睛，想，上帝为什么早早地召母亲回去呢？很久很久，迷迷糊糊的我听见了回答：‘她心里太苦了，上帝看她受不住，就召她回去了。’睁开眼睛，看见风正从树林里穿过。”——《合欢树》）

生：（生默读后发言）我读到了他对母亲的思念。他以上帝召她回去作为安慰。

生：作者心中的母亲活得太苦了——“闭上眼睛，想，上帝为什么早早地召母亲回去呢？很久很久，迷迷糊糊的我听见了回答：‘她心里太苦了，上帝看她受不住，就召她回去了。’”（师板书：苦）

师：他的好多文章都表达了这份感情，如课前发给同学们的——

生：《秋天的怀念》。

师：作为高年级的同学，我相信大家的自学能力。我看到，同学们有很好的读书习惯，刚才拿到课文就迅速地阅读起来。这里有个自测题，请同学们看看，自己的读书水平到了哪一个台阶。

（课件出示：“自测：正确——流利——有感情”）

生1：我觉得我到了"有感情"的水平。

师：好哇，想坐下可不行。（对着同学们说）他说他读到了"有感情"，咱们就听听，他怎么个"有感情"。听人家读要听音儿，等一会儿我们可要对他进行一番评价啊！（对着该同学）好，你想读哪儿就读哪儿！

生1："邻居们……"（略）

师：想让谁评价？主动权在你手中。

生2：他读得……

师：（提示）你对他说话，要用"你"——

生2：你读得很好，不过你读得太短了，不能表现你读得有感情，你应该读得长一点。（众笑）

生1：我是因为激动的原因。

师：也就是说，你读得太短，人家没感觉，你自己激动，人家还没感觉到。你愿意继续读下去呢，还是让别人读下去呢？主动权给你。

生1：（继续读下去）"看着看着……"

师：请你转过去，你看，评你的那个同学又举手了。

生2：没错，你读的是很有感情，但你有添字也有减字的现象，刚才你读的……

师：根据你平时对他的了解，你认为他确实是激动呢，还是真的没读好。

生2：凭着我对他的了解，我想他是太激动了。（生1频频点头）

师：读正确是对作者的尊重，也是对你的朗读精益求精的高标准要求呢。对他读得感情如何，你也可以评价一下。

生2：我觉得你把对母亲思念的感情读出来了，我想你以后可以读得更好。

师：既然你说他"可以读得更好"，说明还有余地呀，加个"更"字。（众笑）你还有什么别的见解？同桌要说话了。好，你说！

生3：我也觉得你读得有感情，但是你有的地方并没有把他的脾气的暴怒无常读出来，像："望着望着天上北归的雁阵，我突然把前面的玻璃砸碎。"他就是——很平淡的语气读，没有读出动作的暴怒。这就是一点不好的地方。（该生"暴怒"地读了起来，众鼓掌）

师：怎么样？人家对你的评价，你怎么看？

生1：我觉得你说得很正确。谢谢！

师：你对他的态度满意吗？

生 3：满意。

师：给他们掌声！（生鼓掌）掌声的原因，他们能发表自己的看法，这是难能可贵的！尤其是同学们对课文中出现的儿化音较多的两句读得很准。我们再读读。（读"咱娘俩在一块儿要好好儿活，好好儿活"；"我俩在一块儿要好好儿活"——强化之为后文作铺垫）

师：你们刚才给我的启发怎么那么大呀！一下子让我觉得，平常说的这个"有感情"，怎么这么模糊！他有感情地读，是这样，可那位同学的朗读却是那样的。

生：有人声音细，有人声音粗，有人性格深沉，有人性格外向。

生：由于理解的角度不同，自然读出的味儿也就不同。

师：是啊，读书是个人的，我们在尊重别人的朗读的同时，我们也有自己的滋味，我们不再评价别人，你读得"真有感情"啊。这真有感情，而应该说读得有特点，读得有个性，读得有自己的味道。（出示课件"读出韵味"）

师：让我们一起再大声提示一下自己。

生：读出韵味。

师：不信，我们先读读课题的韵味。

师：（板书：怀念、秋天；生读这两个词语；中间加一个字"的"，生读出这个词组）注意，怀念的"秋天"——你的眼前会是怎样的情景？

生：怀念秋天里发生的一件事，一件刻骨铭心的事。

师：带着你的想象读课题。（读略）

生："怀念的秋天"，让我踏着秋天的落叶，陶醉在小路上……

师：带着你的理解读出你的韵味。（读得陶醉）

生：我的眼前出现的画面是，一个人在怀念秋天的美景，那片片飘落的黄叶，那从北向南的雁阵……

师：好，带着你的体会读吧。（读得舒缓）

师：注意，把这两个词语调一下，再读。

生：秋天的怀念。

师：有什么变化？最后一个男孩，虽然你在最后，但是我注意到你了。

生：词语位置变了，我觉得秋天的某个事件或者某个人物……变成了深深的怀念。

生：或者怀念秋天里的给自己留下感慨的一片叶子或者一片花瓣……

生：我明白了，这秋天的景啊，人啊，事啊，沉淀成了一种感情就是怀念。

师：读出你的理解了哟，这题目的韵味儿就出来了！（拍该生肩膀，众笑）

师：现在我们就走进课文，品品课文中文字的味道。

师：通过读书，我们知道课文写了几次秋天里看菊花的故事？

生：两次。第一次没有去成，第二次去了。不过是和妹妹去的。第一次母亲要推着他去，没去成。

师：这是为什么？

生：他双腿瘫痪，脾气变得暴怒无常——根本没有心情的。

师：是的，作为21岁的年轻人，突然得了高位截瘫，自然受不了这个打击。读读课文，让我们体会他脾气变得暴怒无常时的心情。

生："双腿瘫痪后……"（生读得很好）

师：（引读课文，进一步深化）望着望着北归的雁阵，他会——

生：把眼前的玻璃砸碎。

师：听着听着李谷一甜美的歌声，他会——

生：猛地把东西摔向前面的墙壁。

师：还有呢，妈妈要他去北海看菊花，他喊着——

生：不，我不去，我活着有什么劲！

师：作者觉得活得没劲。课文有一句话，请同学们大胆想象，作者又会怎样呢？

（出示课件：独自坐在屋里，看着窗外的树叶"刷刷拉拉"地飘落，我——）

生：我会想起小时候像落叶一样尽情飞舞的情景，可是现在再也不能像落叶一样飘飘洒洒了呀，我活着还有什么劲？

生：独自坐在屋里，看着窗外的树叶"刷刷拉拉"地飘落，我不禁暗暗流泪，我的命运就像那落叶一样"刷刷拉拉"地落地死去。

师："我"活着还有什么劲儿！原来活蹦乱跳的，现在突然坐在轮椅上，发这么大的脾气，此时的他的确很痛苦（回扣一下"苦"字），要是他是你的朋友，或者你的哥哥、妹妹，面对他这副样子，你会怎么做？

生：我是他的妹妹的话，我会劝他说，人人都有苦，但不要随便发泄这苦，这会更伤你的身体的。

生：我会安慰他，人不一定没有双腿，就会变得懦弱，人没有双腿，还是可以干出一番大事业。

生：我可以告诉他，你可以练一项体育技能将来参加残疾人奥运会，说不定能拿大奖呢。

生：虽然你的腿瘫痪了，但是世界是美好的，只要你用心灵去感受。

师：谢谢同学们，你们的爱心让大家感动。不过我想采访你们，你们讲得道理很对，建议也不错，不过，请你设身处地地想想，他能听进去吗？（生停了停，开始议论，有的摇头，有的说听不进去）

生：嗯，他也许听不进去。

师：是啊，面对这样的儿子，面对这样的现实，怎么做更合适一些？让我们看看母亲是怎么做的吧。

生：母亲扑过来，抓住我的手，忍住哭声说："咱娘俩，好好儿活，好好儿活！"我从母亲的动作中看出她劝儿子要好好儿活。

师：感谢你，让我们大家跟这名同学一起讨论讨论母亲的做法。

师：请你们默读这句话，注意这几个动作。（师点示"扑"）母亲"扑"下去的会是什么？

生：因为儿子不想活了，所以母亲扑下去的一定是儿子想要去死的信念。

师：啊？"信念"？把其中的一个字换一下意义完全不同了。

生：是念头。

师：好。其实，你很会联系上下文理解呢，那就把你理解的"扑"带进句子里，读给我们听。（生读，很有力量）

师：那么，我还要问，"母亲抓住我的手"，"抓"住的仅仅是我的手吗？

生：母亲抓住的是我想要死的念头，她想抓住我，怕我轻生。

师：就把你的体会加进去，读。

生："咱娘俩在一块儿，好好儿活，好好儿活。"（生读，掌声）

生：我想补充，母亲抓住我，也是让我必须具有好好儿活下去的信念。
（再读）

师：请再默读这句话，看看母亲"忍"住的究竟是什么？（小组讨论）

生：我明白了，母亲隐瞒自己的病情，没有告诉儿子。

生："她的病已经到了那步田地……疼得她整宿整宿翻来覆去睡不着觉。"

生：邻居把她送到医院时她是大口大口地吐着鲜血……

生：她的病已经进入晚期了。

师：用医学名词说，这是——

生：肝癌。

师：肝癌有什么症状？除了课文的说明，还有哪位同学或听课的老师知道吗？

生：（该生哽咽）自己的姥爷就是这种病死去的。（他说不下去了。听课老师站起来接着讲，自己的父亲就是得这种病去世的。肝硬化，肚子硬了，尿排不出去，肚子越来越大，还吐血，不是一个"痛"字了得……）

生：这是一位病入膏肓的母亲。

师：母亲活着很苦啊！（回扣一下"苦"字）亲爱的同学们，一个患肝癌病的人只有自己知道有多痛，无法用语言描述，而且还知道自己就要死去……是这样的母——亲！那么，这样的一位得绝症的母亲，有没有"看着看着北归的雁阵，突然把玻璃砸碎"？

生：没有。

师：她有没有"听着听着李谷一甜美的歌声，把东西摔向墙壁"？

生：没有。

师：有没有大声喊着"我活着还有什么劲"？

生：没有！

师：母亲为什么没有这样做？

生：为了儿子！

师：送她一个字。

生：爱。

师：这爱就是——

生：忍。

师：带着你们的体会读这句话。（咱娘俩在一块儿，要好好儿活，好好儿活）

师：请再读课文，琢磨琢磨，母亲忍住的还有什么？

生：母亲还忍住了儿子的病给自己带来的打击。

师：谢谢你的发现，请具体讲讲。

生：面对这样的打击就像天塌下来一样，但这样的痛苦不能让儿子知道，她还要让儿子坚强起来。所以，面对这样的双重打击，母亲让儿子去看花："听说北海的菊花都开了，我推着你去走走吧。"

师：继续谈，我可不评价。

生：母亲想让儿子看花，使他心情变得愉快一些。

生：母亲也是一个爱花的人，所以母亲让儿子去看看花儿。

师：母亲几次要求推着儿子到北海看菊花？

生：两次。第一次："听说北海的花儿都开了，我推着你去走走。"第二次：母亲进来了，挡在窗前："北海的菊花开了，我推着你去看看吧。"她憔悴的脸上现出央求般的神色。

师：我听出来母亲的"央求"，谁再读读这句话，再体会体会母亲的央求。

（读略）

师：注意，母亲还是憔悴的脸上现出央求般的神色。

生：母亲不仅是自己的病使其憔悴，也为儿子操碎了心，这更会让她憔悴。

师：所以啊，是一副憔悴的脸上现出的央求般的神色——再读！（读略）

生：母亲是个爱花的人，就是说母亲热爱生活，也要让儿子像她那样接受现实，热爱生活。

生：当儿子有去的意思——"什么时候？"的时候，母亲就说："你要是愿意，就明天？"儿子的回答已经让她喜出望外了。

生：当儿子说："好吧，就明天"的时候。她高兴得一会儿坐下，一会儿站起："那就赶紧准备准备。"可我又不耐烦地说："哎呀，烦不烦？几步路，有什么好准备的！"她竟然笑了，还坐在我身边，絮絮叨叨地说着："看完菊花，咱们就去'仿膳'，你小时候最爱吃那儿的豌豆黄儿。还记得那回我带你去北海吗？你偏说那杨树花是毛毛虫，跑着，一脚踩扁一个……"

生：母亲把所有的苦都藏在自己心里。她还笑着——你看，儿子的话让她"喜出望外"，让她高兴得坐立不安。这一切都是为了儿子，让他学会快乐，面对未来充满希望。

师：好，带着你对"忍"的理解再读一读。（咱娘俩在一块，要好好儿活，好好儿活）

（生读，略）

师：谢谢你们，让我们在这个"忍"中体会又一层韵味。那么，再请同学默读课文，看看母亲还忍住了什么。

生：忍住的还有儿子的抱怨。因为母亲对儿子特别地理解，所以她能忍受儿子的摔东西、砸玻璃等暴怒无常的脾气。

师：好！会读书，请再细读读，看看母亲又是怎么"忍"的呢？

生："……母亲就悄悄地躲出去，在我看不见的地方偷偷地听着我的动静。当一切恢复沉寂，她又悄悄地进来，眼边红红的，看着我。"

师：这里重复用了一个词，那就是说，母亲的忍体现在——

生："悄悄地"。还有一处，也是"悄悄地"——对于"跑"和"踩"一类的字眼儿，她比我还敏感。她又悄悄地出去了。

师：母亲这"悄悄地"忍的细节被你发现了，感谢你给大家的启发。请任选一句读一读。（生读，随机课件出示：（1）……母亲就悄悄地躲出去，在我看不见的地方偷偷地听着我的动静。（2）当一切恢复沉寂，她又悄悄地进来，眼边红红的，看着我。（3）……她比我还敏感。她又悄悄地出去了）

师：把"悄悄地"去掉，再读读上面的三句话，任意选择一句谈谈你的看法。

生：我谈第三句。因为母亲一说"跑"和"踩"，就会想到儿子的脚瘫痪了，不能走了，不能跑和踩了。所以，母亲又悄悄地出去了。"悄悄地"就是说母亲在儿子面前说话特敏感。

生：这个"悄悄地"体现了对儿子的歉意，觉得自己怎么那么粗心，说话不注意呢？

生：这"悄悄地"也体现了对儿子的关心。

师：还能把关心再具体一点吗？

生：母亲对自己的话很敏感，就连说话都那么小心。就是怕儿子伤心，她在儿子面前特别小心。

师：用个成语，那就是——

生：就是小心翼翼！

师：这是一位怎样的母亲啊，请你读读这句话，让我们跟着你体会母亲的"小心翼翼"。（生读，掌声）

生：我谈第二句。不用上"悄悄地"呢，就体会不到母亲的苦心。她想让儿子尽情地发泄一下，就又悄悄地进来，这就更体现母亲非常耐心，不忍心打扰儿子。

生：的确，母亲出去了又回来，回来又出去，一遍又一遍，眼圈红红的，说明刚哭过，可是在儿子面前还要忍，一句话，就是为了儿子。也就是同学说的耐心无比啊！（生读得很慢）

生：我说第一句。悄悄地躲出去，又在看不见的地方偷偷地听动静。如果母亲不是"悄悄地"，就那么随便地出去，根本就体会不到母亲对儿子的理解和关心。

师：把"关心"再具体些，就是对儿子特别的——

生：无微不至，也就是特别细心。

师：是啊，她的心比针尖还细啊。把你的感受加进去再读。（生读得较轻）

师：母亲的脚步还是稍重了一些，再轻一点儿。（生读得很好，掌声）

师：你们真会读书呀！由于你（握住该生的手）的启发，引领着大家体会到母亲痛心中还要细心、耐心、小心——因此，这"忍"中透着的是看不见的爱。

师：经过同学们的品味，我们感到这"扑"，这"抓"后的"忍"——除了忍住对儿子的抱怨，还要忍住自己的痛苦，更要忍住儿子的病痛给自己的双重打击！这是怎样的忍啊。

生：母亲太理智了，太坚强了！母亲的忍是一种怎样的滋味！

生：这忍中，我感觉到了母亲所忍住的巨大痛苦！

师：大爱无形。儿子的得病，自己的重病让母亲苦上加苦——然而母亲依然是苦口——

生：苦口婆心。（师再次回扣"苦"字）

师：也是母亲的良苦——

生：良苦用心。（师再次回扣板书"苦"字）

师：那么，"咱娘俩在一块儿，好好儿活，好好儿活……"这"好好儿活"究竟要告诉儿子什么呢？

生：要接受现实，不要自暴自弃。

生：现实已经这样了，未来还长着呢，儿子，你一定要好好活。

生：正值壮年，你的路还长呢，更要坚强起来啊。

生：她要在自己仅有的时间陪伴儿子一起好好儿活。

生：她要儿子坚强地活下去，不要发脾气，要找到一条好好活的路，让他笑看人生，不要被病痛压倒。

生：她告诉儿子面对生活的打击要学会忍受。

师：母亲没有你们说的那么精彩，那么丰富。母亲的话不是豪言壮语，只有那万箭穿心的"忍"哪！但你们所说的都含在了这句再简单不过、再朴素不过的话里——

生："好好儿活！"

师：所以，这"好好"两个字的韵味、复杂的情感都蕴涵在这里——母亲告诉儿子怎么去面对有残缺的生命的理儿，真是意味深长啊。同学们在下面好好读一读。（生自由品读）

（二）探究"我俩"的"好好儿活"

师：可是，母亲就这样悄悄地去了，她去了就再也没有回来。邻居们——

生：邻居们把她……（师引读，让全班同学把课文写母亲临终的话读出来。直到最后一句——"我懂得母亲没有说完的话。妹妹也懂。我俩在一块儿，要好好儿活……"）

师：（出示课件："我那个有病的儿子和我那个还未成年的女儿……"）多少年过去，儿子终于明白母亲那句没有说完的话。你们读懂了吗？省略号里没有说完的话，究竟是什么？

生：好好儿活！（学生异口同声）

师：我们加进去，一起把这位母亲没有说完的话，说完。

生：我那个有病的儿子和我那个还未成年的女儿，你们俩要好好儿活。

师：你们懂了，儿子和女儿也懂了，所以课文最后一句才说——

生："我俩在一块儿，要好好儿活。"

师：同学们，母亲去世7年之后，作者写了这篇文章，结尾就落在这里——"要好好儿活"。那么，他究竟懂得了要怎样好好儿活？我们一起来读读描写菊花的句子。

（课件出示：黄色的花淡雅、白色的花高洁、紫色的花热烈而深沉，泼泼洒洒，秋风中正开得烂漫）

师：下面，同学就结合这句话，可以小组合作，好好讨论讨论，可以自己思考，他们究竟懂得了该怎样好好儿活？（生讨论很热烈，之后发言）

生：菊花"淡雅"，就是说人可以活得平凡，或者普通一些也可以的。

师：读人家的书，把人家的语言变成自己的独特理解，这就是创造。好，

那就带着你的感受读这句话——"我俩在一块儿要好好活……"（读略）

生：其实，人可以活得淡雅、高洁、热烈、深沉啊，等等，不管怎么说，每一个阶段不一样的，总之要活得多姿多彩，也就是泼泼洒洒。（掌声）

师：那你就泼泼洒洒地读——"我俩在一块儿要好好儿活，好好儿活……"（读略）

生：我想补充，不管有多少秋风萧瑟，有多少风雨打击，人活着就要泼泼洒洒地笑对人生。就是说，要活出自己的尊严。

师：好，让我们感受你的尊严。读吧。（读略）

生：我觉得"高洁"就是说人活着要高尚、纯洁、善良。

师：多么独特的理解啊——"善良"，我看到了你那柔软的心。

生：我看，因为不同的花有不同的特点，母亲想让自己的孩子在自己的心灵里、在人间绽放出属于自己美丽的花，也就是母亲让儿子选择自己的人生。（热烈的掌声）

师：母亲没有告诉儿子，你就得是这样的花，母亲是让儿子自己去选择，活出自己的个性。淡雅也好，高洁也罢，热烈而深沉也行，总之，要活出自己的……我不说了，你们说。（笑声）

生：活出自己的个性。比如，"热烈"——就是让生活充满阳光！

师：带着你们各自的体会再读这句话。（读略）

生：我还想说，像丑菊一样活。（众笑，议论）

师：我知道了，你是想说跟菊花一样，秋风萧瑟，菊花给你的感觉可能不如另一些花那样五彩缤纷？但你的心里——

生：有一种说不出的感受……（众大笑）

师：哎哟，那就不说，读！（该生读，笑声、掌声）

师：你们懂得了应该怎样去好好儿活，文中的兄妹俩也正像你们一样，懂得了要好好儿活。

师：伴随着生命的脚步，作者如菊花一样，泼泼洒洒，开出了他人生的烂漫之花。所以，33年之间，他懂得了这句话的含义，懂得了自己该用怎样的行为走出这"好好儿活"。回过头来，看吧——

师：望着望着北归的雁阵，他还会把玻璃砸碎吗？（出示课件：望着望着北归的雁阵，我——）

生：不会！

师：听着听着李谷一甜美的歌声，他还会猛地把东西摔向墙壁吗？（出示课件：听着听着李谷一甜美的歌声，我——）

生：不会！

师：看着看着窗外的树叶"刷刷拉拉"地飘落，我——（课件出示：此处让学生再次创造，和前面内容形成对照）

生：看着看着窗外的树叶"刷刷拉拉"地飘落，我会想到母亲微笑着在窗前和我说话的情景。

师：原来母亲挡在窗前，是要挡住什么？

生：挡住儿子看到落叶想要死的心。现在，儿子终于知道母亲的苦口婆心和良苦用心，所以，他知道母亲给了他第二次生命，所以，他想象母亲是微笑着靠在窗前的。因此，这回看着看着窗外的树叶"刷刷拉拉"地飘落，我会想，我绝对不会像这落叶一样死去，我已经勇敢地面对未来的生活。（掌声）

师：就这样，儿子不再暴怒无常了，儿子终于懂得了母亲的那句话，就这样，直到今天。前两天，我们采访了史铁生，他说，文字更能表达他的心，我们就来默读他在《病隙碎笔》中的这段话，看看他对"好好儿活"的理解到了怎样的一种境界。

（出示课件：生病也是生活体验的一种，甚或算得一项别开生面的游历……刚坐上轮椅时，我老想，不能直立行走岂非把人的特点搞丢了？便觉天昏地暗。等到生出褥疮一连数日只能歪七扭八地躺着，才看见端坐的日子其实多么晴朗。后来又患尿毒症，经常昏昏然不能思想，就更加怀念起往日时光。终于醒悟，其实每时每刻我们都是幸运的，因为任何灾难的前面都可以加上一个"更"字。生病的经验是一步步懂得满足……）

生：他终于懂得了活着，好好儿活着，就是一种满足。

生：现在，在史铁生叔叔的眼里，活着就是一种幸运。

生：活着就应该满足。如果说史铁生叔叔懂得了痛苦，他把这苦当作一种别开生面的游历。

师：这是怎样的一种超然，这是怎样的对生命的敬畏。如果说最初生病对他来说是痛苦的，那么，现在他的"好好儿活"又怎么一个"苦"字了得？

师：对这样一位校友，因他对生命的理解，我愿意郑重地向大家推荐这几本专著——（课件出示：推荐书目：《我与地坛》《病隙碎笔》《务虚笔记》）

师：有谁知道史铁生目前的身体状况吗？（生沉默）

师：由于长时间地坐在轮椅上，他患上了肾衰竭，每个星期必须要做三次血液透析，换血，不能少一次。不然就会死去。但他还是要拿起笔来，尽管拿笔已经非常困难，但是他一直记得母亲的那句"好好儿活"！他是用笔表达他自己33年来是怎么个"好好儿活"，母亲也会含笑九泉的。（擦掉"苦"）

师：越是懂得该怎样好好儿活，他就越是愧疚和自责啊！他是多么希望母亲能知道自己已经走出了属于自己的路啊，获奖、成功已经不重要，重要的是自己在那看菊花的世界里，找到了属于自己的人生之花。越是体会到这一点，他就越深深地怀念她，告诉她自己是怎么"好好儿活"的啊！

（伴随哀伤抒情的音乐，让学生阅读文章片段）

片段1：摇着轮椅在园中慢慢走，又是雾罩的清晨，又是骄阳高悬的白昼，我只想着一件事：母亲已经不在了。在老柏树旁停下，在草地上、在颓墙边停下，又是处处虫鸣的午后，又是鸟儿归巢的傍晚，我心里只默念着一句话：可是母亲已经不在了。把椅背放倒，躺下，似睡非睡挨到日没，坐起来，心神恍惚，呆呆地直坐到古祭坛上落满黑暗，然后再渐渐浮起月光，心里才有点明白，母亲不能再来这园中找我了。——《我与地坛》

片段2：我有一个凄苦的梦……在梦里，我绝望地哭喊，心里怨她："我理解你的失望，我理解你的离开，但你总要捎个信儿来呀，你不知道，我们会牵挂你，不知道我们是多么想念你吗？"但就连这样的话也无从说给她，只知道她在很远的地方，并不知道她在哪儿。这个梦一再走进我的黑夜，驱之不去。——《有关庙的回忆》（师诵读此段。有的学生和听课教师啜泣……）

师：这个梦一直伴随了我33年，我只好在梦里念着她，在文字中写着她，在一个又一个秋天里，让妹妹陪着我，到北海去看——她！端起书，读。

生："又是秋天，妹妹推着我到北海看了菊花。黄色的花淡雅、白色的花高洁、紫色的花热烈而深沉，泼泼洒洒，秋风中正开得烂漫……我俩在一块儿要好好儿活。"（全体学生深情朗读课文最后两段）

师：回过头来看课题。这《秋天的怀念》，怀念的究竟是什么？

生：不尽的怀念，这深深的怀念，这刻骨铭心的怀念——秋天两个字化作了母亲。

生：他怀念的秋天的菊花，就是他母亲啊。（该生泪流满面）

生：其实，怀念的是母亲和他一起度过的美好时光，怀念的就是母亲给他的——"好好儿活"啊。

师：母亲的"好好儿活"化作了我的血液，陪伴了我一生啊，成就了我一生啊。是这句话让史铁生在无法弥补的身体缺憾中，找到了另一种生命的延展！再读课题。（生个别读，最后齐读，韵味已和课前大不相同）

（三）思考"我们"的"好好儿活"

师：通过这两堂课的学习，我们通过品悟文字的韵味，尝到了这一家人的人生韵味。同学们感动了，老师也感动了。我相信，同学们今天回去，肯定会跟家里人说今天的学习体会的。也许就跟老师看电视剧一样，抹着眼泪，"这电视剧，太感人了！"那么，他们家这件事，跟我们有没有关系？

生：有关系。

（个别学生说"没关系"，有的若有所思）

师：（来到那个说"没关系"的同学面前）你说说看，怎么个没关系？

生：（沉吟一会儿）有关系吧。（笑声）

师：有时跟我们听一个很感人的故事一样，听完了，抹完眼泪了，过后该干什么还干什么。不过你又说，"有关系"，有什么关系？

生：面对生命，珍惜生命。我们这些健康人更要好好儿地活。

师：为自己喝彩吧。（掌声）我们到这一家人的情感世界里去走了一趟。不光是读出了这一家人的人生韵味，还读出了自己的思考！这才是语文学习的真正目的。（课件出示：读出韵味——读出思考）

师：因此，亲爱的同学们，文章结尾的这句话，（课件：我俩在一块儿，要好好儿活，好好儿活……）这个"俩"应该变成——

生：我们！

师：连起来读这句话。

（生读"我们在一块儿要好好活！"）

生：就是说，面对自己的母亲，要好好儿活。

师：面对自己的家人要——

生：好好儿活。

生：面对自己的同学、老师要好好儿活。

师：每个人的人生体验不同，每个人的体会不同，每个人的人生道路也不同，我想问，今天走出这语文课堂，"好好儿活"这句话沉淀在你心中的思考是什么？一个词，一句话，都可以。

生：笑对人生，乐观面对所有的一切事！

生：凡事一切都要包涵，酸甜苦辣，就是要好好儿活。

生：无论面对怎样的困难，我们都要活出自己的坚强。

师：面对曾经煎熬过你的困难，你痛苦过，请把这一家人送给你的"好好儿活"铭记在心。

生：每天，当我们醒来，发现自己还活着，这就是幸运。因此，无论如何要好好儿活。

师：泰戈尔曾说过这样的话：每次，醒来之后发现自己还活着，这本身就是奇迹。你的思考和他不谋而合。（笑声）

生：上帝要你怎样活，你就要怎样活。

师：上帝要你怎样活那是你的"命"，该怎样好好活那是你的"运"。命和运是分不开的，所以叫命运。用你的"命"走好你的"运"就是你的"好好儿活"走出的"人"字一撇一捺。（掌声）

生：身体健康本身就是幸运，要好好善待自己的健康。因此，我们的一些打击啊，苦恼啊，在史铁生面前不值得一提。

生：怎样才是"好好儿活"？该怎样"好好儿活"？我一时还说不准，让我再想想吧。

师：亲爱的同学们，每个人都有自己的思考，这也确实值得我们思考一辈子。因此，"好好儿活"给我的思考是什么呢？愿意说出来和同学们共勉——世界上有看得见的残疾，也有看不见的残疾。面对"好好儿活"，我要说，身体的缺陷我们这辈子改变不了，但，可以改变的却是我们的心理残疾。下课！

二、名课解读
——在发展中倾听情与智的共鸣

学生发展是语文教学的第一要务，也是语文教学的永恒主题，教学应该让学生各方面得到最大的发展，让教学之光闪现出最大的光芒，让学生的光与热得到最大限度的发挥。特级教师窦桂梅用心打造，让课堂在进展中处处激荡着情与智的共鸣。

1. 实施发展性教学，尊重学生的主体性差异

《秋天的怀念》是史铁生写的一篇散文，表达了"我"对母亲深切的怀念。

当时 21 岁的"我"因病高位截瘫，也正是那一年，"我"的母亲也病重离世，但是母亲的话语、母亲的爱一直鼓励着"我"要好好活下去。文章娓娓道来，感人肺腑，催人泪下。

窦桂梅把这篇课文的教学分为三个层次：感受"我"和母亲的好好儿活；探究"我"和妹妹的好好儿活；思考"我们"每个人的好好儿活。对象由"我"和母亲、"我"和妹妹，推广到"我们"每一个人；活动从感受，到探究，到演练，层次分明，循序渐进。教学过程主要有以下几个步骤：第一，初步感知课文，要求"读出韵味"；第二，破解课题，感受"我"的苦；第三，根据母亲"扑""抓""忍"的动作，引出母亲的"苦"；第四，体会母亲"忍"的三层内涵，通过三个"悄悄地"感受母亲如何"忍"；第五，从"菊花"的象征意义体会母亲临终的话，探究"我俩"该如何好好儿活；第六，懂得"珍惜生命"，感悟每个人都要好好儿活。整个设计起点低，终点高，过程展开自然，符合学生的认知规律和心理特点，适合不同层次的学生，使不同水平的学生都得到相应的发展。

以往的教育重视共性，忽视个性，主张以同一个模式去教育学生，以同一种标准去评价学生，以致学生的个性和潜能都无法得到很好的发挥。"发展性教育强调尊重差异。尊重差异有两个方面的含义：一是承认学生发展存在着差异性，不追求平均发展，而是让每个学生都能在原有的基础上获得最优发展；二是承认学生发展的独特性，要尽可能发现每个学生的聪明才智，尽力捕捉他们身上表现出的或潜在的创造性火花，鼓励他们形成自己的特色和鲜明的个性。"在《秋天的怀念》中，窦桂梅通过课文中描写菊花的句子"黄色的花淡雅、白色的花高洁、紫色的花热烈而深沉，泼泼洒洒，秋风中正开得烂漫"，让学生讨论"我"究竟明白了该如何好好儿活。学生众说纷纭：有的说菊花"淡雅"，就是说人可以活得平凡，或者普通一些也可以的；有的说人可以活得淡雅、高洁、热烈、深沉，等等，不管怎么说，每一个阶段都不一样，总之要活得多姿多彩，也就是泼泼洒洒；有的说不管有多少秋风萧瑟，有多少风雨打击，人活着就要泼泼洒洒地笑对人生。就是说，要活出自己的尊严；有的说"高洁"就是说人活着要高尚、纯洁、善良；有的说因为不同的花有不同的特点，母亲想让自己的孩子在他自己的心灵里、在人间绽放出属于自己美丽的花，也就是母亲让儿子选择自己的人生；有的说"热烈"就是让生活充满阳光；还有的说像丑菊一样活——即使不如另一些花那样五彩缤纷，但自有一份豁达的情怀。学生各抒己见，精彩纷呈，其中不乏新颖、独到的见解，充分显示出学生的自主性学习和创造性学习。这也符合"发展性教学"促进学生主体性发展的目的。

窦桂梅能够"鼓励和珍视每一位学生独特的理解，处理好全面发展与个性发展、统一性与灵活性、共性与个性的关系，有针对性地实施教学，有区别地进行评价和指导，而不是按统一模式去'加工'学生。"在引导学生"读出韵味"时，窦桂梅提出了一个问题：平常说的这个"有感情"，怎么这么模糊！他有感情地读，是这样，可那位同学的朗读却是那样的。她从学生的声音条件、性格类型、理解角度等来讨论朗读的韵味，然后帮助学生形成了一个别开生面的理解——读书是个人的，在尊重别人的朗读的同时，我们也有自己的滋味，我们不再评价别人，你读得"真有感情"啊。这真有感情，而应该说读得有特点，读得有个性，读得有自己的味道，也就是"读出韵味"。窦桂梅的朗读指导一改以往对"有感情朗读"的"雾里看花"的要求，明确地指出不同的人对文本内涵的把握、理解、感情表达等都是有差异的，朗读就应该把个人独特的韵味通过声音表达出来。这充分体现着个性化阅读的要求，为学生的创造性阅读创造了条件，也符合"发展性教学"关于"因材施教"的主张。

2. 实施发展性教学，创造积极丰富的精神生活

赞科夫认为，教学法一旦触及学生的精神需要，教学就能发挥作用。顾明远指出，"'发展性教学'的其中一个观点就是学生生活的观点。学校在组织学生的学习活动时，要把学生心理活动的各个方面都吸引到这一活动中来，使学生的精神生活生气勃勃。培养他们积极向上的智力情绪、道德情绪和审美情绪。"窦桂梅在发展性教学的课堂中，努力为学生开创丰富多彩、乐观积极的精神生活。

第一，在导入部分，窦桂梅送给学生的礼物是介绍一位校友给大家认识，而这位校友就是课文的作者史铁生。窦桂梅巧妙地把学生与作者的关系变得密切起来，一开始就为课堂奠定了人性化的基调，使得这节课不再仅仅是为了完成教学任务，而是让学生以一种关心、了解朋友的心情去融入作者的文字与心灵。

第二，在指导朗读时，既有学生的自评，也有老师和同学的评价，师生之间、生生之间的交流显得亲切、真诚。在校园中，同班同学一起生活、一起学

习累积的情谊是珍贵的，何不把同学之间互相学习，互相进步的乐趣带进课堂呢？

第三，当学生了解到作者因双腿瘫痪，而变得暴怒无常时，窦桂梅让学生以亲人或朋友的身份去安慰他、鼓励他，这使得学生能与作者的思想交流，与文本的情感沟通更直接、更主动，调动了学生的积极性。

第四，说到母亲忍受病痛鼓励"我""好好儿活"时，窦桂梅调动学生的生活经验，通过在场师生的介绍，了解"肝癌"这种病给人的身心带来的极大痛苦，让学生体会到母亲的坚忍和对儿子朴实、深沉的爱，给学生带来了心灵的震撼。

第五，"就这样，儿子不再暴怒无常了，儿子终于懂得了母亲的那句话……前两天，我们采访了史铁生，他说，文字更能表达他的心，我们就来默读他在《病隙碎笔》中的这段话"窦桂梅像拉家常一样把学生的目光转移到作者的现状。通过介绍史铁生的身体现状以及《病隙碎笔》中的话，让学生了解到作者30多年来是如何"好好儿活"的，感受作者对"好好儿活"的更高境界的理解。这就是真实的、生活化的课堂。

第六，课堂快要结束了，"我们通过品悟文字的韵味，尝到了这一家人的人生韵味。同学们感动了，老师也感动了。我相信，同学们今天回去，肯定会跟家里人说今天的学习体会的。也许就跟老师看电视剧一样，抹着眼泪，'这电视剧，太感人了！'那么，他们家这件事，跟我们有没有关系？"窦桂梅的问题再次引人深思，学生体会到了"面对生命，珍惜生命。我们这些健康人更要好好儿的活"的道理，"读出了自己的思考"，而这种思考的收获是让学生树立起正确的人生观、价值观，这足以影响学生一生的发展。

在教学中，窦桂梅不是把自己定位为高高在上的师者，而是把轻松、亲切、活跃的气氛融入课堂，俨然一位推心置腹的朋友。课堂上处处洋溢着沸腾的生活气息，充分激起学生在情感、情绪、思想方面的交流。课堂与生活同样精彩，充满智慧，充满韵味。这就是"发展性教学"所提倡的在教学过程中使学生过一种积极而丰富的精神生活。

3. 实施发展性教学，让每一个学生都有成功的体验

心理学家通过实验证明，学生在学习中获得多次成功体验就会激发学习的兴趣。相反，反复多次的失败也会使学生丧失自信，逐渐失去对学习的兴趣。

"发展性教学"主张让每个学生——处于不同水平、不同层次的学生都体验成功，使每一位学生都能成为学习的"成功者"，尤其是对那些挫折多于成功、沮丧多于快乐的学生，对那些受到训斥和被冷落的学生，更要为他们提供机会和条件体验成功，从而让他们相信自己能学习，会学习，让他们从内心产生"我能行"的自尊和自信。这也是"发展性教学"提倡的让"每个学生都能在原有基础上得到理想的发展"的目标的实现途径。

让每一个学生都有成功的体验，就要恰当地把握好"发展性教学"的"高难度""高速度"原则。一方面，教材和课堂要有足够的"难度"和"速度"，保证学生适度的紧张感和兴奋度，让他们有"跳一跳"摘到果子的愿望；另一方面，又要避免学生因为"难度"太大，或"速度"过高，而感到望尘莫及，缺乏信心。

在教学中，窦桂梅在引导学生逐步深入地理解"好好儿活"的深刻含义时，先与前文双腿瘫痪、脾气暴躁的"我"的行为作对比，明白现在的"我""望着望着北归的雁阵"不会再"把玻璃砸碎"，"听着听着李谷一甜美的歌声"不会再"把东西摔向墙壁"，然后引导学生想象现在的"我"看着窗外"刷刷拉拉"地飘落的树叶会想到些什么。窦桂梅善于选择适合的教学起点，以之前的"我"的怨天尤人、自暴自弃为铺垫，她提出的两个问题"看着看着窗外的树叶'刷刷拉拉'地飘落，我是怎么想的?"以及"原来母亲挡在窗前，是要挡住什么?"对于学生来说既有挑战性，又有启发性。让学生在原有的基础上，进行分析、对比、想象、综合等思维过程，体会到此刻"我会想起母亲微笑着在窗前和我说话的情景"，体会到母亲鼓励"我"勇敢地面对未来的生活的苦口婆心和良苦用心，一步步地提升着对课文"好好儿活"的领悟。如此深刻的感悟让学生真切地感受到学习成功的成就感和喜悦心情。

又如，窦桂梅引导学生再读课题，以深化对题目的理解。"这《秋天的怀念》，怀念的究竟是什么?"学生在思考后成功地体会到作者对秋天的怀念就是对母亲刻骨铭心的、不尽的怀念，以及对母亲延展了"我"的生命，成就了"我"一生的那句"好好儿活"的感激。这与初读课题时的"这秋天的景啊，人啊，事啊，沉淀成了一种感情就是怀念"的理解相比，已经有了飞跃式的提高。这种成功的学习体验是任何夸奖都无法代替的。窦桂梅前后联系、纵观全文、统筹全局、意味深远的教学设计，使得课堂始终保持适宜的"难度"和"速度"，让学生"跳一跳"就能完成富于挑战性的任务，尝到亲手摘取的学习之果的甜美，让每一位学生都能在学习中获得成功的体验。

三、在阅读中扩展知识
——融会课内课外，搭建心灵桥梁

"发展性教学"认为，在教学过程中应该提供生动、开放的教学资源，为学生创设充分发展的空间，而不是局限于教科书或者40分钟的课堂。"立足课内，面向课外"，促进学生现阶段的发展，乃至终生的发展。《语文课程标准》在总目标中明确指出，要使学生"有较丰富的积累"；在"教学建议"部分，要求"逐步培养学生探究性阅读和创造性阅读的能力，提倡多角度的、有创意的阅读"，"培养学生广泛的阅读兴趣，扩大阅读面，增加阅读量，提倡多读书，好读书，读好书"。注重学生语文素养的培养，让学生"在阅读中成长，在成长中阅读"。教师应该做好课内阅读教学的延伸工作，让学生明白"读书好"，能够"读好书"，以及学会如何"好读书"。

经典案例

师：每每在生活中交朋友，在书本中咀嚼到这样那样的朋友故事的时候，我都以朋友的真情来激励自己的成长。最近，我就看了几本书，《虚掩的门》《鞋里的沙》《心里的锁》《上帝的笑》，在每本书中都能读到"朋友"。每次读的时候，总被里面的故事所感染，有时候会情不自禁地流下热泪。我想，我应当把书本中获得的对朋友的感悟印发下来，和同学们分享，想到这儿，我就选了四篇文章，就是同学们手中拿到的这四篇。（这四篇文章分别是《记住的和忘却的》《管鲍之交》《胖子和瘦子》以及《皮斯阿司和达蒙》）

师：大家是六年级的学生，已经具备了一定的语文学习能力。读了文章后，多多少少都已经有了自己的理解和感悟。同学们可以任选其中的一篇来谈谈，可以说主要内容，也可以直接说自己的感受和理解。

生：我对《管鲍之交》这篇文章有很深的感受。齐桓公登位后，要杀管仲，报一箭之仇。鲍叔牙却极力劝说，并坚决辞掉相国之位，推荐管仲。这是出于对朋友的真情！齐桓公不计前嫌，重用管仲，并不是因为管仲的才华有多高，其实是被他们的情谊感动了。而管仲深知鲍叔牙对他的深情厚谊，就不辜负鲍叔牙的深情，逐渐施展出了才华，使齐桓公成为春秋五霸之一。

师：通过对《管鲍之交》内容的理解，你对"朋友"怎样理解的？

生：我认为朋友应该互相帮助，互相谅解，互相取长补短。

师：好，就请你把这句话写下来。（生到黑板上书写）

生：我读了《记住的和忘却的》这篇文章，深有感受……（生主要讲了课文的主要内容）

师：你读了这篇文章，你对"朋友"怎么看？

生：就是要"记住别人对我们的恩惠，洗去我们对别人的怨恨"。

师：再简练一些。

生：记住恩惠，洗去怨恨。（生到黑板上写下了这句话）

生：我有补充……要知道一个没有朋友的人，就像一只没有翅膀的鸟一样飞不起来。

师：向你祝贺，同学们给他鼓掌。他把书上的语言进行了充分的"消化"，内化成了自己的语言，自己的思想，这真了不起！

生：读了《胖子和瘦子》这篇文章，我觉得在朋友有难的时候，我们要去帮助他，而不能选择逃跑！

师：可以用一个什么成语来形容？

生：有福同享，有难同当。（生在启发下，脱口而出）

师：刚才的同学说得很好，就这样说，想补充的也行，谈别的文章也行。

生：读了第二个故事，我想起了文章后面的故事……从这个故事可以看出真正的朋友，应当将心比心，设身处地为朋友着想，这种友谊是高尚的，是纯洁的。（生联系相关的故事，来谈对朋友的理解）

师：太好了，我发现你刚才讲的那个故事书上没有，你把它补充进去，这是多好的一种语文学习方法，去写上。（生在黑板上写感受）

师：好，我们看看黑板，来齐读一下你们创造的名言。（孩子们在黑板上写满了自己对朋友的理解的话，就像"名人名言"）（生朗读）

（《朋友》）

案例分析

窦桂梅以"朋友"这个主题为"根"，引申出《记住的和忘却的》《管鲍之交》《胖子和瘦子》及《皮斯阿司和达蒙》等一众枝叶，既充分挖掘了"朋友"

的内涵，也广泛收集了"朋友"的外延。这一组文章篇幅都较短，窦桂梅采用即时阅读，即时交流的方法，及时检查学生的阅读效果，更直接、有效地引导学生对"朋友"这一主题的理解。窦桂梅这种"主题教学"法，不仅使学生借助课外读物，加深了对文本的理解，而且拓宽了学生的视野，延伸了他们的阅读范围，达到了以一篇带动多篇的效果。如果把每一篇文章都看作一个点，那么主题就是这一组文章的连线，点线结合的方法更有利于教师、学生把零散、单一的内容有序地整合起来。这样一来，课堂容量大大增多，为学生取得更大的收获，达到最大限度的发展创造了条件，这正是"发展性教学"所提倡的。

实施方法

课堂的时间是有限的，如何在课堂上有效地融合课内与课外内容，既能更好地完成本课的教学任务，又能巧妙地延伸课外阅读视野，取得一箭双雕的效果，这体现着"立足课堂，面向课外"的发展性教学思想。

1. 找准结合点

"结合点"就是教师选取的一组文章的共同主题，"朋友"就是《朋友》这篇课文与《记住的和忘却的》《管鲍之交》《胖子和瘦子》以及《皮斯阿司和达蒙》这些文章的结合点。找准相关文章与课文的结合点，这就要求教师从这节课的教学目标出发，寻找合适的主题，为更好地进行课文分析服务。

2. 提升最高点

窦桂梅在论述"主题教学"法时提到，在处理教材的时候，教师可以把教材置于作者的与课文主题相同的一组作品之中，借助其他作品，加深对教材的理解，挖掘最深刻的思想感情，使课文主题升华到更高层次，达到"众星捧月"的效果。关于《朋友》一文，窦桂梅在讲述对"朋友"的理解时，通过对《管鲍之交》等文章的分析，使学生悟出朋友就是"应该互相帮助，互相谅解，互相取长补短"，"记住恩惠，洗去怨恨"，"有福同享，有难同当"。学生对朋友的认识和理解，是随着窦桂梅的步步引导获得的，颇有"润物细无声"的效果。

3. 广布发散点

广布发散点，就是教师在课堂教学中向学生介绍相关的优秀的、经典的课外读物，给学生提供一个广阔的阅读空间。例如，窦桂梅在进行以"亲情"为主题的课堂教学时，以同一作者魏巍的《再见了，亲人》《我的老师》为主讲教材，结合现实生活，补充丰富的语文资料，从不同角度、不同侧面引导学生建构对亲人的理解。从《再见了，亲人》中轰轰烈烈的爱，到《我的老师》中平平淡淡的爱，再给学生推荐各种各样表现亲情的书，如《爱的教育》《马燕日记》《我们仨》《鸟奴》《红奶羊》等，让学生带着对"亲人"的体悟去感受更为博大的亲情，不仅将感动内化为一种精神力量，更能使学生在主题阅读的拓展中，走进广阔的语文天地，丰富积累，扩大视野，实现所谓的"拓展求发展"。

四、在阅读中发挥想象
——张开想象翅膀，遨游语文天堂

"发展性教学"的提出者赞科夫曾对一批即将在传统教育体系下毕业的学生作过调查，让他们回答："学校在哪一点上没有教好你们？"学生们说："学校很少教给我们创造性、首创精神和独立性，甚至没有教给我们勇敢和大胆想象的精神。"因此，赞科夫批评传统教学只是单纯追求掌握知识和技能技巧，不能促进儿童的"一般发展"。顾明远说，"一般发展"指的是从心理学角度出发的完整的人的深刻的全面发展，是既包括智力因素，也包括非智力因素的整个身心的全面的和谐发展。想象力的培养是开发学生创造性思维的关键，是解决儿童"一般发展"问题的重要环节。《语文课程标准》明确指出，要让学生"在发展语言能力的同时，发展思维能力，激发想象力和创作潜能"。

经典案例

师：现在，让我们假设一下历史回到144年前做一次小小的体验。如果你是决定国家前途命运的一国之君——"帝"，如果你是辅佐皇帝参与国家管理的大臣，如果你是保卫国家领土的士兵，如果你是普普通通的生活在北京的老百姓……面对英法联军火烧圆明园的行径，你会怎么做？请自己选择一个角色

静静地想一想，一会儿请你实话实说。（生讲其中的一个角色的时候，师紧紧围绕这个角色进行讨论，直到完了再讲下一个角色）

生：如果我是当时的皇帝，但我没有兵权，我的兵权掌握在老佛爷慈禧的手中。我会号召所有的百姓团结起来，即使用长矛、弓箭，也能对付洋枪洋炮。只要团结，就有希望。

师：虽然你的皇权掌握在慈禧手中，但你善于发动群众——了不起的皇帝。

生：假如我是皇帝，我不会建造圆明园。我会把所有的钱用作军费。当英法联军闯进圆明园时，我会派出军队与他们战斗。如果打不赢，我会与他们谈判。

生：如果我是朝中大臣，我会建议皇帝，派人去留洋，学成归来后制造自己的枪炮。

生：我是北京城的一位老百姓，我会动员号召其他百姓团结起来与敌人抵抗。

生：假如我是士兵，我会和他们血战到底。即使我牺牲了，我的身体也要倒在圆明园里成为敌人的绊脚石！

（《圆明园的毁灭》）

案例分析

窦桂梅把对圆明园的兴亡的思考巧妙地交给学生，让学生学会换位思考，体会不同的社会角色和不同的责任，让学生在老师的阅读提示中发挥想象，从不同的角度联想不同的行为，从不同的行为中获得一种共同的社会责任感，再带着责任感进行步步深入的朗读。教师善于调动学生的积累和经验，在对历史环境、历史角色的体验中，激发学生的想象力，深化了学生对历史的思考，避免了空喊"振兴中华""雪我国耻"等口号。窦桂梅的设计突破了传统处理方法的局限，既照顾到学生的"现有发展水平"，又把提高的目标定位在学生的"最近发展区"上，使学生对圆明园深刻的历史反思就在这大胆的想象和有效的感悟中水到渠成了。

实施方法

1. 营造良好的氛围

建立和谐的师生关系，使得师生、生生之间的对话在平等、自由中进行。尊重学生的主体性，充分调动学生的自主性、主动性和积极性。鼓励学生敢想、敢言、敢做。宽松的课堂气氛有助于学生自由思考，最大限度地放飞心灵，激发想象，形成独特的见解。

2. 充分挖掘教材

一是抓住重点词句启发想象，在《秋天的怀念》中，窦桂梅善于抓住课文"窗外的树叶'刷刷拉拉'地飘落"这一句话，启发学生想象情景，抒发"像落叶般的命运"这般凄凉的情感。二是让学生续写、改写课文片段，或者改编、表演课本剧。如改写寓言《龟兔赛跑》，让兔子在"公平竞争"中反败为胜；改编寓言《牛角尖里的老鼠》，让老鼠在"坚持不懈、勇往直前"下终于钻破了牛角。语文中有着大量故事性强的文本，教师可以引导学生把叙事性的诗文改编为课本剧，这不仅让语文课堂更加形象、生动，激发了学生的学习兴趣，还充分调动了学生的想象力。

3. 多媒体教学激活想象

语文多媒体辅助教学结合了文字、图形、图像、声音、动画、影像等。它的直观性、形象性、趣味性、新颖性的特点符合小学生的认知习惯，能对小学生的视觉、听觉、心理形成强烈的刺激。教师在课堂教学中，可以通过图文结合、音乐渲染、动画展示等，提供大量的信息材料，创设栩栩如生的情境，拉近学生与教材中描述对象的时空距离，拓宽学生的思维空间，培养学生丰富的联想和想象能力。

五、在阅读中衍生动态
——丰富课堂活动，演绎文本动态

"发展性教学"主张灵活地、综合地运用各种教学方法，使学生逐步地、深刻地理解和体会课文情思，品悟其中韵味。顾明远指出实施"发展性教学"要"注意避免两种极端的做法：一是关于课文的意思一定要让学生说出来；二是由教师一个人解说课文的内容。"学生是课堂的主体，基于小学生好动、爱玩的天性，以及语言表达能力发展尚未成熟的特点，教师在语文课堂中恰当地运用游戏活动，可以激发学生的学习兴趣，营造愉悦的课堂气氛，锻炼学生的创造性思维，鼓励学生动起来、活起来。

 经典案例

师：总之，我发现落叶无处不在，落在哪里，哪儿就是它的家。就这样，一片，一片，一片……谁来了，谁发现落叶在等候着它们了，快读书，读完后告诉大家。

生：小虫爬过来，躲在里面，把它当作屋子。

师：我明白了，小虫是爬过来，躲在里面。（贴"爬"和"躲"）

生：小蚂蚁爬过来，坐在当中，把它当作船。

师：我明白了，小蚂蚁是坐在当中。（贴"坐"）

生：小鱼游过来，藏在底下，把它当作伞。

（师贴"藏"）

生：燕子飞来看见了，低声说：电报来了，催我们赶快到南方去呢。

（师贴"飞"）

师：这些小动物们，有的爬、有的游、有的飞、有的坐、有的躲，现在你们就是这群可爱的小动物。

师：你是谁？

生：小虫。

师：你是谁？

生：小蚂蚁。

……

师：现在我们就体验体验，你们就是可爱的小动物，我好喜欢你们这群可爱的小动物。注意了，一片叶子落下来，有的爬来……一个也没爬？

（生爬）

师：有的动作真美哪，那么爬呀爬呀，可以在过道，放松。

师：有的游来。

（生游）

师：重来，游得太快了。

师：小燕子飞下来了。飞——

（生飞）

师：蚂蚁坐上去，坐在叶子上。

（生坐）

师：刚才我们是慢动作，现在快，游、飞、坐、爬、游、飞、坐、躲……

（生按老师的口令做着不同的动作）

师：我看见了，我看见了，我去抓你……哈哈，听好了，藏。

（生纷纷往桌子底下藏）

师：快出来吧，最后一个动作：坐。

师：我可明白了，你们哪，这些小动物可太了不起了，刚才你们做的躲和藏的动作一样的，看来躲和藏有时放在一起可以表示一个意思。现在我把藏换个动作，躲开！

（生躲开）

师：还想演吗？我们挑几个同学扮演小动物，你可要用心体会，你就是它。

师：爬，游，飞，躲，躲开的躲，躲藏的躲。

（生演）

师：开心吗？快乐吗？幸福吗？就把这些感受送到句子里边，用你的声音表达出来，能做到吗？把你的感受用声音传送出来。开始。

（生读书）

（《落叶》）

案例分析

窦桂梅敏锐地捕捉住"爬、躲、藏、游、飞"这些表现小动物动作的词语，创设情境，让学生扮演课文中的不同角色。让学生通过课文对落叶不同用途的贴切比拟，了解秋天叶黄叶落、候鸟南飞等大自然的特征，激发学生的想象力和创造力；然后以游戏的形式让学生对落叶给蚂蚁、燕子、小鱼、小虫带来的情趣进行比较品味；接着把"开心的、快乐的、幸福的"的感受"用声音传送出来"。用心想象，用身演绎，用情朗读，这个过程，既是学生身体语言训练的过程，也是思维发展的过程，更是情感陶冶的过程。摒弃束缚学生身心发展的课堂，创设气氛活跃、思维发散、互动有效的课堂，培养学生的想象力与创造力，使学生得到生动、活泼、主动的发展。

实施方法

灵活运用课堂游戏，可以激发学生学习语文的兴趣和积极性，培养学生运用语言文字的能力，提高学生的课堂参与意识，启发学生的发散思维，同时培养学生的竞争意识，创新精神和组织能力，使学生各方面的能力得到提高。

1. 字词教学

开火车，教师出示一个生字，让一组学生按顺序拼读音节、分析字形。某个学生读音错误，或字形分析不正确，这列火车就要停下来，障碍排除后火车才能继续往下开。

猜字谜，教师根据字的特点编写或选择生动、形象、有趣的字谜，引导学生通过字谜掌握字形、字义。遇到难记、难写的字，还可以通过背顺口溜帮助学生记忆。

词语接龙，调动了学生学习的积极性，扩展了学生的词汇量。

2. 阅读训练

抢答游戏，这是一种竞争型的游戏，能充分调动学生的积极性，锻炼学生思维的敏捷性、灵活性，使他们在紧迫的气氛中最大程度地提高注意力。这种游戏形式特别适合快速阅读的训练。

角色扮演，在活动中学生通过视觉、听觉、嗅觉、触觉等感官全身心地感受阅读中的情景，体会教材中人物的状态、心理，使学生的想象能力、思维能力、创造能力、应变能力得到发展。

3. 写作指导

作文源于生活，小学生的生活充满着丰富多彩、活泼有趣的活动，何不把他们这些真实、亲身经历的活动带到作文教学的课堂中来？如小记者采访队、红领巾广播站、绿色环保小卫士、班级值日生、家政小能手、小小推销员、辩论赛、演讲比赛，等等，引导学生在活动中学会观察、体会、感悟生活，鼓励学生“我手写我心，我心悟我情”，让学生人人有话可说，有文可写，有情可抒，寓学于乐。

六、在阅读中生发情感
——启迪学生心智，引发情感共鸣

强调语文教育对熏陶学生情感、提高学生语文素养的作用，这与“发展性教学”强调教育不是简单地适应学生的现有发展水平，而是要积极创造最近发展区的思想是一致的。顾明远在提出发展性教学的方法时指出，“应使学生深入地从各方面理解和体会课文。赞科夫特别重视让儿童在自己独立感知的基础上，越来越深入地从各个方面理解和体会文艺性的课文。把各种教学方式结合使用，使学生身临其境地体会文章的情景和作者的思想情感。”

经典案例

师：既然大家都叫他丑小鸭，可以想象，小鸭的童年是什么样的了。让我们走进小鸭的“童年”。（首先出示教材中的课文内容，学生读。略）

师：刚才同学们猜想这一段的时候，提到可能删掉了小鸭怎样被欺负的细节。下面我们就看看译文中的三个片段。

（课件出示三段原译文，两生分别朗读第一、二段）

师：这是头一天的情形。后来一天比一天更糟——

（生朗读第三段）

师：这三个片段描写鸭子对小鸭的欺负都用了一个“啄”字。与课文中的“啄”相比，说说译文中哪些“啄”让你感受得更具体？

生：我觉得第一个“啄”能够让我感觉到丑小鸭被啄的滋味很难受。你看这只鸭子啄小鸭是在颈上啄，那个地方羽毛最少。还有，啄小鸭的理由也写出来了，感觉很具体。

生：我觉得第二个“啄”更让人感觉小鸭可怜。“处处挨啄”，就是说走到哪里都被啄。（师及时点评生读书细心，抓住了“处处”）

生：还有片段三中，"鸭儿们啄他。"这就是说，不只是一只鸭子，是一群鸭子都啄他……

师：好在，鸭妈妈疼爱他。课文没有具体描述。原译文是这样写的——（略）

师：这里重复用了一个"啄"。和前面提到的"啄"一样吗？（生纷纷举手）把你的理解，送到下面的句式中去。（出示两个句式，生填空）

（1）于是马上就有一只鸭子飞过去，在他的颈上（　　）啄了一下。（生填"狠狠地"）

（2）于是鸭妈妈在他的颈上（　　）啄了一下，把他的羽毛理了理。（生填"温柔地"）

师：说得不错，前面用"狠狠地"，后面用"温柔地"也可以，如果讲究一点对仗，看看还可以填什么？

生：填"轻轻地"感觉更好一些（生读）——于是鸭妈妈在他的颈上（轻轻地）啄了一下，把他的羽毛理了理。

师：这同一个"啄"，带给你的感受一样吗？

生：不一样。第一个"啄"感觉是疼的，体现的是他们对丑小鸭的讨厌。第二个感觉是舒服的，体现的是鸭妈妈对小鸭的"疼爱"。

师：同一个"啄"，却让我们有不同的感觉，从中体会到了不同的感情。在原译文中，这感觉不像课文一样是直接告诉我们的。作者是把它"藏"在"啄"里的。看似用词简单、重复，但内涵却是——

生：挺深的。

师：也可以说是"丰富"（板书）的。下面就把你们品味的丰富内涵送到"啄"里去，再次感觉"啄"的不同。

（生再读刚才的两句话，富有动作和表情。读得很形象，很有味道）

（《丑小鸭》）

案例分析

窦桂梅的讲解，并不是她一个人的独角戏，也不是师生之间机械的一问一答，而是生生之间的讨论，师生之间的探讨。首先，窦桂梅选取了原译文的三个片段，让学生通过朗读来表现动物们对丑小鸭的厌恶。然后，围绕一个

"啄"字，让学生说说他们对丑小鸭的遭遇的具体感受。接着，引导学生将鸭妈妈"轻轻"地"啄"与鸭儿们"狠狠"地"啄"相比较，以填空的形式体会鸭妈妈对丑小鸭的疼爱及鸭儿们对丑小鸭的厌恶的不同感情。在反复诵读中，学生理解了丑小鸭的可怜、孤独、苦难的童年，以及离开家的原因。窦桂梅提倡"以读促讲""读悟结合"。情到浓时，窦桂梅并没有强迫学生继续说下去，而是建议他们通过读来抒发情感，体会课文用词的精妙及其丰富、深刻的内涵。这与"发展性教学"反对"课文的意思一定要让学生说出来"的要求是一致的，既培养了学生的朗读能力，又让学生通过形象生动的表现方式，更深刻、强烈地明白丑小鸭的生活状况。

实施方法

1. 课前预习，孕育情感

预习，不仅能梳理字词，排除阅读障碍，而且在课堂上，通过展示课前学习的收获，能让学生体验到自主学习的成功感和愉悦感，增强学习的兴趣和积极性，以轻松、自信的心情走进课文，为体验情感做准备。课前预习的方法可以用"看，画，查，读，记"五部曲来概括。第一步，看，就是通览课文，了解课文的大概意思，重要章节要仔细阅读；第二步，画，包括按顺序标出自然段的段号，画出生字词和不理解的语句、章节；第三步，查，就是利用工具书和网络，扫除字词障碍，搜集与课文相关的资料；第四步，读，在完成前三步的基础上，再朗读课文。在读的过程中，通过查阅生字词和相关资料帮助学生对课文的理解。同时，朗读是帮助记忆的好办法；第五步，记，用笔记下预习中遇到的疑难问题，方便在上课时集中更多的精力去听讲、解决。注意，为了减少盲目浪费时间的现象，提高预习效率，建议学生在查阅资料等环节中采用小组分工合作的形式。

2. 创设情境，激发情感

充分应用多媒体来创设情境，使教学图文结合，声情并茂，甚至手舞足蹈，为学生提供想象的空间，调动学生的学习兴趣和情感积累，提高教学效率。语文教育专家李吉林以生活展现情境，以实物演示情境，以图画再现情境，以音乐渲染情境，以表演体会情境，以语言描绘情境的"情境教学法"，在语文"发展性教学"上很值得借鉴。

3. 读悟结合，体验情感

小学语文教材在编排上，给孩子们的阅读开辟了一个广阔的园地：在内容形式上，多是韵文，读起来朗朗上口；在意境上，饱含着丰富的思想情感及人文精神，这些都必须经过学生反复涵咏品味，才能使得妙由心悟。在阅读指导中，教师要注意把握好"初读""精读""积累""运用"四个环节。初读，就是在预习的基础上初步感知课文，整体把握课文内容思想和结构脉络，对不明白的地方提出疑问，这个环节一般采用自由读、默读等方法；精读，就是针对重点内容，逐章逐节、逐句逐字地进行深入细致研读的课文阅读方法，以提高学生的观察力、记忆力、概括能力以及辨析关键词语的能力，在这个环节中，教师不要一味地给学生讲解、灌输，而应该为学生提供一把梯子去攀爬知识殿堂，提倡"跳一跳摘果子"的教学方法，培养他们的自主探究能力；积累与运用，就是摘抄精彩词句，熟读成诵，然后熟练、准确、灵活地运用到写作中去。

4. 发挥想象，提升情感

真正读好、读透一篇文章，不仅涉及对文章好词佳句、表现手法的理解，更重要的是通过个性化的想象，将其内化为自己的情思，从而与作者产生感情上的共鸣，为培养学生的文学素养打下基础。每个学生的生活经验和知识积累都是不同的，因此，教师要鼓励个性化阅读、创新阅读，为学生提供更广阔的想象空间，珍视学生独特的阅读见解和感受体验，使其体味文章的精义妙理，体味作者的神思妙笔。达到真正启迪学生心智，引发情感共鸣，使语文课的工具性和人文性得到有效的统一，让语文教学永远荡漾着情与智的活水的目的。

七、深度阅读
——语文课程目标改革与"发展性教学"

学生全面发展是教学的第一要务。赞科夫认为，"教学要在学生的一般发展上取得尽可能大的效果"目的是促进学生"理想的一般发展"。一般发展包括智力的发展、道德情感的发展、意志的发展、身体的发育等各个方面。学生在一般发展上取得的成绩是自觉而牢固地掌握知识、形成技能技巧的可靠基础。

顾明远在"发展性教学理论"的提出背景中指出，人类社会开始进入"知识爆炸"时代，知识更新速度大大加快，知识物化的周期大大缩短。科学信息的成倍增长，使得普通教育的教学内容不断增多，而且越来越复杂。在这样的背景下，学校不可避免地要回答如下的问题：学校教学如何才能最大限度地发展儿童的认识，如何为儿童自觉而牢固地掌握教学大纲规定的整套知识创造条件。因此，从20世纪50年代初开始，教学与学生的发展问题就已经为全世界教育学界所关注。

发展性教学是促进学生获得全面发展的教学。主要是针对传统教学中严重忽视人的发展这一弊端而提出的。传统教学的教学内容枯燥乏味，方法机械单一，知识面不广，导致学生学习被动，兴趣不浓，压制了学生想象力、创造力的发展。语文成了一种机械性的工具，学生的语文素养难以提高。"'发展性教学'正是适应社会发展的需要，培养学生的发展意识，教给学生发展的方法，为'终身学习'和社会适应性奠定基础。"从语文课程目标改革的角度来看，发展性教学主要体现在两个方面。

（一）课程目标由"双基"改为"三个维度"

与2000年语文教学《大纲》相比较，《语文课程标准》系统地提出了"三维目标"，它指出："课程目标根据知识和能力、过程和方法、情感态度和价值观三个维度设计"。语文教学不再仅仅是培养"双基"（掌握语文基础知识和提高语文基本能力），而是要通过把情感态度和价值观目标贯穿于语文教学实践中，培养学生高尚的道德情操和健康的审美情趣，形成正确的价值观和积极的人生态度。除了知识和能力，还应该培养学生"热爱祖国语言文字的情感，养成语文学习的自信心和良好习惯，逐步养成实事求是、崇尚真知的科学态度，初步掌握科学的思想方法，提高文化品味和审美情趣"，促进学生德、智、体、美的和谐发展。薄俊生在《小学语文发展性教学的认识与实践》中提出，"发展性语文教育"不以培养"谋利的工具"为价值追求，而以培养"素质全面发展，个性充分发展，生命精彩纷呈"的人为根本目的。可见，《语文课程标准》提出的"三个维度"的课程目标体现了从知识的传授到对人的重视，从技能技巧的掌握到对人的精神、心理的关怀，突出了"发展性教学"的理念，有利于全面提高学生的综合素养。

（二）"三维目标"中的"知识和能力"更注重知识的拓展和创新能力的培养

"传统的教学论思想过分地强调教育的知识传承功能，忽视对学生创新能力、自学能力、实践能力的培养和健全人格的塑造。特别是应试教育的推波助澜，以学生掌握知识的多少作为衡量教育教学质量高低和选拔人才的主要标尺，乃至唯一尺度，影响了学生主动、活泼、全面的发展。"为了改变以往的不良倾向，《语文课程标准》提倡让学生"在发展语言能力的同时，发展思维能力，激发想象力和创造潜能""能主动进行探究性学习""有较丰富的积累，学会运用多种阅读方法"等。教师要在加强适应学生发展的基础知识和基本技能的教学的同时，引导学生逐步独立地运用已有的知识和能力去学习和构建新的知识，体验和掌握新技能，从而培养学生的自主学习能力、探究能力、创新能力。同时，"发展性教学"也指出了应试教育的弊端，反对"重知识学习轻实践能力，重书面练习轻口头表达，重机械记忆轻创新思考，重考试内容轻全面发展"的教学，提倡拓宽教与学的底面，夯实基础，激活思维，以科学方法促进学生长远的、可持续的发展。因此，"知识和能力"目标的升级，也体现了"发展性教学"的理念在语文教学中的运用。

语文是一门集实用性、思想性、趣味性于一体的学科，在促进学生知识与技能、过程与方法、情感态度与价值观全面发展中起着重要的作用。小学生可塑性强，"发展性教学"有利于孩子在小学阶段就树立全面发展、终身学习的目标，更好地培养学生的探究能力、创新能力、自主学习能力等。

（分析论述：孔筱坚）

如何进行"求真求知"的生本教学

名师档案

——生本教育的拓展者

何建芬，女，高级教师，广州市天河区华阳小学教师，曾获"中国优秀辅导教师""广州市优秀教师""三八红旗手"等荣誉。

何建芬致力于生本教育的研究，是生本教育的首批实践者，并取得了显著实效：低年级学生的识字量达到小学六年级水平；学生的阅读量更是惊人，小学已达到中学要求；学生的口语、写作、交际等综合素质表现出色，受到香港、澳门及大陆各地的教育专家和同行的一致好评。她的生本教育著名课例《威尼斯之夜》《兵马俑的个性》等被推荐给全国各地名校长研习班研讨，深受欢迎；其优秀课例《人类的语言》在生本教育体系学术研讨会上展示，受到国内外教育专家的高度评价。她还发表了《运用生本理念，进行教育创新》《网路展魅力，童心乐向学——谈多媒体网路环境下的低年级语文教学》《语言训练是贯穿语文教学的主旋律》《生本让我们享受简单——谈生本理念下小学语文教学的新思考》等多篇论文，影响广泛。

一、名课实录
——"生本理念"下的语文课堂

《你的姓名》第一课时课堂教学实录（生本教育试验版小学四年级上册）

（一）新课导入——初步感受诗歌之美

师：同学们，今天我们来继续分享……看一看我们今天的话题是什么？

生：（齐）你的姓名！

师：上节课我们已经初读了这首诗歌，不知道读完这首诗歌后，大家最深的感受是什么？你们最……（跳过）

生：有时姓名也能点缀人生。

师：太棒了！为她喝彩呀。姓名是点缀人生的一份……什么……厚礼！谢谢刘俊红（让同学坐下）。继续说吧。

生：我觉得姓名是爸爸妈妈送给自己的一份厚礼，它代表着爸爸妈妈对刚出生的小生命的爱，也代表了爸爸妈妈一生一世负着责……

师：责任是吧。

生：（点点头）爸爸妈妈给我们起个名字是很难的。

师：噢——好的，谢谢你感受到父母的爱。还有吗？（看看四周）周学良，你继续说。

生：我认为姓名是一块纯洁的翡翠，无论你走到天涯海角，它都会像伙伴一样伴随着你。

（全班同学鼓起掌来）

师：真棒！她用诗的语言说出了自己的感悟。（笑着指了指后排的一位同学）你说吧，那么着急。

生：（拿着稿件）我的整体感悟是它包含着父母对你的爱对你的希望，所以更要好好保护你的姓名。

师：（赞许的）好！这么多同学对名字感悟得如此真切，我想你们一定是被这首诗感动了，是吗？

生：（齐）是！

（二）深入新课——深入品味诗歌之韵

1. 品味诗句

师：这节课我们来继续品味这首诗的精华所在，它的魅力到底何在啊？哪个地方最能体现这首诗的魅力，下面请同学们看教材。快速地浏览，看看最能引起自己共鸣、最能使自己感动的是哪些地方，对这个地方你最欣赏的词语是哪一个，它引起你哪些沉思，什么样的共鸣。下面，给你们多少分钟准备？

生：一分钟。

师：一分钟就够了？好，一分钟自己准备。一分钟，同桌交流或四周交流，可以吗？

生：可以。

师：好，下面自己开始吧。

（生热烈地开始讨论）

（师四处走动观察并参加同学们的讨论）

师：好啦，不少同学已经酝酿得差不多了，请同学们看老师好吗？好，我想呢，长话短说，好不好？

生：（齐）好。

师：那让我们一起走进诗歌当中来品味它的内涵。谁带个头？好，请汪乐，你来带个头。

（生欲站起）

师：站着难受可以坐下说。

生：（坐下）这里最能引起我的共鸣。请大家看第3段。

师：第3节。

生：对，第3节。"我们时时以它为荣，从未愧对在天之灵，当我们将它赠给你，它是那样玉洁冰清。"我觉得"以它为荣"这个词呢——可以——可以和我产生了共鸣，因为我觉得一个——我有一个值得骄傲的名字，无论遇到什么危险，只要想到它，我就能够勇敢地站起来，克服——克服危险，勇敢地——勇敢地向前进。

师：也就是说，汪乐以自己的名字为荣，感悟到了父母对她的期望。你们还有什么补充？有什么补充的可以站起来就说，说吧。（走向一位准备发言的

学生)

生：我为爸爸妈妈给我起的这个名字感到非常自豪，我非常骄傲和光荣，爸爸妈妈给了我"萱"这个字，就是无忧草，它交给我的使命就是叫我无忧无虑地生活下去，把快乐带给全世界。

师：听清楚了吗？

生：（齐）听清楚了。

师：她联系了自己"陈萱"这个名字来谈自己的感悟，真棒。还有吗？还有其他地方吗？好，孙琦。

生：我认为这里很好，请同学们看第六节。

师：第六节。

生：第六节。"愿你珍视金玉名姓，父母之心亦可宽慰，此名此姓形影相随，天涯海角年年岁岁。"因为这里写出了父母给了你这个姓名，这个姓名与你共同分享快乐，就像父母和你一样共同分担痛苦和快乐，有乐大家享，有痛苦大家分担。

师：这个同学是抓住哪个词语来品味的？

生：（齐）年年岁岁。

师：找到了吗？

生：（齐）找到了。

师：好，同学们自由地品味一下这一节诗。一会儿如果你们还有补充意见，还可以继续发表，自由品味一下。

生：（齐）"此名此姓形影相随，天涯海角年年岁岁。"

师：还想到什么，从这里你们还想到什么？

（生踊跃举手）

师：吴语乐你想说什么？

生：我从这里还想到了我们要珍惜自己现在拥有的姓名，因为这个姓名体现着你的父母对你的希望，所以这个姓名要伴随我们一生，我们不管走到天涯海角，这个名字永远是你的。

师：（望望大家）同意吗？

生：（齐）同意。

师：寄托着父母的期望，你认为这里最能引起你震撼的是哪里？

生：我认为最能引起我震撼的是"形影相随"。

师：形影相随，也就是说姓名将伴随我们的一生一世。还有补充吗？（看看同学们）好，夏寻。

生：我觉得这一段写出了，也让我们深信自己的姓名——这个姓名就像金玉一样。

师：金玉一样。

生：充满了父母的爱和希望。

师：充满了父母的爱和希望。好，真棒。刘俊红还有什么说的？

生：我认为这一段写出了你的姓名就像金玉宝贵，比金比玉都要珍贵。

师：说得真棒啊，为这些同学喝彩。

（生一起鼓掌）

师：是的，看出父母对我们的爱对我们的期望，所以也请你们用自己的激情把这一份爱这一份希望表露出来，朗读一下好吗？

生：（齐）好。

师：好，一起来。起。

生：（齐）"愿你珍视金玉名姓，父母之心亦可宽慰，此名此姓形影相随，天涯海角年年岁岁。"

师：好的，还有哪些地方呢？除了刚才提过的那些地方还有哪些地方呢？赵达，你来。

生：我最欣赏第一个片段。

师：请大家看一下。

生：请大家看，"你的姓来自生身父母，我们快乐地将它相赠，这是我们最好的礼物，它将伴随你今世今生。"我最欣赏这里，是因为这里写出了姓名就是你一生当中最好的礼物，我们一定要好好地珍惜，我还有一点意见，就是最后一行，最后一个词是"今世今生"。但是我想改一改，我想改成永远。因为我想今世今生应该是说他的一生，但是如果他去世了怎么办呢？（生笑）但是我们去世了姓名依然保留着，所以我希望将这个词改一改。

师：谢谢赵达，为他喝彩。

（生齐鼓掌）

师：他说了姓名是永存的，是不是，真棒，这首诗是翻译过来的文章，所以呢，如果你们觉得它有不当之处你甚至可以改编，像我们的赵达，已经是最好的表现了。还有别的吗？（看看四周）好，有请刘玉红。

生：我也非常欣赏这一段，我还有一点补充，就是第一句"你的姓来自生身父母"，因为你的姓是来自父亲而不是母亲……

生：（有反对意见）也有跟母亲姓……

生：应该改为你的姓名来自生身父母。

师：你的姓名来自生身父母。

生：姓名。

师：哦，你的意思是把你的姓改为你的姓名是吧？（向全班同学）她说姓是来自父亲，你们有没有什么意见？

生：（几个同学争着说）有，有。

师：呵呵，有意见，啊，王荣发你来说说看。

生：我家大院里有一个哥哥，他不是姓他的父亲的姓而是姓他的母亲的姓。

师：（好奇的）为什么？你有没有调查过？

生：没有。

师：没有调查过。谁能给他作出一个解释？（指了指一位同学）

生：我还知道最早的时候开始都是母系氏族社会，所以他们都是姓母亲的，那个姓字也是一个女字旁。

师：哦，母系氏族。为她喝彩。在远古的时候是跟母姓的，你们看看那个姓是不是"女"字旁的？

生：（大声地）是。

师：刘玉红同学说现在的人的姓都是跟父亲姓原因何在？（指回刚才那位同学）这位同学说古时候是跟母亲姓的。（指了指一位举手的同学）

生：后来有人认为父亲才是一家之主，所以后来才会……

师：现在也是由于远古流传的习惯，我国也没有规定一定要随父姓，你也可以随母姓，像×××一样，他的名字里既有母姓也有父姓，而且呢，就说如果是生身父母就代表了他们把你生下来才有了你现在这个身体、肉体与灵魂，所以这里面不只应该提到父亲。

师：（问一位同学）刘戈？

生：接受。

师：啊，接受。（走向一位同学）你来看看。

生：我也在这一段有同感。

师：有同感，听听她的同感是什么？

生：我最欣赏"礼物"这个词。

师：（点点头）"礼物。"

生：我觉得他用得非常巧妙。

师：巧妙。

生：它在这里不仅代表一个小小的礼物，还代表了父母对自己儿女的鼓舞、信心，等等。突然也让我想到了自己的姓名，我想父母是想要这个姓名时时刻刻激励我学习，正直、刚强是父母对我最大的希望。

师：好的，谢谢钟婉杰。同学们，其实我们的姓名不管是跟母姓还是跟父姓，都是来自父母对你的爱和希望，这一点是无可否认的，对不对？好，既然是如此，让我们用朗读去体会父母的爱，用朗读来展现父母对你们的希望。自由，有感情地，在课堂上，轻声地，读出自己的感情就得了。

（生自由朗读）

师：那位同学给我展示一下好吗，来给大家展示一下，把你父母的情和爱融入你的朗读中展现出来。

生："你的姓来自生身父母，我们快乐地将它相赠，这是我们最好的礼物，它将伴随你今世今生。"

师：如何，感受到这份爱与关怀与希望了没有，感受到了，好，既然感受到了，我们不多说了，还有其他地方吗，还想品吗，如果还想品请高举你们的手好吗？好的，我现在有请天华。

生：我最欣赏和震撼的是最后一节，"或许有个朗朗清晨，你将此姓传给儿女，你和父母一样微笑，此姓依然玉洁闪耀"，我最欣赏"玉洁闪耀"这个词，因为他说出了把这个姓传给你的时候是非常光辉的，到后来就要靠你为他争光。

师：听清楚了没有？

生：（齐）听清楚了。（掌声响起）

师：给你的时候是非常光辉的，以后的日子你就要为这个名字争光。还有补充吗？

生：我也是欣赏最后一段，最后一节，就是朗朗清晨，的确是的，当你出生以后，就算天是灰蒙蒙的，下着雨，但是你还是觉得朗朗清晨，没有任何一点污点。

师：哦，她说哪怕是天下着雨，哪怕是天很黑，但是这个时候父母，怎么样，母亲把你诞生出来的那一刻，也是朗朗清晨，原因何在，你知道吗？

生：我知道，我认为每一个人诞生都是小小的生命，他对世界都是，不可能没有影响的，所以他出生的时候就是一个朗朗清晨，因为一个新的生命诞生了。

师：同意吗？

生：同意。

师：还有？

生：我认为是一个新的生命诞生了，又有了一个新的希望，所以再恶劣的天气，假如有一个新生命诞生了，它还是那样的晴朗。

师：也就是朗朗的日子象征着一个生命诞生了，将为大地增色，为世界增光，是不是？谢谢同学们的感悟，也请你们自由地品读一下。

生：（齐）"或许有个朗朗清晨，你将此姓传给儿女，你和父母一样微笑，此姓依然玉洁闪耀。"

师：好，同学们对这首诗啊，品读得很深，也有这种内心感情的表露，我想诗的每个角落都能够震撼着每个同学，那么我现在有个疑问，你们为什么对这首诗读得有滋有味呢，这首诗最大的魅力最大的特点是在哪里，你们可以讨论一下吗？好，四人小组先讨论一下，讨论一下这首诗最能引起你思索的是什么。

（生自由讨论）

师：好，我说你们对这首诗品得这么有味道，这首诗根本的魅力在哪里？有请汪乐。

生：我觉得这首诗在字里行间都能看见父母对我的期盼。

师：期盼，充满了整首诗，还有吗，好，周学良你来说说看。

生：我认为这首诗有点像我的知心朋友，也就是把他的小秘密告诉我们，而且很亲切，写得也很温柔。

师：很温柔很亲切，好的，她感悟到了文学语言的魅力，还有吗？嘉熙你说吧。

生：我认为这首诗最大的特点是这首诗没有惊天地泣鬼神的事例，也没有什么华丽的词句，更没有什么能湿润人眼眶的词语，但作者让爱与亲情无影无踪地渗透进了字里行间，像是他在第4节所说的，"身外之物皆可抛，恰似儿时损坏的玩具"，就与作者说要与珍惜你的姓名有一个天大的对比。

师：怎么样，听出些什么味道没有，好的，谢谢嘉熙，她说诗歌采用了很强烈的对比来反衬出名字对人生的珍贵，还有吗？

生：我觉得这首诗最成功的一点就是文章紧凑，你要珍惜自己的姓名，词语用得非常适合，搭配得很有特色，最让我们佩服的是作者真情的流露，我们感受到了自己在和心灵交流，就像和爸爸妈妈谈心事。

师：同意吗，好的。看来你们都品味出这首诗的字里行间里父母对子女的爱，所以每个人都要珍惜自己的——

生：（齐）姓名！

师：你们都觉得这首诗是十全十美的吗？

生：（齐）不是。

师：我记得在上第一节课初读的时候，很多同学提出了质疑，你们认为还有哪些地方可以改，提出你们反驳的意见。刚才赵达驳了一处，还有哪些地方你觉得你翻译得比他更棒的，还有吗，你来说说。

生：我认为，请大家看最后一节最后一个词"玉洁闪耀"，我觉得他这个词有点重复前面的那个词"玉洁冰清"，我认为自己的这个词"冰清闪耀"可以来代替它，因为我认为我自己写的这个词很好。

师：要什么，要冰清闪耀，不要玉洁。

生：不要玉洁闪耀。

师：你来朗诵一下最后一节诗，就是你改过后的。

生："或许有个朗朗清晨，你将此姓传给儿女，你和父母一样微笑，此姓依然冰清闪耀。"

师：好吗？

生：（有几个同学）不好。

师：不好啊，为什么？

生：因为他前面写的是当我们将它赠给你时，它是那样玉洁冰清，也就是说当时这个名字非常的纯洁，而后面是说你将此姓传给儿女，此姓玉洁闪耀，这也就说明你做出了一些成就，你为这个姓名奋斗过，这个姓名光辉起来了，所以我认为他这里用玉洁闪耀是很恰当的。

生：（前一位同学）你有没有理解冰清闪漾的意思？

师：闪漾，不是闪耀，荡漾的漾，那你没有说清楚，请你说清楚好吗？

生: 冰清闪漾的"闪漾","冰清"是依然是那么纯洁, 就是你没有让你自己的姓, 你的行为没有让你的姓名粘上一点污垢, 而"闪漾"就是说你的行动让你的名字添上了光辉, "漾"这个字的意思就是像清水一样波动, 而且很透明。

师: 很透明, 没有半点污点, 也许他所用的词有他的魅力, 文章作者用的词也具有他独特的风格, 我们保留意见好吗。还有哪些地方可以改的吗? 还有吗, 李素磊, 好, 赵达。

生: 正如我刚才反驳的一样。

师: 刚才说过了吧。

生: 这次是第2个片段, 第四行, 他又说一世, 我刚才说过了, 即使去世了, 名字永远是他最好的礼物, 所以改成——

师: 同学们帮帮他。

生: 请同学们帮帮我。

师: 他说他还没想到, 好, 你想到了。

生: 我想到了人生三世 (其他同学笑了), 人生三世有得必有失比较正确。

师: 人生三世有得必有失, 还有吗, 嘉熙, 把话筒传给他, 怎么改得更好, 她说名字是永存的, 你说一下。

生: 名字是永存的。假如我叫金正阳我的儿女也叫金正阳, (全班笑) 我的孙子还是在叫金正阳, 所以说名字只是说他的姓名流传下去, 因此我还是觉得人生一世有得必有失比较好一点。

师: 如何?

生: 我跟金正阳也有共鸣, 因为他最后一段也说可以将你的姓传给你的儿女, 就是说你去世了传给你的儿女, 你的姓名一样可以保留。

师: 怎么样, 我现在都有一点被你们弄得⋯呵呵, 好像都对, 说吧。

生: 我就是觉得人生一世比较恰当, 因为他这个"人生一世", 人死后⋯⋯在陆游的诗中"死去原知万事空", 什么都不知道了, 那难道你还知道你有得还有失吗?

师: 哦, 但是陆游这个名字使我们永远记住他啊。

生: 我不是说这个, 我是说用"人生一世"比较好, 但是如果你做出伟大贡献像"毛泽东""邓小平"这些名字永远刻在人们心中, 你不需要去改他"三世两世", 还是用"人生一世"比较恰当。

师：总而言之，言而总之，同学们都同意一点，名字是，每个人的名字是，怎么样啊，永存的，至于你用"一生一世"还是"三生一世"还是多少世都无关紧要。就看你现在还有没有兴趣改，改出你们的特色，改出你们的创新，好吗。还可以继续研究。下面的时间呢，我想里面的文章同学们品得都差不多了，我们班 40 个名字都写在黑板上，你们一大早就写上去了，我想这里寄托了 80 位家长，40 对父母对你们的爱与期望，我很有兴趣让每位同学来展现一下你们这些名字里面有什么学问，你们的名字是怎么来的。好，这样吧，先让你们来准备一下，谁先来说，赶紧上讲台来说，用什么形式都可以。这样吧，四人一小组讨论一下。

2. 介绍名字

（生四人小组交流讨论）

师：好，我想，这样啊，谁先来说。

（生踊跃举手）

师：我规定时间，每个人展示的时间不能超过一分钟，行不行？

生：（齐）行。

师：如果你是小组上台的，那么你小组有四个同学，那么你就四分钟，绝对不允许超时，可以吗？

生：（齐）可以。

师：谁先来？

生：（齐）我先来。

师：好，我请那些最有风度的。（生听到老师这句话，马上安静下来举手）

师：好，胡天圆请说，你要不要上台，还是就在那儿讲……好，就在那儿讲。

生：我妈妈曾经看过一本丰子恺写的《……唐随笔》，于是就给我取了"胡圆圆"这个名字，可是妈妈觉得长大后念"圆圆"太老气了，于是就改成了"天圆"，希望我长大能自自然然地发展，而且我家……我爸爸是"开"字辈，我是"永"字辈，如果我是男孩的话，我该叫做"胡永圆"，这是不是不好听啊？

师：原来她的名字与丰子恺也有关系，还有想说的吗？还有吗？好，龚小燕有请。你可以上台来，这里有这个仪器（生回应不用）……不用啦，就这样讲，好吧，你讲吧。

（师到黑板上找龚小燕的名字，让大家认真看这个名字）

生：我的名字呢，非常像一张全家福。

（其他学生发出疑惑的声音，师也发出疑惑的声音，师生听龚小燕的讲解）

生："龚"字代表我爸爸，因为我和爸爸姓的，而"燕"字代表我妈妈，因为我妈妈叫江红燕，我在她的名字里也取了字，"小"字当然是代表我了，我妈妈想让我永远活在童年里面，所以取了一个"小"字，所以合起来就是龚小燕。

师：嘿，"龚小燕"还是一个全家福啦，好样的。好，还有吗？

师：好，你请，你要上台的。

（该生的组员不愿意一起上台，老师鼓励其自己上台）

（生走到讲台上，拿出一张纸）

师：你是不是画了画啊？展示一下。

（生先对师说，师一边听一边说好，再叫她对着全班同学说）

生：（对着大屏幕里自己的画）我的姓名里有三个解释，第一个就是说我爸爸姓王，我妈妈姓龙，我自己再加上一个小帆，就等于我"王龙帆"；还有第二种解释，就是因为我妈妈觉得龙帆就等于一种很大的帆船，希望我在海上遨游；第三种解释就是说我的表哥还有我的表妹还有我的表弟名字中间都有一个"龙"字，所以我妈妈也给我取个"龙"字。

师：怎么样？三种解释，一个名字就有三种解释可真不简单啊。还有想说的吗？好，有请李思磊，你现在想说啦，刚才叫你你又不说，现在做好充分准备了，是吗？好的，来……

（生走上讲台，把画摆在投影上，其他学生惊异她的画画得非常漂亮）

生：（对着大屏幕展示的图画讲解）：这是我爸爸的姓（李），"思"呢，是我爸爸想我学会思考，"磊"呢，就是做人光明磊落，这就是我的姓名。

师：好，谢谢，还有想说的吗？吴毅红呢？

生：我在这里想给大家出一个谜语，不过我们班的同学不能回答。

师：那谁回答？

生：就是台下的观众。

师：（恍然大悟）哦，好。

生：请各位领导听着啦，口管天上空，衣服不穿洞，日日不愁得，只怕不想得，三河并排，方向不同，简非应有功，射下红太阳，请问后面的领导谁能猜出来。

生：（纷纷说）我知道了……吴毅红。

师：吴毅红，出了个谜语，金正阳有什么要说？

生：我的名字虽然只有一种解释，可是我有七种方法来表达。（其他同学哗然）

师：哇，这么厉害，那你一个人占用了很多时间喔，好，一分钟内，长话短说，因为你是一个人展示的。

生：我先读一下我的诗歌，爸爸在医院，等在产房前，一会儿他出去，走到医院外，太阳晒又晒，忽然想到阳，低头看看表，正好12点，又来想到正，坐在椅子上，想我跟他姓，想到金正阳。（哄笑）

师：给点掌声（掌声），还有半分钟。

生：爸爸来到产房前，心情着急等又等，忽然肚子咕咕响，去吃饭，爸爸来到医院前，抬头看看小太阳，今天的太阳晒又晒，一个阳，爸爸低头看看表，不多不少12点，忽然脑筋又来转，一个正，爸爸坐在椅子上，正要准备点菜时，叫这孩子和我姓，金正阳。

师：时间刚刚好，谢谢你，还有没有想说的，我刚看到有一个组，汪乐。刚才是和哪个小组一起的，你们做好准备啊。

生：（上台）我用一幅画表示（用实物投影展示画），是一个女孩，而且我手里拿着个大茄炮，把烦恼打跑了，于是呢就迎来了快乐，所以我的名字叫"汪乐"，这是表示永远快乐和幸福的意思。

师：谢谢，简单明了。还有吗，还有想说的吗？好，先请他们四人小组来，有请。

（小组上台）

师：四分钟啊，一个人一分钟，足够的啦。

（台下传话筒）

师：可以开始了，珍惜时间。

生1：啊呀，这个"萱"字真好啊，无忧无虑，快快乐乐，怪不得我爸爸妈妈要给我起名叫做陈萱。（笑声）

生2：你的陈萱有什么好啊，我叫宇榕才好呢，在宇宙里种上一棵带有爸爸妈妈希望的榕树有多好啊。

生3：可是宇宙没有空气会死掉怎么办？（笑声）

生2：就是要努力种树嘛。我长大一定要当个科学家，在宇宙里种棵树。

生4：你们两个的名字才不好呢，我叫李冠峰才好，"李"就代表着李白（同时用实物投影展示自己的画图），你知道吗，李白很聪明的，还有个"冠"就代表冠军，还有"峰"就代表着山峰。

生1：我知道了，你爸爸妈妈一定是希望你攀缘最高的山峰取得冠军。

生4：但是我比它还高呢。（笑声）

生3：行了行了，你们的名字还没有我的名字有文学魅力呢，我的名字叫邹淳然，我爸爸妈妈希望我能做一个纯洁的人。

生1：你好像写了一首诗，你念给大家听听吧。

师：是啊，你也写了，怎么不读呢？

生3：请大家用热烈的掌声欢迎。淳然来自纯朴自然，今生今世自自然然，纯朴待人，年年岁岁，最高期望，永远纯朴自然。

师：好的，你的呢？你读。

生4：我也有一首诗，李白是诗人，冠军世世拿，走过最高峰，困难不用怕，翻过最高峰，要做有用人。（掌声）

师：谢谢。吴宇榕，你有没有作品，有就赶紧读。有没有，有就赶紧读啊。

生2：旧浪推前浪，吴家哪里显才华，吴宇榕诞生添辉煌，发展吴家好精神，努力成为好人才，宽广宇宙种榕树，树于宇宙快快长，宇宙之中放光彩，未来定能成人才。

师：好，谢谢这个四人小组合作的展示。好，还有想说的，是不是？这样吧，由于时间关系，我们最后一分钟接龙说，长话短说啊，来。

（生踊跃举手）

生：我的名字叫马斯特，它的英文是Masty，它的意思很特别，有能干、聪明、学者、名人、博士的意思，正好我出生那一年我爸爸荣幸考取了研究生，这也就是说Masty里面包含着父母对我的期望。

师：好，谢谢Masty。还有吗？（寻找）你说吧。

生：我的名字的意思就是凌龙水的儿子很杰出，凌龙水是我爸爸。

师：哦，凌龙水的儿子很杰出，凌家子弟很棒啊。张嘉熙，你没发言是吧？（请她发言）

生：我的名字有四重含义。

师：这么多啊，控制时间啊。

生：第一个呢，首先来看我的"熙"字，就是好好学习，报效国家，像是我们祖国坐龙位坐得最久的康熙一样。再说我的"嘉熙"是啥意思，第一重意思是嘉在先熙，还有"嘉"是代表得到表扬，充满骄傲，"熙"就代表快快乐乐，我爸爸希望我能快快乐乐地过一辈子，而且我爸爸当时特别喜欢研究历史，当时他就想到"嘉庆"和"康熙"都是出于清朝的，所以就把这两个字给拼起来。

师：哦，原来你的名字来自这么多渊源。还有想说的吗？

生：我的名字叫做赵达。

师：很简单喔。

生：对啊，很简单。但是我的姓名也有我的原因，就是我爸爸姓赵，我妈妈姓沈，原来我很想姓沈的，但是我爸爸因为如果我姓赵的话，我就是赵家的第189代（生哗然），所以我爸爸就让我姓赵了，"达"字就是达到目标，就是实现自己的目标和梦想。

师：（笑着说）哇，有的同学说你的"达"是不是飞黄腾达。但我想他的目标会比你们更高尚一些。我找个没发过言的，黄纬舜。

生：我的名字叫黄纬舜。

师：很多人对他的名字有疑问，你们现在好好听啊。

生：我爸爸想我有惊天伟地之才，像舜一样那么出色。

师：舜是谁啊？

生：黄帝。

师：（点头）哦。

生：我爸爸说这个名字没人叫，但是现在这个名字的副作用就是整天被人写错。（笑声）

师：看看他有没有写错。

生：（齐）没有。

（三）课外拓展——提升学生综合能力

1. 介绍自己名字——培养勇气

师：哦，好的，他今天没写错自己的名字。好啦，由于时间关系，同学们，何老师只有两个耳朵，听不了那么多，请后面的专家领导跟你们点评好不好？去，把你们介绍给专家领导们听。

师：时间只有两分钟，两分钟内。

（生全部走向专家领导席，向他们介绍自己的姓名，气氛热烈，学生们情绪高涨）

师：好啦，时间差不多啦，行，我喊，请同学们给他们个命令吧。（叫他们赶紧回来）

生：一二三。

（生纷纷回到自己的座位上）

2. 介绍别人名字——发挥想象力

师：看来，同学们啊，在上节的预习课里面做出了个独特的读书笔记还是很有用的。好，很好，那么我想还有很多同学了解过其他人的姓名，由于时间关系，还想谈，我们就用一分钟，简单地说别人的名字，你知道你身边还有哪些人的姓名很有学问的。有的同学问我，何老师你的姓名有什么学问，我说你们猜。谁来猜我的名字是什么意思。

（生踊跃要猜师的名字）

生：我想何老师的名字大概是说何老师的妈妈希望何老师能像建筑物一样坚强，散发出芬芳，果然何老师是那样的坚强，在学校里受到同学们的尊敬，在家里又是一个好妈妈，我为此还感到自豪，因为我们班也有一个像寒松太太的好老师，我佩服何老师，何老师将永远在我们心中。

师：好感动啊！（同学们不由自主地拍掌）好，谢谢你啊。你对我研究得这么深，我想你还没说出我叫什么名字呢。

生：你的名字叫何建芬。

师：没读错啊，很好。那你说呢？

生：我知道吴毅红的名字是什么意思，曾经吴毅红跟我说过，我和她当同桌的时候，她跟我说，她们家的哥哥姐姐什么的都是吴毅吴毅那样子的，那个"红"字我还没有搞清楚。

师：（微笑）她刚才说了，你听没听啊？

生：（笑）红太阳是吧？

师：（微笑，和蔼地）看来你刚才听课的质量有问题啊，要专心听。

生：我还知道王校长儿子的名字。（众生纷纷回头看王校长）

师：王校长儿子的名字你也能猜啊，叫什么名字？

生：叫胡巨物，这个名字是因为清代书画家、文学家郑板桥说过一句话——难得糊涂，是因为他当过知县，又因得罪了豪绅而罢官，觉得当官就要难得糊涂，因此他爸爸就叫他胡巨物。（众笑）

师：是这样的吗？王校长是这样的吗，如果要反驳，就找我们班马斯特反驳啊。好，你了解谁的？

生：我继续研究何老师。

师：还继续研究我。

生：何老师的名字叫做何建芬，这我们全班同学都知道，我想何老师是跟母姓或者跟父姓，建芬大概是指何老师的父母希望何老师生活十分芬芳，"建"和"健康"那个"健"很相似，所以说可能也是希望何老师非常的健康，像建筑物一样，希望她的事业从低往高建起。

师：（笑）谢谢，研究得真深。小燕子你来。好了，我们该结束了，你是最后一个。

生：我以前有个好朋友，她叫冰村。

师：冰村。哪个冰？

生：冰心的"冰"。

师：冰心的"冰"，农村的"村"。

生：她没有姓。

师：（疑惑）她没有姓喔？

生：她爸爸姓"全"，她爸爸觉得姓一代一代传下去很呆板，于是，她爸爸很喜欢一首诗，叫做"一片冰心在玉壶"，她爸爸就给她取了个"冰村"的名字，这个名字在登记户口的时候很引人注目，但是有的时候会惹来麻烦，有的时候打电话，拨号小姐总是问她贵姓，她只好跟她解释"我没有姓"，这样慢慢解释下来电话费就会很贵。（众笑）

师：我们这节课把阅读课的时间也拉上来了，看来同学们的热情很高，如果还有其他资料还没能分享的话，我想我们课间还可以继续分享。那么，我们今天的课很感谢大家，还研究了那么多人的名字，连何老师也研究得这么透，谢谢大家。我们也谢谢在场的所有专家领导们。

生：谢谢老师，老师再见。

二、名课解读
——以学生为本，构建新型课堂

"生本教育"是由华南师范大学教育研究所所长郭思乐教授提出来的一种新式教学理念，是针对旧式"教师一言堂"教学所提出来的。"生本"即"以学生为本"，此处的"本"即本位、本体、根本，是把学生当作最重要的对象、最基础的元素来描述的。没有"本"，那么其他任何东西也谈不上了。在"生本教育"教学理念中，如果忽视了学生，没有了学生，那么其他任何东西也就失去了意义。这里有必要指出一点，"以学生为本"与"以学生为主"有所不同。"以学生为主"虽然也突出强调了学生的主体地位，但学生仍不是教学活动中最重要的角色。"生本"是对学生高度重视的一种理念。《语文课程标准》明确指出，学生是学习和发展的主体。突出学生的主体性是"生本教育"理念最重要的特点之一。"语文课程必须根据学生身心发展和语文学习的特点，关注学生的个体差异和不同的学习要求"，"应尊重学生在学习过程中的独特体验"，这一总领性目标充分肯定了学生"本"的地位，"生本"理念在教育中举足轻重。这要求教师应该重新认识学生的主体地位，重视学生在教学中的根本性角色。何建芬的《你的姓名》一课就充分体现了"生本"这一教学理念。

《你的姓名》是一首外国短诗，"生本教育"试验版小学四年级课文。诗句以平实的语言热情歌颂了姓名的珍贵，对孩子爱姓名、爱父母有很大的启发。本课的重点是让学生通过姓名的内涵体会父母的爱，学会感恩。在教学过程中，教师不是生硬地教条式地告诉学生这些道理，而是通过让学生理解姓名的内涵进行真切体会，进而理解课文的思想感情。

1. 自说自话，体现教学民主化

"生本教育"教学理念最基本的一点就是在课堂教学中要充分尊重学生的个性、人格、情感和学习权利。我们不难看出，何建芬的《你的姓名》这节课与我们以前见过的课相比，最大的一个区别在于自始至终基本上都是由学生"自说自话"来完成的。

上课伊始，学生就围绕教师提出的"大家最深的感受是什么"这一问题，自由表达自己的观点和见解，到最后"简单地说别人的名字"这一问题，仍然由学生畅所欲言。教师每一个问题都是层层深入，每一个环节都是由学生通过互相讨论、互相纠正来保证自己表达观点和见解的自由，教学民主化由此得到充分体现。尊重学生的情感，体现学生的意志，彰显学生的个性，这是"生本教育"的出发点，也是落脚点，有利于培养学生学习的主动性和积极性，充分激发学生的求知欲。

在这节课的教学中，教学民主不但体现在让学生自由发表意见这一点上，而且体现在学生发言的形式上。与传统的学生回答问题必须起立的形式不同，何建芬民主地跟同学说"站着难受，可以坐下来说"，甚至为营造热烈的讨论氛围，她还让学生"有什么补充的可以站起来就说"。这一点不像其他教师那样，为了维持课堂安静，规定学生必须在教师点名允许的情况下才能站起来说话。在发表观点、提出反对意见的过程中，学生的热情是异常高涨的，此时，学生的思维也是最活跃的。在此情形下，学生往往迫不及待地想表达自己的观点，若此时教师仍死板地用起立和点名来约束学生，学生的激情将会大打折扣，思维的碰撞也不会那么强烈。换言之，学生思想认识的发展会受到限制。

在这节课中，何建芬建立了"生本伦理观"，在课堂上没有限制学生发言，没有所谓权威，没有标准答案，没有绝对的正确或错误，有的只是学生的积极思考和思维碰撞，教师高度尊重学生。在民主的氛围下学生思维活跃，气氛活跃，真正做到了以学生发展为核心，反映出"以生为本"的教学理念。

2. 平等对话，提升学生主体性

以学生为本就是要充分尊重学生的主体地位，相信学生，真正把学生看作学习的主人。由于生本教育非常强调学生学习的主体性，因此要求课堂教学中师生关系应该是平等的、民主的、朋友式的。在这一堂课中，何建芬始终是以平等的方式进行引导，而不是以高高在上的姿态进行指导。例如，"你说吧，不要那么着急""不好啊，为什么""哇，这么厉害"，等等。这些语言在教师主控型课堂上是不可能出现的，而在这里让人听起来就好像是朋友在亲切交谈。尽管课堂上教师是指导者，学生是被指导者，但教师是为学生服务的，学生才是学习的主人。何建芬在课堂上根据学生身心发展和学习心理的特点关注每一个学生，处处体现出对学生的关爱和尊重。在课堂上我们应该构建民主、和谐的师生关系，那么，如何才能构建？何建芬给我们的启示是：教师要克服以自我为中心的意识，从第一位退居为第二位，从教师主讲改变为学生"主学"。在教学的任何环节，都应该明确：学生的地位与教师的一样，即都是自主的、平等的。

课堂教学的"以学生为本"就是要让每一个学生都有机会参与学习，使每个学生在参与的过程中体验学习的快乐，并获得自身的发展。何建芬的教学氛围充满了民主、宽容、理解、支持和鼓励，这很容易让学生获得相应机会。例如，当学生回答时说到"即使去世了，名字永远也是他最好的礼物，所以改成……"时，思维忽然卡住了，何建芬看到他似乎难以继续下去，充满了尴尬，于是立即向这位同学建议："要不请同学们帮帮？"此时，这位学生也"恍然大悟"，想起可以"搬救兵"，于是向别的同学求助道："请同学们帮帮我。"何建芬的这一反应很体贴，既能解除这位同学的困境，又能继续发挥学生的主体性。同时，同学们的情绪都被调动起来，纷纷要求发言。这时，何建芬又注意到应该照顾全班同学："我找一个没发过言的。"让每一个学生获得平等机会，不是像有些教师为了保证课堂的顺利进行，总是让平时成绩优秀的学生回答问题，而是给予每一个学生机会，落实学生的主体地位。

3. 话说自己，促进教材生活化

"体悟"是"生本教育"的主题和核心，"生本"注重从学生的体验出发，建立知识与生活的联系，将课文学习、课堂训练与社会生活紧密联系起来；将传授知识、培养能力与教会做人、教会生存有机统一起来，让学生在掌握一定的知识后把知识迁移到生活中，使之成为"生活化的知识"，让学生感到所学知识就在自己身边或从实际生活中体会课文情感，这一点何建芬在这节课中做得很是充分。从整堂课的流程中可以看出，何建芬不仅由浅入深、层层递进地引导学生领会诗句含义，而且让学生阐述自己和他人姓名的内涵，这充分调动了学生的主体性。《你的姓名》本来讲的就是姓名，从自己的姓名讲起更容易让学生感到亲切，通过解释自己的姓名更容易体会父母对自己的爱，这种感觉是最真切的，这比教师任何的描述都更实在、更贴切。这篇课文的主旨是传达父母之爱，让学生体会并理解父母对自己的关爱，何建芬巧妙设计这一环节，在教学中起到画龙点睛的作用，使学生的思想认识得到升华。

"生本教育"注重教学为生活服务，密切联系生活。众所周知，教师在教学过程中如果只让学生死记教材内容，学生不但对知识掌握不牢，更会对课本产生排斥情绪，这是旧式"应试教育"的失败之处，也是教育的悲哀。而"以学生为本"就是要彻底改变这种状态，让教学生活化，让学生真正理解知识，体会情感，进而热爱知识，使综合素质的提高得以保证。

4. 鼓励教学，发展学生兴趣

一堂课中，教师对学生回答的评价很重要，特别是在以学生为主，让学生自主讨论、发言的课堂中，教师的评价在一定程度上可以说是"决定"了学生的反应，因此我们提倡鼓励性教学。小学生的心理仍处于相对幼稚状态，比成年人更喜欢听表扬性的话语，所以教师要想让学生把点评听进心里去，首先就应"迎合"他们这一心理。这一点，何建芬在这节课中表现得淋漓尽致。我们总可以看到这样的细节：何建芬或是复述学生回答的内容，或是概括学生回答的要点。这个看似简单的复述或概括其实就包含着教师对学生的肯定和鼓励。试问，如果教师不在意学生的回答，还能复述或概括出来吗？通常情况下，学生有一种普遍心理，那就是当学生听到教师复述或概括自己的观点（当然指的是教师用非反问的语气）时都会认为教师认同了自己的观点，这样，学生就会得到鼓励。此外，教师复述或概括学生观点还有助于其他同学的理解。学生在回答问题时有可能因为紧张或兴奋而语速过快或音量过小或说话不流畅，这时其他同学也许听不清楚，很难把握大意；如果经过教师复述或概括，那么这些同学也就能跟上课堂节奏了。

在进行鼓励性教学时，教师应该投入真情实感，不能只为表扬而表扬，而应该让学生感到教师的表扬是由衷的。像何建芬的"他说了姓名是永存的，是不是？真棒！""说得真棒啊，为这些同学喝彩！"等等，如此亲切的话语，怎能不让学生深受鼓舞？不让学生信心倍增呢？

当然，我们提倡鼓励性教学并不是要求教师不指出学生的错误，相反，如果对学生非理性的甚至错误的解读，一味赞赏，不能及时纠正，是有悖"生本教育"精神的。需要说明的是，教师在纠正学生的偏颇回答时要讲究艺术，不能进行辱骂或恶语相向，否则会伤害学生的自尊心，违背以学生为本，尊重学生、理解学生的教学理念。何建芬在处理这样的问题时常用半开玩笑的形式指出学生的不足，善意提醒学生注意。例如，当她发现学生对已解决的问题没印象时，便会微笑着提醒学生"好像你刚才听课质量有一些问题哟"，用善意的说法给予学生暗示，既起到提醒作用，又保护了这位同学的"面子"。

何建芬的关于《你的姓名》教学的课堂气氛活跃，学生积极思考，踊跃发言，充满民主的氛围让学生真正成为了学习的主人。以学生为本，学生的主体性和主人翁地位得到充分体现。这是一堂很好的体现"生本教育"教学理念的示范课，颇值得大家借鉴。

三、全面依靠学生，高度信赖学生智慧
——构建生本教育

"生本教育"的首创者郭思乐教授指出："学生不仅是教育的对象，更是教育最重要的资源，是动力之源，能量之库。"何建芬在教学实践中也深深地体会到"学生的确有很多地方比老师要强"。很多时候，其实不是学生不会，而是没有人相信、没有人意识到他们会。我们很多时候忽视了学生的巨大潜能，以为他们每一点知识的获得都是教师的功劳，过于强调了教师的作用而挫伤了学生的主动性和自信心。

教育资源论强调，教育资源不能仅仅理解为教材、实验器材、图书馆、教师、社会、网络等常态资源，而更应该着眼于学生本身。因为，学生才是教育的最大资源，也是最重要的活性资源。

教师向学生请教并不可耻，学生受到教师的请教也并不值得得意，师生间本来就是平等的关系，本就应互相帮助、互相信赖，此所谓教学相长。何建芬在教学中努力地贯彻这种教学思想。例如，上公开课时，她常常会跟学生一起讨论如何把课上得更好，学生会给她很多中肯的建议，并且很投入地配合她上好课。学生有机会参与教学设计，会因此格外珍惜、格外重视，这为教学的顺利进行提供了保障。

作为母语教学的语文，更应全面依靠学生，高度信赖学生的智慧。有很多学生小小年纪就有较深厚的文化修养，较广泛的知识，他们对课堂教学的作用不容忽视。如果一味强调教师"教"的作用，而贬低学生"学"的能力，这样的教育只会事倍功半；只有依靠学生，信赖学生，把可以交付的教学任务交给学生，构建真正属于学生的教育平台，才能事半功倍。

 经典案例

师：下面让我们进一步紧扣你们所找到的课文亮点，由此想开去，干什么呢？再仔细地品，慢慢地读，看看这个点引起了什么样的思考，你会想到什么，感悟到什么？给你们2分钟时间进行小组交流或自己沉思。

（2分钟后）

师：同学们已经跃跃欲试了，那么我请这位同学，看看你思考的深度如何？

生1：请同学们把目光移到这一句"总之，正是由于采用了嘴里的声音作为手段，人类语言才得到前程万里的发展。"我认为这一句令我深思的就是一句俗话"人有人言，兽有兽语"，那么动物真的能说话吗？我觉得是可以的，只是动物用来交流的语言不如人类那样自然，而人类的话是比较具体、完整的。

师：谢谢第一位同学给我们抛砖引玉，你们对她的观点有思考吗？请这位同学，你对她的发言有何见解？

生2：刚刚听到那位同学的发言，她说动物也有交流，我认为动物因为头脑简单，生活简单，所说语言简单，不能和人类的语言做对比。我联系48页第一段最后那一句"那样，别的动物的嘴只会吃东西，人类的嘴除了吃东西还会说话。"对这句我有点质疑，作者说动物嘴只会吃东西，我认为动物的嘴还会说话，根据西班牙某研究所日前的发现：老鼠会根据人类的语音结构辨别出荷兰语和日语，特别是哺乳动物具备一些使用和发展语言的技巧，所以说动物虽然不能像人类那样滔滔不绝，但它们也是有语言的。

师：噢！原来嘴不是光吃东西的，谢谢第二位同学对第一位同学的发言的进一步引申，而且有根有据，我们的动物也向人类学习，它不光吃，还会表达。第二位同学掀起我们学习的热情，还有想说的吗？

生3：刚才几位同学的发言引起我的许多联想，那么我想请同学们把思绪移到48页这里"鹦鹉能学人说话，可只是作为现成的公式来说，不会加以变化（所以管人云亦云的说话叫'鹦鹉学舌'），只有人们说话是从具体情况（包括外界情况和本人意图）出发，情况一变，话也跟随着变。"我觉得作者运用了对比的手法，从而我想到一个美国的动物学家，他在一批鹦鹉中经过层层筛

选，选出一只最聪明的，它可以在一个小时内说出三句话五个单词，但如果它的训练员换另一种方式问它或把顺序打乱，鹦鹉只能按顺序说出，说明动物的语言不能超越人类说话的内蕴。

师：真棒！动物也有语言，但它与人类有根本的区别，区别在哪儿呢？那么这个"不能超越"可以进一步地思考，它表现在哪里，为什么说动物的语言与人类不一样，同学思考一下。

（《人类的语言》）

案例分析

对于一篇文章的感受，不同的人有不同的看法，教师的看法不能强加给学生。对一篇文章内涵的体味，是学生结合自身实际的感悟。为了实施这个过程，何建芬把感悟文章内涵的任务交给了学生，为学生提供思考和交流的机会，为学生搭建发表个人见解的平台。从案例中可以看到，学生们不负所托，极其出色地完成了这个任务，他们的表现让人眼前一亮。

学生 1 的回答简明扼要，起了一个抛砖引玉的作用；学生 2 首先简要地总结了学生 1 的见解，然后再联系课文及西班牙研究所对老鼠的实验的课外知识发表自己的见解；学生 3 从作者的表现手法进行分析，并且能运用一个美国动物学家对鹦鹉的实验的课外知识来印证自己的观点。

何建芬用实践告诉我们，学生有教师难以估计的潜力，有值得教师信赖的智慧。给予学生充分发挥的空间，他们会表现得更好。

实施方法

1. 转变教学观念，从"师本"到"生本"

教师在教学活动中首先应该树立起正确的教师观和学生观，把"师本"所追求的"教师好教"的那一套观念抛弃，全面贯彻以学生为中心的生本教育，为学生易"学"而设计教学、组织教学，让教学适应学生，而不是让学生去适应教学。

2. 创设民主、宽松的氛围

生本教育的实施，需要学生的积极参与和主动配合。创设民主、宽松的氛围，可以最大限度地激发学生参与到课堂教学中去。教师首先要在课堂上建立平等的师生关系，然后通过设计小组讨论、分组辩论、角色表演等形式去营造民主、宽松的氛围，也可以采用多媒体技术作为辅助工具。

3. 解放学生，培养创新

解放就是放手让学生做课前准备、放手让学生大胆去想象、放手让学生提出问题、放手让学生亲自实践、放手让学生相互评价，以培养学生的创新精神。

四、发挥教师主导作用，突出学生主体地位
——相辅相成落实生本教育

新课程强调关注人的发展，要求尊重、理解学生，让学生积极主动参与教学过程，使之乐学会学。强调学生积极主动的学习态度，关注学生的学习兴趣和经验，倡导以学生发展为本，注重全体学生的全面发展与个性差异相统一，注重知识传授、能力培养与品德陶冶相融合，注意学科体系、社会需求与学生发展的互动性。叶圣陶认为，所谓教师之主导作用，盖在于引导启迪，俾学生自奋其力，自致其知，非谓教师滔滔讲说，学生默默聆受。导者，多方设法，使学生能逐渐自求得之，卒底于不待教师讲授之谓也。教师的主导作用和学生的主体地位，是生本教育相辅相成的两个方面，只有全面贯彻这两个方面，才能真正落实生本教育。

在教育实践中，教师不能盲目强调以学生为本，处处放任学生，使一堂课在热热闹闹的游戏或讨论中结束。生本教育的教师，在课堂上起主导作用，虽然整节课给予最大的空间让学生自由发展，但一切都应该在教师的掌控之中。何建芬在教学中很注重这点，在她的课堂上，学生有很多机会自由发言，也被允许选择自己喜欢的方式发言，获得最大的学习自由。但这一切并不是毫无目的、放任自流的，而是经过教师的深思熟虑而设定的。生本教育尽管倡导"教师少教，学生多学"，但并不意味着教师不需要做教学准备；相反，是要做得更细致，因为只有这样，教学才能不断改变，不断创新。

 经典案例一

师：相信课文一定会引起你更深的思考和理解，请再次认真读课文，画句段、写批注，三位一体要落实到位。

（生再读课文）

师：认为需要概括语言的小组再交流一下，注意：人无我有，人有我优。

（小组交流，生汇报）

生：细节决定成败。鲁班正是由草齿刺破腿才发明锯的，说明只要细心观察就会有所发现和创造。

生：处处留心皆学问。特别是琐碎、平淡无奇的小事，蔡伦就是由……（本人没听清）发明纸，成为名人的。

师：说得很好，连"平淡无奇"这样的词都注意到了，请写到黑板上。

（生板书：平淡无奇）

生：攀登科学不是一件容易的事，就像攀登珠穆朗玛峰，必须付出艰辛才能攀到峰顶。

师：对，攀登科学不仅是科学家的事，更是我们每一个人的事。请同学们再读读书中这句话，看有什么新收获？

（生读此句谈感受）

生：牛顿由苹果落下发现地心引力，说明我们应该留心发现身边的小事。

师：还是科学家的事，有没有自己的事？

生：妈妈取调料时不方便，我就给妈妈做了一个圆形调料盘。

生：记得一次坐在爸爸的车上，发现车前方的挡风玻璃的雨水不往下流而是往上去，我问爸爸是怎么回事。爸爸告诉我是车速太快、雨水太大的原因。由这件事我知道科学无处不在，就在我们身边。

生：我在家还做过一个纸飞机，发现只要在它的后面吹风，它就会动。

师：对，科学不仅是科学家的事，更是我们每一个人的事。

（《话说墨菲定律》）

 经典案例二

师：下面那一段和这个是一样的写法，龙麦诗同学发现了（投影这一段课

文），你们刚才读过没有？

生：（齐）读过。

师：有没有更仔细的分析，谁能够更仔细地联系课文或者是自己的阅读积累，甚至是自己的亲身体会来说一说你的理解，请说。

生：因为——因为——因为。（学生把"wèi"读成"wéi"）

师：因为。（纠正学生发音）

生：因为小男孩他也很想有一个这样的哥哥，但是因为他的弟弟得了小儿麻痹症，所以他更加希望他能做一个这样的哥哥。

师：他对弟弟的爱体现出来了没有？就这么简单的一句话，还想说什么？

生：我觉得这个小男孩儿，他觉得在小朋友面前神气远远不比让弟弟生活快乐重要，所以他选择了告诉弟弟将来我也要送你一部和这一样的车子。

师：好了，更进一步了，还想说什么？

生：我从这两个片段觉得，总之就是一句话，这个小男孩儿他的弟弟胜过爱自己。

师：为她喝彩。

（《最美好的礼物》）

案例分析

案例一《话说墨菲定律》这堂课中，教师的主导作用得到充分体现。何建芬所说的话不多，但每一句都富有启发性。她用生动明确的语言对学生作恰如其分的点拨，把学习法、关键点、引申处等巧妙地引出来，使学生在较短的时间内迅速调整自己的认知、情绪、心理，有效地发挥了教师在课堂教学中的主导作用。例如，在小组交流前，何建芬提出了"人无我有，人有我优"的要求，短短八个字，不仅告诉了学生"什么才是有意思的答案"，更在无形中鼓励学生力求创新，有利于学生的有效学习。学生在学习汇报中总是只讲科学家的事，不能联系自己的实际生活，这时何建芬就巧妙地用一句"还是科学家的事，有没有自己的事"进行反问，在适当的时机点醒学生，使他们茅塞顿开。这种从书本到生活的突破口被打开了，学生的思维也被拓展了。

案例二《最美好的礼物》这堂课中，则充分体现了学生的主体地位。学生自己对文章的理解是自己经过思考的成果，是一件"作品"，把自己的作品展现出来的过程无疑会让人感到骄傲和自豪，对小学生来说更是如此。何建芬抓住了这一点，创造机会让学生畅所欲言，使课堂成为学生表演的舞台，使学生获得满足感，增强他们自信心的同时，也锻炼了他们的口语表达能力和在众人面前讲话的胆量。

实施方法

《语文课程标准》要求课堂教学要以学生为本，这是指在课堂中要充分发挥教师的主导作用和学生的主体作用，使教与学紧密结合，使生本教育得到落实。

1. "以学定教"，激发学生情智

在具体教学中，教师应该根据学生的学习情况、知识掌握情况和学生的兴趣爱好等，随机应变，选择合适的教学活动，以适应学生的学习。"以学定教"仍然以教师为主导，教师在适当的时候，引导学生进行回顾和整理，从而在学生已有充实的认识基础上把所得系统化；"以学定教"所激发的学习热情，同样会促使学生主动地把知识系统化，因为系统化是他们获得丰富材料之前的必然需要。此外，教师在"以学定教"之中，注意学生学习的共同点，抓住他们学习中的闪光点，突出学习的重点。

2. 激发学生兴趣、实现学生充实感

选择学生感兴趣的内容，从而激发学生的求知欲望，使学生积极思考，自觉参与到课堂教学中来。每一个疑问的解决，都会使学生的知识增长一分，学生的学习充实感也会增长一分。这种充实感可以让学生以更大的热情投入学习中。

3. 淡化形式，注重实质

以前，课堂教学中的多种形式被定式，例如，先举手再回答，学生的活动范围只在座位上，合作只限于同桌和小组，等等，过分注重这些条条框框不利于学生主体地位的实现。淡化这些空洞形式，把更多的精力和注意力投放在教学活动中，无疑更能节省时间，减少学生的约束感，突出学生的主体地位。

五、开放语文课堂，变"要我学"为"我要学"
——深化生本教育

开放的课堂是学生自主发展的课堂，是新课程标准中学生作为课堂学习主体的具体表现。

开放性的课堂可以拓展学生思维的深度和广度，激活学生的生活经验，拓宽学生的视野，引导学生感悟，从而促进学生情感与价值观的共鸣，使学生获得学习的动力。学生学习有了动力，学习自然就会主动了。

开放的语文课堂可以深化生本教育。课堂上，学生在教师的引领之下自主探究，自主发现，自主创新，全身心地投入学习中去。生本教育强调让学生自己主动地进行学习，既要充分调动学生学习的动力，又要充分发挥学生学习的积极性，激发学生的潜能与求知欲。

苏霍姆林斯基指出："求知欲，好奇心——这是人类永恒的，不可改变的特性。哪里没有求知欲，哪里便没有学校。"由此可见，学生的求知欲一旦被激发，学生的学习自然会从"要我学"变成"我要学"。

经典案例

师：现在来到这个课室，我们只有十来分钟的时间，这十来分钟的时间，你们可以回过头去看看后面在座的来访的朋友们，他们都是来自各地的老师、领导，我现在在这里也没什么好说的，我唯一想说的就是我们的同学，你要用你的发言去激发在场听课的老师们，能够给你出一道漂亮的写作题，想想看，有什么话对后面的听课老师说。嗯，好，组织一下。都是半举的手，还在沉思中，记住，时间不等人。

生：班上的趣事可真不少啊，想写都要写一箩筐呢，可是，没有题目，又应该怎么写呢，一个题目可是一篇文章的灵魂，一个好的题目又可以说是画龙点睛之笔，现在，请在场的各位老师帮我们想写的文章画一只眼睛吧。

师：好，为他喝彩，好样的。接着是谁？接过他的接力棒，黄洋成。

生：大家都知道鞭炮是有一条引线的，我觉得一篇文章就是一串鞭炮，而文章题目就是引线，请老师们给我们一条鞭炮的引线吧。（掌声）

师：好，你们这两个男同学说完了，你们就把这个写题目的纸派下去好吗？还有哪个同学，继续，自己站起来就说，抢到麦克风就说。

生：我记得尼采曾经说过一句话"人生就像一架钢索桥，一边是动物，一边是超人，站在中间的就是超越，刚刚何老师说这节公开课是我们小学生涯里面最后一节公开课，我希望我们能在这节公开课里面发挥出自己最优秀的水平，能够超越以前的自己，让所有的老师给我们的小学生涯画上一个圆满的句号。谢谢！"

师：好，谢谢陈萱。继续。

（生继续发言，以下略）

（生把老师们出的题目收上来）

师：好，谢谢，这么多同学，看来我们的题目足可以给你们解馋啦。

（投影老师们出的作文题目）

师：好，一大堆的题目啊，我们的同学等一下回到教室里可以任选自己想写的题目，那么一节课后我们再回来跟这些老师们做个交代，再汇报你们到底写下来的是一杯美酒还是一杯浓茶？

师：下面呢，看看文章的题目把我们的黑板都已经占满了，几乎不够写。我不知道同学们选了哪些文章题目作为自己书写真情的导火索，可以说说吧？说说你选择了哪个题目，为什么要选这个题目？好，叶嘉熙先说。

生：我写的文章题目是《人生的意义》，因为刚刚看到这个题目的时候它就给我带来了很大的灵感，所以我选择了这个题目。

师：叶嘉熙是灵感使然，好啦，把你的题目板书出来。

（生走上黑板板书题目）

师：（指另一个同学）说吧。

生：我选择的是《生命的光辉》，因为我觉得在这么多题目当中，这个题目是我最有感触的，所以我选择了《生命的光辉》。

师：因为感触，所以选择它。继续。

（生继续讲自己的选择，以下略）

师：好，看来不少同学都有不同的选择，那么现在你们看看，题目大部分都被写在黑板上了，我们最想听哪一个题目的文章？

生：（齐）《我们这班人啊》。（众笑）

师：《我们这班人啊》，有多少人选择这个题目，举一下手。

（生举手）

师：好，六个同学，你们看看，愿意听谁的文章？

生：（齐）金正阳。

师：金正阳的，还有呢？金正阳的文章我们班读过了，前次在别人来听课的时候读过，黄安成的愿不愿意听？

生：（齐）愿意。

师：给他一次机会，我也不知道他写什么，来！

（生鼓掌，黄安成到讲台上朗读自己的文章）

（"作文指导课"）

案例分析

传统的教育使大多数学生都害怕写作文，讨厌写作文。而这堂作文课向我们展示了坚持"生本"理念下的开放的作文教学，让我们看到作文课原来可以这样上，可以上得如此有趣。

这堂作文课有别于以往的命题作文课，它的命题不是来自于书本，也不是来自于任课老师，而是来自于众多的听课老师。在上课开始时让学生用自己的语言来请听课的老师们给他们出作文题，这个设计很新颖，使课堂马上活跃起来。

接下来让学生从听课老师们所出的众多题目中，选择自己感兴趣的能激发自己写作欲望的题目来写，这就使得学生乐于写，有话可写，写作的积极性被最大限度地调动起来，让课堂真正成为以学生为主体的课堂。

学生大胆发言，见解独特而有个性，高超的语言组织能力和表达能力，体现了"生本"教育所取得的良好成果。

实施方法

人是天生的学习者，教育是要把这种"学"的潜能激发出来，学生的学习动机被唤醒，学习自然会成为一种自觉、主动的行为。

1. 坚持落实"生本"教育的理念

教师在教学活动中，要坚持"生本"教育一切为了学生的价值观，高度尊重学生的伦理观和全面依靠学生的行为观。这些观念是实行"生本"教育的根基，必须落到实处。

2. 为学生乐学而设计教学

教师在设计教学时，要从学生的角度出发，不拘泥于教材，为了学生容易学而改造课程。学生容易学，自然会乐意学，学习效果也会有很大的提高。

3. 动用各种力量，形成主动的学习环境、开放的课堂

我们要对教师满堂讲、满堂灌的教师主角式课堂进行彻底变革，突出学生、突出学习、突出合作、突出探究。同时充分动用集体组织、现代网络技术等力量来帮助学生形成生动、活泼、主动的学习习惯，使学生获得学习动力，变"要我学"为"我要学"。

六、教法灵活，学法多样
——升华生本教育

托尔斯泰说："成功的教学所需的不是强制，而是激发学生的学习兴趣。"一堂课能否引起学生的兴趣，调动起学生的积极性，在于教师的"教"，也在于学生的"学"。

作为一位优秀教师，其教学模式不应该形成定式，再出其不意，再振奋人心的教法，一旦使用次数多了，学生就会失去激情，教学也不可能达到预期的效果；而学生"学"的多样化，是以学生自由选择学法为基础的，这就要求教师尽量少干预，以给予学生选择的权利。

语文教育，从根本上来说，乃是在于促进学生的思维发展。素质教育的核心是创新教育，是培养学生的创新意识、创新能力和创新精神。教师灵活的教法与学生自由的学法在教学实践中往往会碰撞出智慧的火花，使生本教育得到升华。

经典案例一

师：哦，好的，他今天没写错自己的名字。好啦，由于时间关系，同学们，何老师只有两个耳朵，听不了那么多，请后面的专家领导们给你们点评好

不好？去把你们的名字介绍给专家领导们听。

师：时间只有两分钟，两分钟内。

（生全部走向专家领导席，向他们介绍自己的姓名，气氛热烈，学生们情绪高涨）

师：好啦，时间差不多啦，行，我喊，请同学们给他们个命令吧？（叫他们赶紧回来）

生：一、二、三。

（生纷纷回到自己的座位上）

 经典案例二

师：谢谢，简单明了。还有吗，还有想说的吗？好，先请他们四人小组来，有请。

（小组上台）

师：四分钟啊，一个人一分钟，足够的啦。

（台下传话筒）

师：可以开始了，珍惜时间。

生1：啊呀，这个"萱"字真好啊，无忧无虑，快快乐乐，怪不得我爸爸妈妈要给我起名叫做陈萱。（笑声）

生2：你的陈萱有什么好啊，我叫宇榕才好呢，在宇宙里种上一棵带有爸爸妈妈希望的榕树有多好啊。

生3：可是宇宙没有空气会死掉，怎么办？（笑声）

生2：就是要努力种树嘛。我长大一定要当个科学家，在宇宙里种棵树。

生4：你们两个的名字才不好呢，我叫李冠峰才好，"李"就代表着李白（同时用实物投影展示自己的画图），你知道吗，李白很聪明的，还有个"冠"就代表冠军，还有"峰"就代表着山峰。

生1：我知道了，你爸爸妈妈一定是希望你攀缘最高的山峰取得冠军。

生4：但是我比它还高呢。（笑声）

生3：行了行了，你们的名字还没有我的名字有文学魅力呢，我的名字叫邹淳然，我爸爸妈妈希望我能做一个纯洁的人。

生1：你好像写了一首诗，你念给大家听听吧。

师：是啊，你也写了，怎么不读呢？

生3：请大家用热烈的掌声欢迎。淳然来自纯朴自然，今生今世自自然然，纯朴待人，年年岁岁，最高期望，永远纯朴自然。

师：好的，你的呢？你读。

生4：我也有一首诗，李白是诗人，冠军世世拿，走过最高峰，困难不用怕，翻过最高峰，要做有用人。（掌声）

师：谢谢。吴宇榕，你有没有作品，有就赶紧读。有没有？有就赶紧读啊。

生2：旧浪推前浪，吴家哪里显才华，吴宇榕诞生添辉煌，发展吴家好精神，努力成为好人才，宽广宇宙种榕树，树于宇宙快快长，宇宙之中放光彩，未来定能成人才。

（《你的姓名》）

案例分析

片段一中，何建芬让学生走向嘉宾席，向嘉宾介绍自己的名字。这一过程霎时消除了专家们在学生心目中的严肃形象，拉近了学生与专家的距离，极大地激发了学生的交际热情和表演欲望，把教学推向一个新高潮。生本教育在片段一中得到淋漓尽致的体现。

片段二中，学生小组合作，别出心裁地以表演的形式去演绎自己的名字，形式新颖，与众不同。这组同学所采用的方法，充分体现了他们高度和谐的合作、令人佩服的急才睿智、深厚的知识文化修养及精彩的表演才艺。这组同学采用这样的学习方法，让人耳目一新。

实施方法

教师采用不同的教学方法，可以丰富教学，使学生在教育中充满新鲜感；学生采用不同的学习方法，使得自己获得自由选择的权利，可以适应不同个体的需要和发展。

1. 缩小规定性、扩大选择性

教师在教学实践中要减少教学的规定性，这里所说的规定性既指显性的规定性，也指隐性的规定性，即老师逐渐引导学生达到自己预先设定的效果。在教学中扩大选择性，只有学生自己选择的，自己体验的，才会深刻而且适合自己。

2. 自觉学习、主动创新教学

教师的"教"不仅以经验去维持，更多的是以知识水平去维持，所以教师要不断地提高自己，增值自己，这样才能与时俱进；并且要积极钻研教学，创新教学，力求每节课都能给学生带来新颖的感受。

3. 让学生在自感、自悟中升华生本教育

要使学生从所学课文内容中获得体验，获得属于自己的体验，是学生接受教育的最终目的，是生本教育的升华。让学生在自感自悟中获得体验，才是学生真正的体验。只有自感自悟的体验，才会深刻，这是不可能以老师的传授来替代的。

七、深度阅读
——"生本理念"与语文教学

（一）生本教育的内涵

"生本"是相对于"师本"而言的，生本是以学生为本，以学生为主体。"生本"的哲学基础是以人为本，以生为本，强调学生学习的自主性，教师是一个引导者和组织者。

人本主义教育学家提出了以人为本的教育思想，要求教育应以人的发展为出发点和基础，认为人是教育生成、教育行为存在的前提，教育是促进人的发展的"思想内涵和逻辑内核"。为此，"教育必须尊重人，尊重人的生命，尊重人的精神世界，尊重人的个性差异。"郭思乐教授把传统的教育概括为"师本"，表现为以教师讲授为主，学生处于被动的地位，强调三个中心（教师、教材、课堂）的重要性，却忽略了教学最重要的中心——学生。"生本教育"的理念是"一切为了学生、高度尊重学生、全面依靠学生。""师本教育"的教师是知识的传授者，为了防止知识讲授疏漏，只能照本宣科，学生成为知识的

被灌输者；"生本教育"的教师则是抛砖引玉者、穿针引线人，学生学习的合作者、引导者、课堂的组织者，教案只是参考资料，更多的是上课时根据学生和课堂的具体情况相机教学。学生是学习者，知识的建构者，学习的主体。"师本教育"注重的是知识的点滴传授，一点一点地教学，一点一点地落实，使知识失去了整体性。但是儿童的接受规律是从直观到抽象，从整体到局部，因此，"师本教育"往往难以培养学生的创新精神。针对"师本教育"的不足，"生本教育"强调知识是整体性的感知，然后再重点讲解和分析精彩之处，但不是每一个句子或者词语都要分析，关键是让学生自己品读和感悟。"师本"与"生本"的思考方向和起点是不一样的，所以教学效果也相差甚远。"师本教育"强调的是如何"教"，上课为了不让教学重点内容错漏，就把教学参考书看了一遍又一遍，把教案背了一遍又一遍，而忽略了课堂上的灵感顿悟或者突发事件。生本理念下的教师重视学生的"学"，自觉为学生服务，适时点拨，思考更多的是如何抓住学生的天性和学生自身的需要，更好地促进他们的学。

何建芬在总结生本教育实践时提出：以学定教，不教而教，带动人文情感与知识素养的同步提高。生本教育应树立"一切为了学生"的价值观，让学生在阅读中放飞思想。生本教育在语文教学中特别强调"悟"，认为所有学生的学习最终都应该归结为感悟。生本语文教育是学生根据自己的思维方式、认知规律、接受方法和已有的知识水平，自主地学习语文，动脑想、动口说、动手做，在做的过程中感悟所学的知识；对于难以感悟的知识，教师则适当给予点拨和讲解，达到"先做后学，先会后学"，"先学后教，不教而教"。

（二）存在主义指导下的生本教育

存在主义教育家雅斯贝尔斯说："教育并非理智知识的堆积，而是人的心灵的教育。强调教师的职责不在于教书而在于育人，在于创造新的精神生命。"何建芬在语文教学中强调，"以读引读，以读引讲，以读引写，随时点燃思想碰撞的火花，唤醒创新的萌芽。学习语文有三个步骤：第一，意义识字时，开启学习兴趣的大门；第二，推进阅读时，激活理解感悟的思维；第三，读写结合时，融汇语文综合素养的全面提高。"突出自主识字，广泛阅读，再发表见解，写成文章，逐步深入。

知识具有工具的价值，这就体现了语文的工具性。知识只是学生成长过程中的思想养料，而学生的全面发展是教育的最终目的。何建芬在教学过程中强调：教师不能生硬地教条式地告诉学生道理，而应该让学生真切领会文本表达的思想感情。在课堂上，学生的发言都是发自内心的感受，没有社会因素的限制，没有教师的权威，没有标准答案，没有绝对的正确或错误，有的只是学生的积极思考和思维的碰撞，让学生积极地参与教学，发表自己的见解。为了达到这个目的，何建芬非常注重情境的设计，在教学中体现了"学优为师，师生共同成长"的观念。比如，有些知识教师不了解，但是学生明白，教师就应该把他们当作小教师，让他们上讲台讲解。这一个过程则体现了能者为师。

（三）坚持"教师主导，学生主体"的教学理念

苏霍姆林斯基认为，"教育只有转化为自我教育，才能真正发挥作用，没有自我教育就没有真正的教育。"知识无涯，教师不可能把所有知识都传授给学生，解决的方法是"授人以鱼，不如授人以渔"。教师教给学生的应该是学习知识的方法和策略，促使学生主动内化知识，这时，教学内容才能真正转化为学生的知识财富，成为学生发展的重要组成部分。教师的引导只是外因，学生的内化才是内因，外因必须通过内因才能发挥作用。生本教育强调树立"教是为了不教"的观念，要为学生创造机会，培养学生的自我教育能力。学生的发展并非教师所能代替的，学生必须主动参与，主动建构。教师的工作已经不是传统意义上的教，而是以组织儿童的学习活动为中心，让学生尽可能地自己做、自己学，教师适当点拨，因为有一些能力只有自己经历了才能生成。提倡自主、合作、探究的学习方式，教师应该放手让学生不断地去实践和探索，不断地发现问题和不断提出问题，不断解决问题。

成人的学习习惯是先学会原理再进行实验的知行律，但是儿童习惯的是先做后学的行知律，因为小学生的头脑一般是对所学知识在学习之前没有感性经验，所以必须自己去体验，才能感悟和接受。很多知识，靠教师的讲授和"满堂灌"，学生是无法吸收的，但是如果亲身经验过，就为理解创造了条件。

教师应该善于把握学生的最近发展区，恰如其分地加以点拨，这样才能使学生学有所得，有所悟。这一观点非常符合学生的学习心理。如果学生经过努力，还是无法完成任务，这就说明教师布置的任务难度过高，会让他们失望，进而失去学习的兴趣。教学无需预设太多，只需根据学生现有的知识和认识水

平为起点，把握最近发展区，让学生真切反馈，自我感悟，进行知识的内化和迁移，就能有效落实语文训练，于无声中积淀人文品质，实现水到渠成的目的。

兴趣是最好的教师，学生经过自己的探索，获得学习知识的乐趣，从而热爱学习；教师则营造和谐的氛围，激发学生的生命潜能，尊重学生的兴趣和选择，关爱每一个学生，让学生尽情地展示自己的才华，获得全面发展。这就是生本教育的要义。

(分析论述：邓彦雯　谭健蓉　张兰英)

如何进行"情感语文"的拓展教学

名师档案

——中国小语年度人物

闫学，女，著名特级教师，第一线中国教师专业发展研究中心研究员，现为杭州市拱墅区教研室语文教研员、小幼教研中心主任，曾获"济南市教学能手""2007年中国小语年度人物"等荣誉。2006年名列《中国教育报》评选的年度中国十大读书人物。

闫学的教学充满母性的温润，质朴灵气，神韵如茶，淡而幽远。她注重让学生感受文字中丰富、唯美的情感内蕴与哲思，从而对学生进行"人文熏陶"。另外，她一直积极倡导"读书就是生活"的理念，以素朴优美的文笔和深刻犀利的思想蜚声国内教育界。

闫学致力于小学语文创新阅读教学研究，主持课题并获得国家级优秀试验成果一等奖。在《中国教育报》《中国教师报》《人民教育》等报刊上发表论文近百篇，出版《牵到河边的马》《教育阅读的爱与怕》《跟苏霍姆林斯基学当老师》等多部专著。

一、名课实录

——"情感语文"下的生命体验

《匆匆》课堂教学实录（苏教版小学六年级语文下册）

（一）温故知新，引出话题

师：昨天，4 月 2 日是伟大的童话作家安徒生诞辰二百周年。我相信现在没读过安徒生童话的孩子可能不多了。你们读过什么？

生：《卖火柴的小女孩》。

生：《野天鹅》《皇帝的新装》。

师：直到现在，不同国家、不同地区、不同肤色的孩子，依然从他的童话之中汲取着营养，获得了快乐。但他的童话并不因为时间的流逝而减少他的魅力。今天，我们就来探讨时光匆匆这个话题，学习朱自清先生的散文《匆匆》。

（师板书课题：匆匆）

（生看着板书，疑惑）

师：有的同学眉头皱起来了。

生：少了"点"！

师：很好，你们一下子就发现了这个字的错误：少了"点"。（师纠正板书中的错误）"勿"加上点就是"匆"。"勿"在哪里见过？

生：请勿吸烟！

师："请勿吸烟"是什么意思？

生：请不要吸烟。

师：什么是匆匆？

生：很着急。

师：很着急，急急忙忙的样子就叫"匆匆"。通过你们对课文的匆匆一瞥，知道文章讲的是什么匆匆？

生：时光匆匆。

师：很好！我们今天就来探讨时光匆匆这个话题。听闫学朗读课文，注意感受文字的节奏，感受文字本身的情感。

（二）熟读课文，蓄势感悟

（师配乐范读课文）

（朗诵完毕，生鼓掌）

师：谢谢同学们！其实，闫学真的不敢独占这掌声，因为我知道，文字本身的魅力已经把我们深深地折服。这篇文章后面有发表的时间，1922 年，离现在大约有 80 多年了。年代比较久远了，大家在读的时候，有没有比较难读的地方呢？大家读一读自己感觉难读的句子。

（生自由练读）

师：谁愿意读给大家听？

生："我的日子滴在时间的流里，没有声音……"

生："我不知道他们给了我多少日子，但我的手确乎是渐渐空虚了……"

（掌声）

师：她不仅读流利了，而且读得很有感情！

生："早上我起来的时候，小屋里射进两三方斜斜的太阳……"

师：有两个地方需要纠正一下，听出来了吗？

生："他便伶伶俐俐地从我身上跨过"读成了"他伶伶俐俐地从我身边跨过"。

生："我也茫茫然跟着旋转"，这里他把"旋转（zhuàn）"读成了"旋转（zhuǎn）"。

师：听得真认真，这是一个多音字。什么时候念"转（zhuǎn）"？

生：婉转。

生：转身。

生：辗转反侧。

师：在这里读"旋转（zhuàn）"。还有一个地方也需要注意。

生："新来的日子的影儿"。

师：这个儿化音杭州的同学可能比较难读。听闫学示范一遍。

（师示范，生练习；指名读，师再纠正）

生："在逃去如飞的日子里，在千门万户的世界里的我能做些什么呢？"这一句难读。

生："你聪明的，告诉我……"

师：大家已经把自己觉得难读的段落读通了，读顺了。有没有非常喜欢的段落？想配乐读吗？

（音乐起，生配乐读）

生："燕子去了，有再来的时候……"

生："我不知道他们给了我多少日子……"

生："在逃去如飞的日子里，在千门万户的世界里的我能做些什么呢？……"

生：我也想读第四自然段。"在逃去如飞的日子里，在千门万户的世界里的我能做些什么呢？……"

（三）品评文本，感受"匆匆"

师：刚才我们已经反反复复朗读了课文，把课文读通了，读顺了。其实，默读也是一种非常好的读书方法，现在我们把课文默读一遍，边读边想哪些地方值得我们细细地读、细细地品、细细地思考？用笔画一画，一个词，一句话，一个段落，都可以。

（生圈画，师巡视；请学生将画下来的词语写在黑板上）

（生在黑板上写下了这些词语：一去不复返　头涔涔　泪潸潸　赤裸裸　轻轻悄悄）

1. 从词语生发感受时光匆匆

师：首先看这些词语有没有错误？

（生摇头）

师：哪几个字写得比较漂亮？

生：赤裸裸，轻轻悄悄。

师：现在写一笔好字的人不多了，能写一手好的粉笔字的人就更少了。你为什么要写这些词语？可以选择其中一个谈。

生：这些词都是来形容时间的，作者写了他悲观的一面，这些词语加强了他心头无奈的感觉。

师：你感觉到了他的无奈。

生：我觉得作者不应该掩着面叹息，其实如果抓紧时间的话，时间还是很充足的。这些词都是形容时间的，虽然时间过得非常快，如果抓紧的话，时间还是能够挤出来的。

师：从这些词你感觉到时间过得快，所以你觉得要抓紧时间。挑出一个词来，从"逃去如飞"这个词中你感受到了什么？

生：我感觉到时间是过得很快的，如果一个人老的时候，他感到后悔的话，是一件很悲哀的事情。

师：时间快得像飞一样，很快人就变老了！

生："逃去如飞"这个词可以体现小的时候如果不努力，老的时候就会后悔；小的时候为什么不抓紧学习，他会非常后悔，非常悲哀，但是时间已经一去不复返了。

师：正所谓"少壮不努力，老大徒伤悲"！从"一去不复返"这个词语中你感受到了什么？

生：时间过去了就不会再回来，我们得珍惜每一分每一秒，不要让他溜走。

师：你感受到了作者的什么情绪？

生：作者觉得以前的日子应该珍惜。

师：以前的日子过去得太快了，一定要珍惜啊！因为时间一去不复返！刚才我们从这些零零碎碎的词语中感受到了作者的情绪，他惋惜，他无奈，还感觉到他对时光流逝的那一丝焦灼。这些词语都不是孤立的，请你把这些词语放回到句子中再读一读，感受作者的情绪。

（生把词语放回到句子中再读课文）

2. 从句段入手感受时光匆匆

师：作者焦灼、无奈、惋惜，还有一丝痛苦。所以他不断地反反复复地追问——时间为什么一去不复返呢？请同学们看看课文，能不能发现这些追问在哪几个自然段中比较突出？

生：第一自然段和最后两个自然段。

板块一：感受对时光流逝的追问：精读第一自然段

师：我们先来看看作者的第一次追问。自由读第一自然段。

（课件出示第一段；生自由读第一自然段）

师：我刚才发现很多同学都画下了这一段。说说你为什么特别喜欢这一段？

生：这一段把什么都写活了。特别是时间，而时间自己也会走，而且作者的追问自己先有了回答，有了回答之后他又发现了问题。第一自然段写得很美，突出时间是一去不复返的，而别的都会再回来。

师：她感受到了这一段的不同寻常之处。

生：我读过一本书《谁偷了我的奶酪》，里面讲了四个人物，他们的奶酪储藏在一个迷宫里。有一天他们的奶酪都不见了，他们不去想自己的原因，不去想是不是自己吃掉了，而是想是不是被人偷走了。朱自清这篇文章表现的也是这样，其实不是时间不公平，而是自己没有把握好时间，时间自己不会平白无故地逃走的。

师：不管怎样，时间都是在不停地往前走！我非常佩服这个同学，还有同学读过这本书吗？（五六个学生举起了手）这可是一本全球畅销书啊！同学们可以读一读。这个同学引发了自己的联想，谈了自己过去阅读的感受，他发现时间实际上是很公平的，对于每一个人来说，都是一去不复返！

生：在第一自然段第一句话有三个"再"，"有再来的时候""有再青的时候""有再开的时候"，说明了其他东西都可以重新来过，可是不好好把握时间的话，它就会从你的身边悄悄溜走。我们语文课上也学过一首诗《时光老人》，里面就说了有些游手好闲的人，时间就会从他们身边悄悄溜走，如果你把握好时间的话，就会觉得时间是很充实的，不会走得很快。

师：她抓文字抓得多好，她具有多么敏锐的语感！她发现了世间万物：燕子、杨柳、桃花，这些都可以轮回，唯有一样一去不复返，那就是——

生：时间！

师：燕子去了，还能再来；杨柳枯了，还能再青；桃花谢了，还能再开。唯有时间一去不复返，那么时间究竟到哪里去了呢？所以作者反反复复在追问啊！再看看第一自然段的后半部分，作者是怎么问的？

生："但是，聪明的，你告诉我，我们的日子为什么一去不复返呢？是有人偷了他们罢：那是谁？又藏在何处呢？是他们自己逃走了罢：现在又到了哪里呢？"

师：在这反反复复的追问之中，当他写下这些文字的时候，他是一种怎样的心情？

生：无奈，悲伤欲绝。

师："悲伤欲绝"太厉害了吧？

生：有点后悔。如果珍惜时间，可以写出更好的散文供大家阅读。

师："悲伤欲绝"能换个词吗？

生：难过。

师：或者非常痛苦。

生：他还有一点茫茫然的感觉。他不知道该做些什么，因为时间走得这么快，应该做些什么才能挽住时间的脚步呢？

师：很茫然，很痛苦，很无奈。对过去流逝的时光，没有好好把握的时光，他又有些后悔。当你感受到了这些，请你把你的感受融进去再读一读，再来感受作者的这一份追寻。

（生读）

师：关于时间永远不会回来，台湾作家林清玄在文章《与时间赛跑》之中，父子俩有这样一番对话。

（出示课件：林清玄的《和时间赛跑》，此略）

（师生对读《和时间赛跑》）

师：请注意父亲说的最后一句话："有一天你度过了你的时间，就永远不会回来了。"这句话看似简单，但这简简单单的一句话，真要透彻地领悟它却不是那么容易。就拿我们自己来说吧，想一想，去年的你和现在的你一样吗？

生：不一样！

师：你的什么变了？

生：年龄变了。

师：你长大了一岁，更加懂事了。

生：思想变了。我原来很开心，很快活，很单纯，什么事情都想得很开。可是现在我无论怎么想也想不开了，再也找不到以前快乐的时光了，现在我很茫然，很难过，我已经和朱自清一样的心情了！

（听课老师和学生中响起掌声）

师：不要痛苦，也不要难过，这是成长必然经过的痛！她成熟了，应该祝贺她才对！老师这个年龄也经历过这种茫然的痛苦！

生：我想问一下同学，你这么大有没有对你的年龄变化有想法？

（听课老师和学生中响起笑声）

师：她把问题抛给我了，她抛皮球了！我得实话实说。随着年龄的增长，与去年相比，我首先觉得自己老了很多，很怕过生日！（生笑）但这一年也不仅仅是这种痛苦和茫然，我的变化很多，读了更多的书，上了更多的课，有了更多的困惑，也有了更多的收获。这就是我的变化！那个男同学，我的回答你满意吗？

生：谢谢！

（听课老师和学生中响起笑声）

生：我觉得我现在对父母有一点烦！现在大了，有些事情可以自己做主了，也有了自己的想法和自己想做的事情，但是父母总是觉得我们很小，不让我们去做，父母的想法远远跟不上我们小孩子的思想，所以现在很烦！虽然知道父母是对自己好，但仍然觉得他们唠唠叨叨！

师：这个同学说出了大多数同学心里的想法。她觉得自己和父母有代沟了，所以有时候有点烦。但有一点需要知道，那就是这点点滴滴的背后都渗透着一个字，那就是——

生：爱！

师：我很高兴你们感受到了爱！

生：去年觉得很多事情很有趣，很好玩，现在看来很无聊，很幼稚，有时候我在想我怎么会那么做呢，怎么像个傻瓜一样呢！

（生和听课老师笑）

师：你更聪明了，更成熟了，更懂事了！你看，这短短的一年的时间，你发生了多么大的变化啊！你已经不再是去年的你了。这就是时光的匆匆啊！这就是时间永远不会回来啊！当你感受到了这些，你再读一读这一段，是不是有了新的感触呢？

（生再读第一段）

师：刚才很多同学感受到了这一段文字的美，能具体谈谈文字怎么美吗？

生：我特别欣赏第一句话。因为我觉得朱自清写的这一句话十分富有诗意，很押韵，而且没有直接的、很白话地把时间去得匆匆直接表现出来，而是从写燕子、杨柳和桃花这些美好的事物表现出来。

师：她感受到了诗的韵味，感受到了诗的意境，觉得读这一段文字有一种像读诗一样的感觉！假如闫学把这一段文字变一下形式，你就会更感觉这像一首诗了。（师改变文字排列形式）

文字排列的形式变了，是不是更像一首诗？再读一读，感受这诗一样的语言美。

（生深情诵读）

师：诗一般的语言，诗一般的意境，带给我们诗一般的感觉！这就是朱自清先生文字的奥妙之处啊！也难怪有很多文学评论家和读者都写下了不少评论的文字来夸赞朱自清先生的散文，想不想看看这些评论？

（出示相关的评论，生自由读这些资料）

板块二：感受对生命的追问：精读第四、五自然段

师：其实，朱自清先生的文字之美远远不是这三段评论可以涵盖的。现在我们继续读，继续品。刚才有同学说，这种反反复复的追问还集中在文章的最后两个自然段，自由读一读。

（课件出示第四、五两个自然段，生自由读）

师：在这一自然段中，作者有几次追问？

生：六次！

师：读读每一次追问。

（生读每一次追问）

师：是不是每一次追问作者都没有做出回答？

生：第一次和第二次作出了回答。

师：我来问，你来答！"在逃去如飞的日子里，在千门万户的世界里的我能做些什么呢？"

生："只有徘徊罢了，只有匆匆罢了。"

师："在八千多日的匆匆里，除徘徊外，又剩些什么呢？"

生："过去的日子如轻烟，被微风吹散了；如薄雾，被初阳蒸融了。"

师：作者回答了几次？

生：两次！

师：六次追问，有的已经做出了回答，有的依然没有答案！现在就让我们来试着回答一下吧！比如说，你觉得怎样才算是留下了深深的生命痕迹？或者说怎样的人生就是没有虚度，才算是没有白白地在这个世界上走一遭？可以举一个你佩服的人做例子来说明。

生：就说安徒生吧。安徒生去世一百多年了，但是至少他的灵魂还活了一百多年，直到现在他的灵魂还在被我们朗读着。

师：他的作品就是他的灵魂！只要他的作品还在，他就还活在我们的心里！

生：黄继光也没有虚度！他为中国人民做出了贡献！

师：他用自己的生命换来了胜利！他当然值得我们学习。

生：可不可以说活着的？

师：当然可以！

生：杨利伟也是！他驾驶着飞船为中国人民争了一口气，不让人说我们是东亚病夫！

师：这些人都做出了轰轰烈烈的大事业。是不是只有做出轰轰烈烈的大事业的人，他的人生才是有价值的呢？

生：我觉得我妈妈没有虚度人生！她是一位教师，她为她的学生奉献了青春，在学生那里她总能找到青春的活力，她把自己的知识教给学生，她是一位辛勤的园丁！

师：我很高兴跟她的妈妈是同行，我更高兴的是这个同学从作为一个普通的教师的妈妈身上看到了人生的价值！你们不仅看到了那些做出轰轰烈烈的大事业的人，认为他们的人生是有价值的，你们还看到了生活在你们周围的人，比如说你们的爸爸妈妈，他们也在自己的岗位上做出了对自己、对别人、对家庭、对整个社会都有益的工作！他们的人生也是有价值的，他们的人生也没有虚度，他们也没有白白在这个世界上走一遭！朱自清先生的人生也是有价值的，他虽然只活了50岁，可是他却留下了非常宝贵的文学遗产。

（出示课件：朱自清简介）

师：同学们看看这张黑白的老照片，看看这张充满睿智的脸，充满了浓浓的书卷气，这就是朱自清先生。再看看右边的文字。

（生读资料）

师：谈谈你的感受吧！你觉得朱自清的人生如何？

生：我觉得朱自清的人生不像他在文章《匆匆》里写的一样，他的人生不是虚度过去的，而是不断地努力，不断地前进，不断地攀登知识的高峰！

师：你看他的作品达到了190万字！正因为他认识到了时光的匆匆，所以才取得了这么大的成就啊！

生：我看了这段资料，我对朱自清的文章有新的看法。朱自清写这篇文章是在告诉那些没有珍惜时间的人尽快醒悟过来，要好好珍惜时间，把握好非常珍贵的时间。

师：好好地把握自己的人生啊！因为生命中只有一次！你还觉得哪些地方

震撼了你的心灵？

生：朱自清至死不吃美国的救济粮，他很有骨气！

师：说得好！朱自清先生不仅是一个文学家，他还是一个有骨气的中国人，中国的知识分子应该以他为骄傲！

生：我有问题！我想问一下同学们，我从《匆匆》中读到了朱自清很无奈的感觉，他有点自责、后悔，既然他已经有了这么大的成就，应该没有什么遗憾了？

师：问得好啊！他说朱自清文字那么多，应该没有遗憾，为什么我们从这篇文章中感觉到了他的自责、焦灼、痛悔的感情呢？我把问题抛给你们！

生：别人看到朱自清没有虚度此生，但朱自清自己觉得应该加紧努力！

师：朱自清写这篇文章的时候年龄多大？聪明的同学一定可以知道。

生：24岁！

师：怎么知道的？

生：从资料中的出生年月到发表文章的日子减出来的。

生：我从"八千多日子已经从我手中溜去"知道他写这篇文章时是二十多岁。

师：多聪明的同学啊！二十多岁的小伙子，已经知道了时光的匆匆，所以他取得了这么大的成就，尽管他的人生非常短暂。当你了解到了朱自清先生的这一段资料，你再读读这一段，把你新的感触融进去。

（生自由读这一段）

板块三：感受对人生的感触：略读第二、三自然段

师：作者对时光流逝的追问可以说是由始至终。如果说课文的第一自然段是对世间万物的外部追问，那么课文的最后两个自然段则是对自身生命的内部追问。由对世间万物的追问到对自身生命的内部追问，这中间又经历了怎样的人生感触呢？我们再来看课文的第二、三自然段。

（出示课件：第二自然段；生自由读）

师：这一段刚才有的同学已经有所涉及。"八千多日子"好像很久了，但如果把它放进时光的大海里，它仅仅就是——

生：针尖上的一滴水！

师：想象这针尖上的一滴水有多大，用一个词形容它！

生：渺小。

生：微不足道。

生：沧海一粟。

师：很好！再想象它滴在时光的大海里，再用一个词形容。

生：无声无息。

生：无影无踪。

师：想象着这渺小的、微不足道的、恰如沧海一粟的针尖上的一滴水，它滴在时光的大海里，无声无息，无影无踪！想象着把这一段读好！

（生自由读）

（指名请学生读）

师：时间就是这样匆匆溜走，他不禁要头涔涔而泪潸潸了。时光究竟是怎样从我们身边悄悄溜走的呢？谁能看着课文第三自然段告诉我们？

生：我有一个问题！作者说，“我不知道他们给了我多少日子”，这里的“他们”指的是谁？如果是指时间，不需要加一个“们”，而且这里是一个单人旁的“他”，作者想说明什么？

师：这个问题提得好！我的问题先放在一边，先来讨论她的问题。

生：可能是指朱自清的父母，我开始也想到了这个问题，后来想这应该是朱自清的父母。他们孕育了朱自清，朱自清觉得已经二十多岁了，认为过去都是在虚度时光，所以从此以后一定要好好把自己的生命留在世界上。

师：你觉得生命是父母给的，所以你觉得这里的“他们”指的是父母。

生：我觉得“他们”是一个概念！

（听课教师中响起笑声）

师：什么概念？

生：是一种对于时间的观念！因为我觉得他说“他们给了我多少日子”，所以我觉得这里是作者朱自清对时间的一种了解。

师：就是一个时间的概念是吧？对于我们每一个人来说，我们都拥有时间，但我们都不知道我们到底拥有多少时间！正因为我们不知道拥有多少时间，所以才更要珍惜时间啊！

生：我觉得这里的“他们”是指所有关爱朱自清的人！因为朱自清非常感谢他们，所以这样说。

师：很好！这里的“他们”，也许你还有更多的迷惑，更多的想法，在这里闫学也没有唯一的答案，把这个问题留在课后继续思考，留在今后的人生中继续思考！回到我们刚才的问题中来，我们想一想时光究竟是怎样从我们的身边悄悄溜走？比如说，洗手的时候——

（师生合读这一段）

（四）交流警句，感悟生命

师：我们真的是没有过多的时间去叹息啊！关于时光的流逝，古往今来，许多文人墨客写下了不少珍惜时间、珍惜生命的名言警句。你知道哪些？

生：时间就像海绵里的水，只要愿意，要挤总是有的。

生：一寸光阴一寸金，寸金难买寸光阴！

生：黑发不知勤学早，白首方悔读书迟！

生：光阴似箭，日月如梭！

……

师：非常好！同学也搜集了很多，有些你们已经说到了。我请同学读一读，轮到谁的时候不要犹豫，因为时间不等人！

（出示课件：以滚动字幕的形式出示名言格句，生接读）

（五）由花入境，感悟人生

师：一起读最后一句：莫等闲，白了少年头，空悲切！的确，莫等闲，白了少年头，空悲切！但是，在忙忙碌碌的人生旅途上，也别忘了用你细腻的心去感受生命中那些细小的却又是非常美好的东西，因为这才是真正的珍惜生命！我们现在来看看俄国著名诗人普希金写的一首诗《一朵小花》，看看这位伟大的诗人是怎样从一朵小花感受到人生流逝的。

（出示课件：普希金的《一朵小花》，生自由读这首诗）

师：喜欢这首诗吗？我们一起读读吧！

（师生配乐合读这首诗）

师：一朵被遗忘在书本里的小花，一朵早已经干枯了的、失去了芳香的小花，也能够让作者产生时光流逝的人生感悟。其实，我们每个人的一生中都有无数朵这样的小花，请学会发现，学会珍惜。因为生命只有一次，时光一去不复返！

（六）"人面桃花"，引发深思

师：最后有一个问题请同学们思考。这个问题今天不一定有答案，只是引发同学们的一些思考。还记得课文第一段的几句话吗？能背下来吗？

（生齐背第一段："燕子去了，有再来的时候……"）

师：问题就在这里。思考：燕子还是去年的燕子，杨柳还是去年的杨柳，桃花还是去年的桃花吗？

生：（一愣，摇头）不是！

师：有的同学摇头了！

生：一切都是新的，过去的就已经过去了！

师：真棒！小小的年龄就已经认识到了这一点。的确，燕子已经不再是去年的燕子，杨柳也不再是去年的杨柳，桃花当然也不再是去年的桃花！现在我们就明白了，对于世间万物来说，时光都是一样的公平，一样的一去不复返。有一位唐朝诗人崔护，他曾经写下了一首诗，同学们应该不感到陌生。

（出示课件：崔护的《题都城南庄》，师生齐读这首诗）

师：的确，尽管桃花依旧笑春风，但是人面已经不知何处去。以你们的年龄，也许还不能透彻地理解作者这种复杂的人生感喟，但是没有关系，因为时光匆匆，它会教会你领悟一切。下课。

二、名课解读

——情感语文，感悟人生

教学的过程也是学生获取知识的过程，但学生获取知识不仅仅是为了"知识"，更是为了在学习的过程中把知识变成思考的能力，感悟生活，塑造情感和价值观，升华人生体验。

闫学倡导中国现代教育家陶行知的"行—知—行"的教学理念，注重教育理论与实践的统一，并通过阅读教学来实现"行知合一"。

《匆匆》是现代著名作家朱自清写的一篇脍炙人口的散文。文章紧扣"匆匆"两字，细腻地刻画了时间流逝的踪迹，表达了"我"对时光流逝的无奈和惋惜。本文围绕"匆匆"展开叙述，先写日子一去不复返的特点，再写自己在八千多个日子里来去匆匆、却又稍纵即逝。作者思绪万千，由描写燕子、杨柳、桃花、太阳等景物再到责问"我们的日子为什么一去不复返呢？"叹息不已。最后，作者感慨万端，对时光的流逝感到无奈和惋惜，告诉人们要珍惜生命。

在这节历时一个多钟头的教学中，闫学把《匆匆》这篇文章诠释得淋漓尽致，让"匆匆"的意蕴深刻渗透到学生的生命意识之中。感悟生命，升华"时光匆匆一去不复返"的人生体验。

　　阅读教学是学生在教师指导下自主阅读的实践活动。而读是阅读教学中的一种重要手段，它贯穿于整个阅读教学之中。在散文阅读教学过程中，如何有效引发师生的共鸣？如何运用"哲理语文"教育学生体验生活？通过闫学教学的《匆匆》，我们得到很多启示。

　　1. 在导入中初次感受时光"匆匆"

　　时光是一个抽象的概念，时光"匆匆"属于哲学领域的一个点，需要有较丰富的生活体验才能深刻体会个中意味。对于六年级的学生来说，虽然他们的抽象逻辑思维、辩证思维、理性思维等都有了进一步发展，生活经历也较丰富了，但是对于时光"匆匆"的体验仍然不够。因此，闫学上课伊始便紧扣"匆匆"一词的主旨，从各方面渐趋主题，层层推进，从而水到渠成地切入新课。

　　首先，闫学布置学生预习课文，要求学生对课文内容有初步的感知，对课文主旨有初步的了解，对"匆匆"有初步的体验。其次，闫学从实际生活的时间概念入手，通过询问学生读安徒生童话的情况，点出"他的童话并不因为时间的流逝而减少它的魅力，今天我们就来探讨时光匆匆这个话题"，引出课题《匆匆》，让学生对"匆匆"初步认识。最后，在板书的过程中，闫学通过故设错别字，让学生比较"勿"与"匆"，让学生对"匆匆"有初步的感知。在此基础上，闫学范读课文，"让学生注意感受文字的节奏，感受文字本身的情感"，从而很自然地开启了本节新课的大门。

　　2. 在反复朗读中深入品味时光"匆匆"

　　《匆匆》是一篇哲理性散文，对于六年级的学生来说，字词的掌握并不是学习重点，深入品味课文的内涵、感悟生命的珍贵才是教学的关键。余映潮认为："朗读不仅仅是出声地读，不仅仅是大声地念书，不仅仅是一种基本技能的训练活动，它更是强调品味感受的阅读活动，是充满诗意的文学活动，也是丰富细腻的情感活动。"在闫学的课堂上，琅琅的读书声不断回响于耳，萦绕于心，从中我们可以窥见闫学对朗读的重视。上课伊始，闫学就配乐范读课文，让学生在"美听"中品味"匆匆"。之后，闫学着重于"以读导学"。形式上，既有学生的诵读、默读，又有师生的合读、对读；内容上，既有本课课文、相关课文，又有作者资料、名人名言、外国诗歌，等等；在层次上，由词到句，由段到篇，反复朗读，层层深入，步步递进。

朱自清指出："吟诵与了解极有关系，它是欣赏的必经步骤。"通过丰富多样的朗读，学生不仅学习到读书的方法，体验到朗读的乐趣，更重要的是在反复诵读中加深了对课文的理解和领会。在反复的咀嚼中，学生的语感得到增强，情操得到陶冶。与此同时，学生联系生活进行思考，对文章内涵的挖掘就越深入。

在教学中，学生从对"匆匆"的不甚理解，到对光阴流逝的初步体会，再到联系成长问题的深刻体会，每个环节都贯穿了"读"。学生在反复诵读中，"以读悟情"步步深入，最后情之所至，思潮奔涌，完成了对"匆匆"的初步感悟。"书读百遍，其义自见。""读"在语文教学中非常重要，富有创意的读对语文学习而言更是一种心灵陶冶、精神享受。

3. 在心灵对话中理解时光"匆匆"

苏霍姆林斯基认为："只有当情感的血液在知识的肌体中欢腾跳跃的时候，知识才会融入人的精神世界。"在教学上，闫学非常注重师生之间及学生之间的情感交流。她致力于创建平等、自由的交流氛围，让学生畅所欲言，与大家分享各自的体验、感悟。自己则以朋友的身份与学生用心对话。从学生大胆倾诉自己对成长的困惑、对时光流逝的感叹及对周围事物变化的茫然等，可以看出学生对教师是非常信任的。情感的交流与心灵的对话，使"知识融入人的精神世界"的目标更易实现。

4. 在拓展延伸中感悟时光"匆匆"

本节课的结课，闫学紧扣教学内容的拓展来进行。一是和学生交流与课文主旨相关的诗文、警句。这一方面扩大学生的思考范围，增加他们的知识积累，另一方面让他们从这些精辟的语句中进一步懂得珍惜时间、珍惜生命，这也在一定程度上突破了教学难点。二是引用与课文主旨相关的课外读物。对普希金的《一朵小花》的引入加深了学生对"匆匆"的感受，同时让学生通过形象的例子，去感悟时光的"匆匆"，懂得在有限的生命中有所作为，让人生迸发应有的光彩；崔护的《题都城南庄》的引入触发学生更深层次的思考，将他们对人生的感悟进行提升。闫学通过引入以上两段课外资料，开拓了学生的阅读视野，把学生的思维一步步引向深处。这样层层深入，既使学生把握了课文的内涵，更对"匆匆"有了深刻的体会，强化了他们对主旨的理解。

三、以情为线，以读导学
——注重师生之间的情感交流

课堂教学既是知识信息的交流过程，也是情感信息的交流过程。教学中，师生情感交流的好坏，直接影响到课堂教学质量和效率的高低。良好的情感交流，一方面有利于激发学生的兴趣，开发学生智力，提高学生的学习效率，另一方面也增强了学生对教师的信任感，进而给予教师积极的反馈，从而达到教学相长的目的。

然而，在教学过程中往往会出现这样的现象：教师对学生"大灌特灌"，师生之间的情感交流少之又少，学生的情感体验十分苍白。这就要求教师对自己的教学进行反思，要实现师生间良好的情感交流，教师应该先扩展自己的知识面，开阔视野，提高自身的修养和内涵，学会亲近学生、尊重学生、热爱学生。只有这样，教师才能实现与学生良好的情感交流，实现教育的真正目的。

经典案例

师：母亲有求于我吗？她为什么要一再地央求我来看花？

生：母亲是想让我看到花，让我充满生命力。

生：母亲希望我看到花，重新树立生活的信心。

师：花象征着什么？

生：顽强的生命力。

生：菊花在秋天开放，它具有顽强的生命力。

师：还象征着什么？

生：芬芳！

生：精彩！

生：生活的希望！

师：花在我们的心目中，象征着生命，象征着芬芳，象征着精彩，也象征着希望。与别的花相比，菊花又多了一层什么含义？

生：别的花开在春天，而菊花开在秋天，说明菊花的生命力很顽强，母亲希望我去看菊花，从中得到鼓励，因为她要帮助我树立生活的信心。

师：是啊，菊花自古以来就被赋予了坚强的象征。我国古典文学名著之一《红楼梦》中就有不少咏菊的诗，其中有这样的诗句："一身傲骨世人晓，高雅品格比兰心"，东晋袁崧也有"春露不染色，秋霜不改条"这样的诗句，说的都是菊花的高洁与坚强。这一点也许母亲自己并没有意识到。但她却知道，苍白的语言不足以平复儿子此时内心的悲伤，所以她要带儿子去北海看花，看看那些傲霜开放的菊花，她要让儿子知道，失去了双腿不等于失去了一切，在这个世界上还有很多美好的东西值得留恋，她要用自己的爱来重新点燃儿子对生活的希望！让他的心胸如时节一样秋高气爽、让他的精神和菊花一样坚韧刚强。这是一个母亲的良苦用心啊！

（《秋天的怀念》）

案例分析

韩愈在《师说》中指出："师者，所以传道授业解惑也。"这其中的"道"和"业"不仅包括知识和技能，更包括对人生的态度，即价值观、人生观和世界观。这其中的"惑"不仅包括知识上的惑，还包括对人生认知的惑。在成长的道路上，学生往往会遇到很多困惑、迷茫、苦恼，这就需要教师向学生"传道授业"以"解惑"。因此，在传授知识的同时培养学生坚强、乐观、积极向上的人生态度，就会使学生在成长的道路上走得更加坚定从容。

在教学中，闫学着力创设一种自由民主的交流氛围，以看菊花为线，丝丝入扣，层层深入地引导学生思考，点燃了学生智慧的火花。在师生对话中，学生的发言看似简短，但这是学生思考的成果。在师生平等的交流过程中，学生不仅学会独立思考，更重要的是感受到了母爱的伟大，学到了对生活的态度、对人生的感悟。而教师用优美而隽永的语言作结，则不仅让学生进一步体会到祖国语言之美，更激起学生的共鸣，给予学生以情感熏陶。

实施方法

1. 曲调未成，情感先有

教育家陶行知说："教育是心心相印的活动，唯独从心里发出来的，才能打到心的深处。"作为课堂教学活动的引导者、组织者，教师应该在深刻理解教材和精心设计教学过程的基础上，把自己的感情融入教材中，用自己的真情实感拨动学生情感的心弦，与学生一起感受蕴涵在课文中的感情。只有这样，才能达到教师、学生、文本三者间对话的目的。在《秋天的怀念》一文的讲授中，闫学在温婉的背景音乐中富有感情地朗诵课文，创设了"水木秋寒"的意境。"未成曲调先有情"，此时，教师与学生的情感交流已是"情未露，意已决"。

2. "言"之含情，"评"之有理

在教学过程中，学生情感的来源是多途径的，而教师最直接的情感表达方式是语言、表情和姿态。这里说的"言"之含情的"言"，包括语言和声音，教师既要做到语言生动、形象，又要做到言语饱含激情和亲切感，以此激起学生的共鸣。而"评"之有理的"评"，是指在学生学习过程中，教师及时发现学生的优点或缺点并给予恰当、合理、婉转的评价，给予学生鼓励和纠正。闫学在课堂中说："我非常佩服这个同学，还有同学读过这本书吗？"这些话充满了真诚和尊重。有的学生课文朗读得好，并感悟较深，她评价说："她抓文字抓得多好，她具有多么敏锐的语感！"这些真诚的表扬赢得了学生的心，让他们在学习中尝到成功的喜悦，让学生感到教师和蔼可亲，学生与教师交流的热情就提高了。可以说，教师是用情传达了对学生的爱。

3. 亦师亦友，有距无离

一个人对待他人的态度往往取决于他人对待自己的态度。一个教师如果让学生感到畏惧或讨厌，那么最主要的原因在于教师而不是学生。这样也就无法进行良好的情感交流。如果教师能公平、真诚地对待学生，关爱学生，尊重学生，创造一种真诚、民主、愉快的课堂气氛，那么学生就会自然而然地把教师当作知心朋友，觉得老师可亲可敬，缩短了师生间的距离，师生的情感交流就会水到渠成，学习的效率也自然提高。而教师则会在与学生的交流中发现更多的问题，真正做到教学相长。

4. 有的放矢，以问导情

课堂提问既能够调动学生学习积极性，又可以对学生的学习情况进行检测。提问的方式有多种形式，如师问生答、生问生答或生问师答。创设互动的

教学情景，营造师生平等的面对面的交流氛围，通过师与生、生与生之间的相互交流、相互沟通、相互启发，实现师生间的智慧碰撞，情感交流。要使交流有的放矢，问题设计至关重要。好的问题不仅体现出教师的水平，更重要的是可以激发学生深入思考、调动学生学习的积极性。闫学讲授《秋天的怀念》时，每一个问题都经过精心设计，如"母亲有求于我吗？她为什么要一再地央求我来看花？"问题富有针对性，在学生回答的过程中有效实现了师生之间的情感交流，让学生在学习基本知识的同时深化了情感认知，培养了学生正确的人生观、价值观。

四、以导为根，制造高潮

——注重学生学习兴趣的培养

特级教师于漪认为："兴趣是学习的先导。有兴趣就会入迷；入迷，就会钻得进去，学习就会有成效。应以课堂教学的三个环节吸引学生的注意力，激发学生的学习兴趣。即抓住导入课文的环节，吸引学生的注意力。根据课文的起伏节奏和学生情绪的变化，环环紧扣，吸引学生的注意力。讲课结束时，注意增强浓郁的色彩，使学生感受到课已尽，意无穷，留下难忘的印象。"教学过程需要教师精心设计教学高潮，激发学生学习的兴趣。

教学高潮是指教学过程中在教师的启发引导下，学生积极配合教师的教，使得认知和情感反应达到顶点。"优秀的语文教师要善于制造教学高潮，使学生的意识处于异常'觉醒'和高度兴奋状态，富于创造的激情和成功的体验"，从而"体验到自己在追求真理，进行脑力活动的自豪感"。

经典案例

师：昨天，4月2日是伟大的童话作家安徒生诞辰二百周年。我相信现在没读过安徒生童话的孩子可能不多了。你读过什么？

生：《卖火柴的小女孩》。

生：《野天鹅》《皇帝的新装》。

师：直到现在，不同国家、不同地区、不同肤色的孩子，依然从他的童话之中汲取着营养，获得了快乐。但他的童话并不因为时间的流逝而减少它的魅力。今天，我们就来探讨时光匆匆这个话题，学习朱自清先生的散文《匆匆》。

（师板书课题：勿勿）

（生看着板书，疑惑）

师：有的同学眉头皱起来了。

生：少了"点"！

师：很好，你们一下子就发现了这个字的错误：少了"点"。（师纠正板书中的错误）"勿"加上点就是"匆"。"匆"在哪里见过？

生：请勿吸烟！

师："请勿吸烟"是什么意思？

生：请不要吸烟。

师：什么是匆匆？

生：很着急。

师：很着急，急急忙忙的样子就叫"匆匆"。通过你们对课文的匆匆一瞥，知道文章讲的是什么匆匆？

生：时光匆匆。

（《匆匆》）

案例分析

心理学研究表明，人对时间的感觉与年龄成反比。年龄越小，感觉时间过得越慢。要让小学生真正从内心深处感受到时光匆匆就比较难。只要水平相当的孩子读过《匆匆》后，都能理解它的主旨是要人们珍惜时间。但怎样让他们真正从内心深处对匆匆的时间有所感悟和认同呢？这应该从孩子的生活体验出发，帮助他们理解时光"匆匆"的内涵。很多小孩都读过安徒生童话，闫学就从安徒生的诞辰切入——虽然时间消逝，但是安徒生的作品魅力依然——从而引出时光"匆匆"的话题。话题是生活化的，也是具体的，这容易激发学生的兴趣。

实施方法

1. 创设情境激趣，掀起情感共鸣高潮

苏霍姆林斯基指出："情感如同肥沃的土壤，知识的种子就播种在这片土壤中。"闫学通过多媒体展示林清玄的散文《和时间赛跑》，进行拓展阅读，引导学生联系生活实际进行体验，引起学生心灵的触动，兴致勃勃地讲述自己的人生经历，在教学小高潮中进一步感悟：珍惜时间就是珍惜生命。

2. 巧妙设疑激趣，掀起思维创新高潮

孔子曰："学贵知疑""小疑则小进，大疑则大进"。"疑"是积极思维的表现，又是探索问题的动力。准确鲜明的设问，能激活学生的思维，将学生的思维水平与教学要求衔接起来，使学生饶有兴趣地越过理解障碍，并由此及彼，举一反三，掀起思维创新的高潮。"在这一自然段中，作者有几次追问？""是不是每一次追问作者都没有做出回答？"……闫学紧扣课文设疑，接连催问，促使学生认真阅读课文，感悟"匆匆"的内涵。

3. 精心设置结尾，掀起知识拓展高潮

精彩的教学结尾不仅可以归纳全篇，深化主题，而且可以把教学内容提炼升华，将学生的思维引向更深入、更广阔的领域，将教学推向一个新的高潮。在《匆匆》的结语之中，闫学并没有刻意向学生灌输知识，只是自然拓展课外知识，让学生通过阅读体会时光匆匆的内涵，一句"以你们的年龄，也许还不能透彻的理解作者这种复杂的人生感喟，但是没有关系，因为时光匆匆，它会教会你领悟一切"，使得首尾呼应，余音绕梁。

五、课内为基，课外为辅
——注重学生人文素养的丰富

在一堂课的开头、中间、结尾处，教师巧妙、不着痕迹地引入课外内容，将课内外内容整合，然后由课内向课外延伸，提升学生的人文素养。这一过程即为课堂教学拓展。《语文课程标准》指出："语文学习要打破课内与课外，校内与校外的壁垒，充分利用课本以外的语文资源，来引导学生投身语文实践，培养语文能力，促进主动发展。"语文教学要在"语文学习的外延等于生活的外延"这一大语文观的指导下，立足教材，又超越教材，要由课内向课外延伸拓展。语文教师应注重课程资源的开发和整合，注重将课外的学习资源纳入课内，让学生超越课堂，跳出教材本身去搜集、阅读和利用一切可以利用的资料，这些对拓宽学生语文学习的视野有着非常重要的意义。

好的拓展，一方面建立在自身积累的基础上，一方面建立在课堂教学的创意上。《语文课程标准》指出："语文是最重要的交际工具，是人类文化的重要组成部分。"语文课程的学习，既是学生通过语文学习和实践活动，逐步掌握语文知识和技能，提高语言实际运用能力的过程；又是他们磨砺意志、陶冶情操、拓展视野、丰富生活经历、开发思维能力、发展个性和提高人文素养的过程。在教学中，对于兼具工具性与人文性的语文，就应拓展更大的空间，从更广的层面上来培养学生的人文素养。

 经典案例

师：冬阳下的骆驼队缓缓地走来了，走来了，响着悦耳的驼铃声，这一切是作者无数次在脑海中浮现出的画面，是作者关于童年生活最为清晰的记忆。我们还记得课文的题目吗？

生：（齐）《冬阳　童年　骆驼队》。

师：再来读一读，读出作者的这一份淡淡的感伤、深深的怀念。

生：（深情地，舒缓地）《冬阳　童年　骆驼队》。

师：真好。在作者的记忆当中，这一幅画面已经成为作者童年生活的象征。品读此文，我们就像是在静静地品尝一杯淡淡的清茶，又像是在欣赏一朵淡淡的小花。我们在感受到童心、童真、童趣的同时，也感受到了那份蕴藏在字里行间的深情。如果我们有第二个童年，如果人生可以重来，也许我们就不会有这么多的人生感触。可是，每个人都要长大。也许正是因为这个原因，也许这种感受对作者来说太值得珍惜了，所以被写进了小说里，后来又被拍进了电影里。

（推荐：小说《城南旧事》；电影《城南旧事》）

如果我们的心灵都有一个故乡的话，这个故乡可能就是我们的童年。闫老师在读了这篇文章之后写下了一首诗，这首诗的题目就是《童年，我心灵的故乡》。

我们一起来读一读。

（师生齐读）

我总是不断地怀想——

童年的骆驼队缓缓地走来

踏碎了一地温暖的冬阳

悦耳的铃声打破了旅途的寂寞

至今还在遥远的梦中回荡

童年，我心灵的故乡

我总是不断地怀想——

那双清澈透明的眼睛

充满了好奇、天真和向往

在冬阳下学着骆驼咀嚼

驼背上载满了彩色的疑问与幻想

童年，我心灵的故乡

我总是不断地怀想——

那旧驼绒的袍子是否还需剪裁

只是那把童年的剪刀

连同城南的干冷的空气

早已不知去向

童年，我心灵的故乡

我总是不断地怀想——

心底流淌着深深的怀念

还有一丝淡淡的感伤

不管身处何地，走向何方

我依然执著地把美好珍藏

童年，我心灵的故乡

下课。

（《冬阳　童年　骆驼队》）

案例分析

“人文关怀应该作为语文教学的最高目标，它着眼于语文教学的根本性的价值导向。”林海音的《冬阳　童年　骆驼队》在散文形式中洋溢着诗般的情愫。但文中这种遥远的回忆、这种感伤的情绪，似乎必是经历过后才能够有所体会。对于小学生而言，如果要真正感悟其意味是很难的。闫学的《童年，我心灵的故乡》从诗歌鉴赏的角度而言可能并不完美，但放在这儿结课，则是一种匠心独具的拓展方式。因为它与课文正好形成了一种充分的艺术上的映衬和互补关系。课文是一种诗化了的散文，在平实的文字下，散发着浓郁的诗情，一种感悟人生的诗情。而《童年，我心灵的故乡》则是一种散文化了的诗歌，诗歌的意象来自所讲的课文，优美而跳跃，贴近小学生对童年特点的理解，容易引发学生在生活与诗意的交融中的深层次思考。从这方面看，学生的思维乃至人生体验，无论是从广度，还是从深度上都得到了拓展，同时丰富了学生的人文素养。

实施方法

教学拓展的方法多种多样，内容与深度也各有不同。但整体而言，教学拓展是立足文本的基础，突破文本的限制，巧妙引入课外知识，对文本进行有效的补充与超越，让学生跳出教材本身去吸收利用一切可以利用的资料。

1. 在教材难点处作适度拓展

在教材难点处作适度拓展有利于帮助学生理解教材所蕴含的深刻含义。闫学在执教《冬阳　童年　骆驼队》一课中，由于学生的年龄特征以及生活阅历不深，理解"心灵的故乡是童年"有一定难度，于是在结课处引出自己根据文本大意撰写的一首诗歌《童年，我心灵的故乡》，以优美、流畅的散文诗的形式将课文的情节联结起来，向学生重现课文的意境。该诗以散文诗的笔调让学生以另一种文体、另一种格调体会文章的内涵，加深了学生对文章的理解，将学生的思维引向一个更为广阔的空间，从而突破教学难点。

2. 立足文本从主题角度拓展

"教材无非是个例子。"学生阅读能力的提高、语文学习能力的发展最终必须超越课堂、超越文本。拓展、延伸应该围绕课文主题、教学目标、教学重难点。任何离开课文的拓展、延伸都是空中楼阁，不着边际的。为了拓展，将教学内容扯到天外去，看似有了新意，却偏离了原有轨道；为了创新，囫囵吞枣学习课内知识，忙于拓展中的"表演"，看似有了新意，却多了几分浮躁。我们应该始终记住，教材是教学之本，是语文教学的主要凭借，也是最好的课程资源。"离开文本去过度发挥，语文课就会打水漂。"（于漪）教师在对课文拓展延伸时，首要的就是深挖教材、紧扣教材，尊重教材的价值取向。

3. 向课外语言材料拓展延伸

课外诗歌、典故、故事、传说、格言、警句等语言材料，是语文课程资源的重要组成部分。向课外语言材料拓展延伸，可以开阔学生视野，锻炼学生思维，丰富语言积累，培养语感，增强学生在各种场合学语文用语文的意识，多方面提高学生的语文能力。

六、授人以鱼，授人以渔
——注重学生学习方法的指导

美国未来学家托夫勒认为："未来的文盲不再是不识字的人，而是不会学习的人。"吕叔湘先生也认为："教学、教学，就是'教'学生'学'，主要不是把现成的知识交给学生，而是把学习方法教给学生。学生掌握学法，就可以受用一辈子。"这些话反映了掌握学习方法的重要性。教学过程实际是教师教和学生学的双向过程。因此，教师不仅要传授知识技能，更重要的是教会学生学习。这就需要教师在教学实践中根据学生实际情况进行适当的学习方法指导。

"学习方法指导，即学法指导，是指教育者通过一定的途径对学习者进行学习方法的传授、诱导、诊治，使学习者掌握科学的学习方法并灵活运用于学习之中，逐步形成较强的自学能力。"掌握了好的学习方法可以使学生的学习事半功倍，为学生的自我发展和融入社会打下坚实的基础。学生是学习的主体，有着不同的个性特点，而不是单纯的"满堂灌"的对象。因此，教师应转变传统角色，不只要做一位"带着知识走向学生"的"授人鱼者"，还要做一位"带学生走向知识"的"授人渔者"。

经典案例

师：子期死了，伯牙的心也跟着死了。伯牙又要回到过去的生活中了，没有知音，无人理解的日子，他已不堪承受。这样沉重的打击，这无人能够倾诉的痛苦，最后以一种最为极端的方式表现了出来：破琴绝弦，终身不复鼓！

在这里，伯牙"绝"的仅仅是"弦"吗？这"终身不复鼓"的仅仅是琴吗？他在断绝琴弦的同时也断绝了什么？

生：他在断绝琴弦的同时也断绝了他在音乐道路上辉煌的前程！

师：音乐所带来的乐趣全都断绝了。

生：伯牙在断绝琴弦的时候，同时也断绝了他的心弦！他认为已经没有人能真正懂得他，所以他断绝琴弦的同时也把自己给封闭起来了。

师：好一个断绝心弦！绝得不仅仅是手上拿的弦，绝的分明是自己的心弦！

生：伯牙在断绝琴弦时也断绝了对未来的希望和向往。

师：一切美好事物的追求都因此而断绝了！

生：伯牙在断绝琴弦的同时也断绝了他的人生，在他的人生道路上再也没有一件事情能够引起他的注意，没有一件事情能够引起他的希望，能够点燃他的希望之火。

师：也就是说他在断绝琴弦的同时也向整个世界关闭了心灵的大门。

生：我觉得还断绝了他的快乐！因为以前钟子期听他的琴声，子期都能听得出伯牙琴声的妙处，现在钟子期去了，伯牙感到非常伤心！

师：所有的快乐都随着子期的离去而化为泡影！伯牙在断绝琴弦的同时也断绝了希望，断绝了快乐，断绝了对一切美好事物的追寻！只留下一片无边无际的寂寞、孤独，绝望和心灰意冷。当你理解了伯牙此时的心情，你再读读这句话。

（《伯牙绝弦》）

案例分析

孔子有云："学而不思则罔。"南宋思想家朱熹也说过："读书无疑者须教有疑，有疑者却要无疑，到此方是长进。"读书贵在有疑，没有疑问就没有思考，没有思考的读书就变成了死读书，思维就得不到发展。在实际课堂教学中，闫学老师十分重视设疑问难，引发学生思考

本案例中，闫老师连续发问："伯牙'绝'的仅仅是'弦'吗？这'终身不复鼓'的仅仅是琴吗？他在断绝琴弦的同时也断绝了什么？"这三个问题顺序提出、一针见血、层层深入，一下子就调动起学生思考的积极性，点燃了学

生思想的火花。而学生在解决问题的过程中，不但更加深刻地领悟了文章的内涵，更重要的是"从老师的'设疑'的示范作用中学到了怎样去设疑"，懂得了思考问题的方向。这种思维训练正是教师的教和学生的学紧密结合的体现，反映出闫老师"授人以鱼"和"授人以渔"并用的教学理念。

 实施方法

1. 示范领路，模仿积累

模仿学习是一种基本的且非常有效的学习方法。对于小学生来说，其形象思维占主导地位，因而必须通过直观的示范方法习得知识。如闫学老师板书"杨柳依依"，让学生模仿造词，让学生模仿"善哉，峨峨兮若泰山！"造句。这些都渗透了模仿学习的指导。"平时有意识地积累，一定对我们的口头表达和写作能力都有很大的帮助。"在指导学生模仿学习的同时，闫学老师也注重点拨学生，让学生确立积累知识的意识。

2. 读书百遍，其义自见

多读是我国历来提倡的一种行之有效的学习语文的方法。我国教育家霍懋征十分重视"多读"这一基本学习方法，认为教师有责任培养学生这一良好的学习习惯。闫学老师在《伯牙绝弦》一课的教授中，非常注重引导学生掌握这一基本的学习方法。她采用了自由读、指名读、示范读、师生读等方式教给学生读书的方法，让学生于读中生疑并于读中解惑。

3. 循序渐进，步步深入

认知的过程是一个渐进的过程，并不是一蹴而就的。在《伯牙绝弦》的教学中，闫学老师以"绝弦"为线索，按照"整体读文——初解绝弦——再解绝弦——回味绝弦——深悟绝弦"的顺序，逐层深入；在"再解绝弦"一节又划分了三个层次"何谓知音——相遇相知——知音之死"。合理的层次划分，清晰的教学思路，由浅入深，逐步诱导学生进入课文的世界，与文本深入对话，体悟文中主人翁的情感之美。而这种剖析文章的方法也恰恰是教师的"教"中所传授给学生的学习方法。

七、深度阅读
——"情感语文"与语文教学

（一）"情感语文"的内涵

"情感语文"的内涵可以从四个方面进行理解。

1. 情感交流，语文教学的心灵碰撞

语文的情感交流是指在语文教学活动过程中，以教师为主导、以学生为对象、以教学内容为载体、以提高教学效果为目的而开展的师生双向互动交流的心理活动过程。心理学认为，人们的学习活动不只是单纯的认知活动，而是在情感的伴随下进行的高级复杂过程。教育家王策三指出："要树立重视人、关心人的观念……培养人是目的，教育、教学过程是人与人之间思想、情感交流的过程。"《语文课程标准》明确提出情感态度和价值观的课程目标，并使之具体综合地体现在各个阶段目标之中。在教学过程中，教师不仅要注重传授知识，更重要的是提高学生的情感认知能力和培养他们美好的情感品质，使之形成正确的价值观、人生观和世界观。情感教育是语文的重要使命，而情感教育是在师生的情感交流中实现的，因此情感交流对于课堂教学有着举足轻重的地位。

蔡元培指出："教育是培养人格的事业，如果仅仅是为了灌注知识、练习技能，而不将理想教育贯穿其中，则是机械教育，不是真正的育人。"语文教育不仅是知识技能的传授，更是情感的交流、心灵的沟通、生命的对话。在这个过程中，学生获得了愉悦，获得了对人生价值的感悟，获得了精神的自由，教师也获得了满足和幸福。

课堂不只是教师个人的舞台，还应是师生心灵对话、情感交流的舞台。教师只有在课堂上搭建起师生互动的教学交流平台，加强师生间的情感交流，营造民主、平等、和谐的氛围，才有利于促进学生创造性思维的培养。教师和学生分享彼此的思考、见解和知识，交流彼此的理念、情感和体验，才能更好地实现教学相长。若想达到理想的教学境界，教师应该与学生进行密切的情感交流。

2. 平等对话，让课堂焕发出生命的活力

"教学是一种师生之间情感交流的活动，这种情感交流在多大程度上得到共鸣是课堂气氛是否和谐的主要特征。"在传统的教学中，教师的主体地位过于突出，教学一味"满堂灌"，培养的学生缺少个性、缺少主体独立意识。这不得不让人们担忧。鉴于此，新课改提出了"把课堂还给学生，让课堂焕发出生命的活力"的教学理念，要求教师走进学生的心灵深处，成为学生学习的交流者、合作者、协助者、欣赏者，从传统的知识传授者转向现代的学习促进者，把课堂的时间与空间交给学生，恰当鼓励学生，使得学生的灵性尽情舒展。

3. 精心设计，用浓浓真情打动学生的心灵

情感是可以传递的，教师用心教，学生才能听入心，课堂教学才会收到良好的效果。"教师饱含热情的教态能对学生的学习产生强大的动力，能促使学生努力克服学习中的困难"，"教师应在深刻理解教材和精心设计教学过程的基础上，用自己的真情实感拨动学生情感的心弦，与学生一起感受蕴涵在课文里的作者的感情，使'教材情''教师情''学生情'三者合一，融为一体，弹奏出优美的情感乐章。"

4. "巧妙引导，愿真情实感发自学生的肺腑"

教育家陶行知指出："教育是心心相印的活动，唯独从心里发出来的，才能打到心的深处。"在教学中，教师应该结合儿童的心理特征和学生的生活实际，运用艺术的感染力巧妙地创设问题情境，激发学生的求知欲望，充分挖掘课文的情感因素，使师生之间的情感交流达到共鸣。而潜移默化中，学生理性的思维也转移到情理交融的境界中，陶冶了情意，提升了情感。

(二) 在语文拓展中渲染情感的策略

"情感语文"的实施，与教学拓展延伸密切相关。

新课程强调，一堂真正的语文课不仅重视语文知识传授和能力培养，更重视对学生语文素养的熏陶、感染，在教学过程中，培养学生高尚的道德情操和审美情趣，使之形成正确的价值观和积极的人生态度。那么，教师应该怎样在教学中渲染情感，实现"三维"的整合呢？

1. 以适度的质疑疏导激活学生的思维

《语文课程标准》的教学建议明确指出："语文教学应该激发学生兴趣"，"为学生创设良好的自主学习情境"。真正的语文教学是"在教学过程中贯穿着对字词句的理解和掌握，渗透语文能力的培养和训练，交织着语文方法的把握和学习"。所以，教师应该把握教学中的度，"以适度的质疑疏导激活学生的思维"，让学生把感情投入文本中，积极主动学习，习得知识，培养语文素养。

2. 适度把握文本的情感，激起学生的共鸣

语文教学需要教师展现不同的语言情感。当讲授爱国或者德育主题的课文时，教师的面容应该是严肃的，情感是稳重的；当讲授欢快主题的课文时，教师应当表现出春光融融的样子。如此把握文本的情感，教师才能"以情感人，以情动人"，激起学生的共鸣，顺利进行语文教学。

3. 激活学生生活的兴趣，渲染情感，提高人文素养

语言的学习离不开生活，学生人文素养的提高也离不开生活。单就文本授课，照本宣科，学生即使朦朦胧胧具有人文素养的意识，也不会付诸行动，那么学生的语文素养何来提高？所以，教师在语文教学过程中要在生活的基础上，激活学生的感情，以"提高学生的人文素养"这一理念为指导，不失时机地进行爱国教育、人文教育，使之逐渐形成正确的人生观、价值观。

（三）语文教学拓展延伸的原则

拓展延伸教学很有必要性，但是不能为了拓展而拓展。教师应该意识到，拓展延伸应该讲究时机、形式、方式以及效果的把握，等等。第一，就时机来说，一堂课历经开始、发展、高潮、结束四个阶段，在哪一阶段引申拓展，教师应该根据课文内容，精心设计教学过程，再把握适当时机。第二，就形式来说，教师在拓展延伸的时候，不需要采用过于花哨的方式。读读、写写、讲讲这样简单的拓展形式更能让学生从中获得感悟。第三，就方式来说，可以联系文本内容，结合学生的生活体验，提出探究性问题；或指导学生细致地观察生活，观察自然；或搜集整理与文本相关内容的资料，相互交流，积累知识，教

师根据教学适当取舍即可。第四，就效果来说，拓展有助于学生深刻理解课文，发展学生的个性，开阔视野。

小学语文教育专家崔峦指出："语文教学应当凸显语文学科的个性，立足工具，弘扬人文。"这就说明语文教学不能仅仅为了拓展而拓展。在新课程背景下，语文教学的拓展应当体现以下原则：

1. 人文性

人文性，是指教师要"致力于学生语文素养的形成与提高，这是语文教学拓展延伸的首要原则"。所以，即使是再丰富、活泼的语文课堂，若是不利于学生语文素养的形成与提高，这样的拓展延伸顶多算"挂羊头卖狗肉"而已。另外，语文素养包含多个方面的内容，在一节语文课里，不可能面面俱到，应该有所侧重。

2. 目标性

教学目标的实现是衡量一节课是否成功的重要指标。教学目标统领具体的课堂教学目标，具体的课堂教学目标又是课程教学目标的具体分解。在具体的教学实践中，对于内涵极其丰富，美点随处可见的课文，采取蜻蜓点水式的教学方式是不当的，应该指导学生细细地进行咀嚼品味，逐步进行拓展延伸，以完成这节课的确定教学目标。

3. 实际性

语文教学拓展延伸的方向、途径是多样的，其高度、深度、广度的把握，也是值得教师仔细斟酌的。这就是说，拓展延伸应该符合教学实际。一是教材实际，教师"照本宣科"固然令人生厌，但"牵强附会"未免偏颇，拓展应该紧扣教学目标；二是学生认知结构和心理特点的实际，"一千个读者就有一千个哈姆雷特"，教师要因材施教；三是课堂环境实际，教学受课堂环境限制，如授课时间、地点、学生座位的编排、教学的固定设施、可操作的设备，等等，都会影响教学。

（分析论述：陈　媚　林小梅　李文裕）

西南师范大学出版社
《名师工程》系列丛书目录

系列	序号	书　　名	主编	定价
创新语文教学系列	1	《小学语文：享受对话教学》	孙建锋	30.00
	2	《小学语文：名师教学目标落实艺术》	刘海涛　王林发	30.00
	3	《小学语文：名师魅力教学设计艺术》	刘海涛　王林发	30.00
	4	《小学语文：名师魅力课堂激趣艺术》	刘海涛　王林发	30.00
	5	《小学语文：单元整体教学构建艺术》	李怀源	30.00
	6	《小学作文：名师情趣课堂创设艺术》	张化万	30.00
教育细节系列	7	《名师最具渲染力的口才细节》	高万祥	30.00
	8	《名师最有效的沟通细节》	李　燕　徐　波	30.00
	9	《名师最有效的激励细节》	张　利　李　波	30.00
	10	《名师培养学生好习惯的高效细节》	李文娟　郭香萍	30.00
	11	《名师人格教育的经典细节》	齐　欣	30.00
	12	《名师营造课堂氛围的经典细节》	高　帆　李秀华	30.00
	13	《名师最有效的赏识教育细节》	李慧军	30.00
	14	《名师最有效的批评细节》	沈　旎	30.00
大师讲坛系列	15	《大师谈教育心理》	肖　川	30.00
	16	《大师谈教育激励》	肖　川	30.00
	17	《大师谈教育沟通》	王斌兴　吴杰明	30.00
	18	《大师谈启蒙教育》	周　宏	30.00
	19	《大师谈教育管理》	樊　雁	30.00
	20	《大师谈儿童人格塑造》	齐　欣	30.00
	21	《大师谈儿童习惯培养》	唐西胜	30.00
	22	《大师谈儿童能力培养》	张启福	30.00
	23	《大师谈早恋与性教育》	闵乐夫	30.00
	24	《大师谈儿童情感教育》	张光林　张　静	30.00
教师成长系列	25	《学学名师那些事》	孙志毅	30.00
	26	《每天学点教育心理学》	石国兴　白晋荣	30.00
	27	《给新教师的建议》	李镇西	30.00
	28	《教师心灵读本：成为有思想的教师》	肖　川	30.00
	29	《教师心灵读本：教师，做反思的实践者》	肖　川	30.00

系列	序号	书　　名	主编	定价
高中新课程系列	30	《高中新课程：教师角色转变细节》	缪水娟	30.00
	31	《高中新课程：班主任新兵法细节》	李国汉　杨连山	30.00
	32	《高中新课程：教学管理创新细节》	陈　文	30.00
	33	《高中新课程：更有效的评价细节》	李淑华	30.00
通用识书	34	《好心态成就好学生——学生心理问题剖析与对症教育》	李韦遴	30.00
	35	《教育，诗意地栖居》	朱华忠	30.00
	36	《好班规打造好班级》	赵　凯	30.00
教学新突破系列	37	《把教学目标落实到位——名师优质课堂的效率管理》	冯增俊	30.00
	38	《拿什么调动学生——名师生态课堂的情绪管理》	胡　涛	30.00
	39	《零距离施教——名师和谐师生关系的构建艺术》	贺　斌	30.00
	40	《一个都不能落——名师提升学困生的针对教学》	侯一波	30.00
	41	《让学习变得更轻松 ——名师最能吸引学生的情境设计》	施建平	30.00
	42	《让知识变得更易学 ——名师改造难学知识的优化艺术》	周维强	30.00
教学提升系列	43	《方法总比问题多——名师转变棘手学生的施教艺术》	杨志军	30.00
	44	《用特色吸引学生——名师最受欢迎的特色教学艺术》	卞金祥	30.00
	45	《让学生爱上课堂——名师高效课堂的引导艺术》	邓　涛	30.00
	46	《拿什么打开思路——名师最吸引学生的课堂切入点》	马友文	30.00
	47	《没有记不牢的知识 ——名师最能提升学生记忆效果的秘诀》	谢定兰	30.00
	48	《让学生的思维活起来 ——名师最激发潜能的课堂提问艺术》	严永金	30.00
名师讲述系列	49	《施教先施爱 ——名师讲述班主任的核心教导力》	杨连山　魏永田	30.00
	50	《在欢乐中成长 ——名师讲述最具活力的课堂愉快教学》	王斌兴	30.00
	51	《让学生做自己的老师 ——名师讲述如何提升学生自主学习能力》	徐学福　房　慧	30.00
	52	《引领学生高效学习 ——名师讲述如何提高学生课堂学习效率》	刘世斌	30.00
	53	《教育从心灵开始 ——名师讲述最能感动学生的心灵教育》	张文质	30.00